- 2019年福建省社会科学规划项目成果：闽东地区农村幼儿教师生存状态及干预机制研究（编号：FJ2019X007）。

- 2020年宁德师范学院科研创新团队支持项目：基于"三位一体"协同育人的卓越幼儿教师培养体系研究（编号：2020T05）。

生命关怀视野下的幼儿教育

岳玉阁 ◎ 著

厦门大学出版社 国家一级出版社
XIAMEN UNIVERSITY PRESS
全国百佳图书出版单位

图书在版编目(CIP)数据

生命关怀视野下的幼儿教育 / 岳玉阁著. -- 厦门：厦门大学出版社，2022.3
ISBN 978-7-5615-8535-1

Ⅰ. ①生… Ⅱ. ①岳… Ⅲ. ①幼儿教育－研究 Ⅳ. ①G61

中国版本图书馆CIP数据核字(2022)第043728号

出 版 人	郑文礼
责任编辑	姚五民　肖　越
封面设计	张雨秋
技术编辑	朱　楷

出版发行　厦门大学出版社
社　　址　厦门市软件园二期望海路39号
邮政编码　361008
总　　机　0592-2181111　0592-2181406(传真)
营销中心　0592-2184358　0592-2181365
网　　址　http://www.xmupress.com
邮　　箱　xmup@xmupress.com
印　　刷　厦门金凯龙包装科技有限公司

开本　720 mm×1 000 mm　1/16
印张　17.5
插页　1
字数　296千字
版次　2022年3月第1版
印次　2022年3月第1次印刷
定价　70.00元

本书如有印装质量问题请直接寄承印厂调换

厦门大学出版社
微信二维码

厦门大学出版社
微博二维码

目 录

第一章　绪　论 / 1
　　一、研究背景 / 1
　　二、对现实的拷问 / 3
　　三、研究内容 / 5
　　四、研究价值和意义 / 7

第二章　解读生命与生命关怀 / 12
　　一、识读生命 / 12
　　二、生命关怀理念解析 / 23

第三章　生命视野下的儿童观与教育观 / 26
　　一、生命视野下的儿童观 / 26
　　二、基于生命关怀的教育观 / 34
　　三、生命关怀教育的本质 / 37

第四章　生命关怀视野下的幼儿教育 / 41
　　一、幼儿生命特征剖析 / 41
　　二、生命关怀与幼儿教育的关系 / 43
　　三、生命关怀视野下的幼儿教育解析 / 47

第五章　生命关怀视野下的幼儿教育思想 / 52
　　一、中国关怀幼儿生命的教育思想 / 52
　　二、外国关怀幼儿生命的教育思想 / 58

三、中外关怀幼儿生命教育思想的启示 / 64

第六章 幼儿教育中异化幼儿生命的现象透析 / 69
一、幼儿实体生命的消失 / 69
二、成人对生命的不尊重淡化了幼儿的生命意识 / 70
三、对幼儿生命的意义扭曲 / 73
四、对幼儿生命活力的压抑 / 81
五、现实生活中异化幼儿生命现象的原因分析 / 84

第七章 回归生命关怀的幼儿教育 / 89
一、正确利用社会的发展给幼儿教育带来的契机 / 89
二、合理看待幼儿教育的功能 / 94
三、树立生态学的幼儿教育观 / 101
四、科学利用幼儿教育的特殊性 / 109
五、回归幼儿生命的本真 / 113

第八章 幼儿园关怀幼儿生命的教育实践 / 122
一、幼儿园的性质与任务解读 / 122
二、幼儿园异化幼儿生命的现象分析 / 126
三、幼儿园教育关怀幼儿生命的必要性和可行性分析 / 131
四、幼儿园教育关怀幼儿生命的实践路径 / 135

第九章 家庭教育对幼儿生命的关怀 / 157
一、家庭教育概述 / 157
二、家庭教育中异化幼儿生命的现象分析 / 162
三、家庭教育中异化幼儿生命的原因分析 / 169
四、家庭教育关怀幼儿生命的必要性和可行性分析 / 174
五、关怀幼儿生命的家庭教育模式构建 / 176

六、开展亲职教育，积极提升父母的教育能力 / 193

第十章 做有生命情怀的幼儿教师 / 201

一、幼儿教师概念溯源 / 201

二、幼儿教师的职业特点分析 / 203

三、基于生命关怀的幼儿教师现状分析 / 207

四、点亮幼儿教师的生命情怀，提升幼儿教育质量 / 221

结束语 / 255

参考文献 / 257

一、工具书 / 257

二、学术专著 / 257

三、学术论文 / 262

四、报纸 / 275

五、其他 / 276

第一章　绪　论

教育，是人对人主体间的灵肉交流活动，包括知识内容的传授、生命内涵的领悟、意志行为的规范，并通过文化传递的功能，将文化遗产交给年轻一代，使他们自由地生成，并启动其自由天性。[①] 真正的教育是使人自由成长，发挥人的自由天性的教育。幼儿教育作为教育的起始阶段，更应该保护幼儿的天性，保护幼儿生命的自由。但是，现实中的幼儿教育与雅斯贝尔斯眼中的教育还有一定的差距。为了使幼儿"诗意地栖居在大地上"，必须对当下的幼儿教育进行改革。"把课堂还给儿童，使儿童成为活动的主体"是改革的最强音。但是，这些改革还没有从根本上使儿童从固有的教学模式中解放出来，儿童的天性、儿童生命的独特性还没有真正地得到尊重，幼儿教育的弊端仍然存在。幼儿教育脱离、忽视幼儿生命的现象还不断出现。教育的对象是幼儿，教育必须保障幼儿生命的完整和鲜活才能发挥它的育人功能，教育必须不断地向生命回归，才能得以继续开展。

一、研究背景

21世纪人成为最重要的资源，人自身成了人们感兴趣的研究话题。社会和科技的发展为人的发展开辟了广阔的空间，为人的发展提供了更多的可能。同时也使人本身面临着极大的挑战——科技带来的人自身功能的退化危机，物质至上主义及激烈竞争带来的精神危机，生态环境恶化带来的生存危机等，又销蚀了人的创造力和精神活力，使人堕入分裂、迷茫、虚无的境地。因此，人的生命原初的状态，生命所具有的活力与创造力，生命的自由与意义成为多个学科探讨的对象。

1968年，美国学者杰·唐纳·怀特首次提出了生命教育的思想，从此关注生命的教育思想开始在全球传播开来，这给我们提供了研究教育的新视角。我

---

① ［德］雅斯贝尔斯著、邹进译：《什么是教育》，生活·读书·新知三联书店1991年版，第3页。

国学者叶澜教授也提出要从生命的角度研究教育。他在《让课堂焕发出生命活力——论中小学教学改革的深化》一文中提出,传统的课堂教学忽视了学生作为独立个体的创造性和能动性,"课堂教学变得机械、沉闷和程式化,缺乏生气与乐趣,缺乏对智慧的挑战和对好奇心的刺激,使师生的生命力在课堂中得不到充分发挥,进而使教学本身也成为导致学生厌学、教师厌教的因素,连传统课堂教学视为最主要的认识性任务也不可能得到完全和有效的实现"[1]。因此,必须改变这种状态,"从更高的层次——生命的层次,用动态生成的观念,重新全面地认识课堂教学,构建新的课堂教学观,它所期望的实践效应就是:让课堂焕发出生命的活力"[2]。

1990年,联合国世界儿童问题首脑会议通过了《儿童生存、保护和发展世界宣言》和《执行九十年代儿童生存、保护和发展世界宣言行动计划》两个纲领性文件。在《儿童生存、保护和发展世界宣言》中提到:"世界上的儿童是天真、脆弱且需要依靠的。他们还好奇、主动且充满希望。儿童时代应该是欢乐祥和的时代,是游戏、学习和成长的时代。他们的未来应在和谐与合作中形成,他们应在拓宽视野和获得新经验的过程中不断成熟。但是对大多数儿童来说,童年的现实与此却大相径庭。"因此,"我们各国需要团结在一起,用手段和知识来保护儿童的生命并极大地减轻他们的苦难,来促进儿童的潜能的充分发展并使他们意识到自己的需要、权利和机会"[3]。儿童的生命是生命的开端,保护儿童的生命,使儿童充满活力,充满发展的潜能是我们教育永远的追求和使命。教育是直面人的生命的活动,它基于生命,又促进生命的发展和完善。因此我们的教育要从关注儿童的生命开始。

2012年教育部印发《3～6岁儿童学习与发展指南》(下称《指南》),这是国家贯彻落实《国家中长期教育改革和发展规划纲要(2020—2020年)》,进一步推进学前教育发展的重大举措,也是学前教育质量提升的新契机。针对社会上"提前教育""超前教育""幼儿教育小学化"等现象,《指南》给出了具体可操作的参考和指导,目的是改变幼儿教育小学化的倾向,使幼儿教育走上正轨。《指南》的颁布,无疑是对异化幼儿生命,异化幼儿教育做法的最有力打击和拷问。

---

[1] 叶澜:《让课堂焕发出生命活力:论中小学教学改革的深化》,《教育研究》,1997年第9期。
[2] 叶澜:《让课堂焕发出生命活力:论中小学教学改革的深化》,《教育研究》,1997年第9期。
[3] 赵中建编:《教育的使命:面向二十一世纪的教育宣言和行动纲领》,教育科学出版社1996年版,第56～57页。

幼儿是什么样子？幼儿的生命该如何绽放其色彩？这些问题的解决都要回归生命本身，从生命的最原始叩问出发，探寻生命发展的特点和规律，并给予恰当、适宜的引导，这是幼儿教育的最根本走向。

二、对现实的拷问

(一)现实生活中对幼儿生命实体的漠视

在现实生活中，经常出现儿童生命的丧失现象，例如2007年6月1日《新安晚报》报道：2007年5月29日早晨6时左右，安徽省肥东县撮镇蓝天幼儿园园长开车接孩子上幼儿园。但是由于疏忽，三岁的夏犇被遗忘在车内，直到下午1时才被发现，致使夏犇中暑死亡。①②《重庆日报》消息：2018年10月26日，巴南区鱼洞街道新世纪幼儿园发生一起恶性伤人案件，致该园14名儿童受伤。经及时全力救治，截至目前，受伤儿童暂无生命危险。搜狐网2018年4月16日报道：位于北京市朝阳区红领巾校区的嘉德蒙台梭利幼儿园，在园期间致使一名四岁半男童脑震荡。校车死亡、坠楼死亡、电梯摔跤、溺水触电死亡等一系列数不清的惨剧。据《中国青少年儿童伤害现状回顾报告》中显示：我国每年死于交通伤害的14岁以下儿童高达18500名，死亡率是美国的2.6倍，欧洲国家的2.5倍。这些数字触目惊心，年幼的生命自我保护意识薄弱，加上成人的疏忽，儿童的生命就这样消失了。

实体生命是生命存在的最基本形式，也是教育实施的物质前提，生命不存在了，教育也无从谈起。儿童发生意外事故的事件每年都在发生，后续的报道不断地警醒人们关爱生命、保护年幼的儿童，但是悲剧从来没有停止过。因此，保护生命的首要任务是保护儿童的实体生命，使儿童能够健康、顺利成长。

(二)过度理性的教育缩短儿童生长的时间

社会变革时期教育是加速器，为了尽快培养适合社会所需要的各类人才，过度理性的教育在社会上横行，儿童生长的时间被缩短了，异化幼儿生命的现象随之而来，这种现象的消极作用不亚于生活中的各种安全意外问题。提起早

---

① 《小孩被证实死于校车内蓝天幼儿园将被取缔》，《新安晚报》，2007年6月1日。
② 《校车闷死幼童悲剧频发 安全事故为何屡禁难绝？》，新华网，http://news.cctv.com/society/20071030/106331.shtml，下载日期：2007年10月3日。

期教育，人们耳熟能详的就是钢琴班、珠心算班、幼儿英语班等形形色色的"兴趣班"，还有"神童"培养计划、"神童"培养班，也成了家长趋之若鹜的时尚。家长们"望子成龙、望女成凤"的心情是可以理解的，但是这些所谓"一切为了孩子"的培养计划是幼儿的生命所不能承受的。孩子有他们的世界，有他们自己感兴趣的事情，有属于他们年龄段该学习和接受的知识，家长的做法无异于"拔苗助长"，就像卢梭所描述的"简直是发了疯"。

  另外，儿童被当成了成人的附属品，是"缩小的成人"，他们的言行举止是成人的翻版。这是因为成人把自己的意志强加给了儿童，儿童只能按成人的方式生活着。"任何生态系统的发展都是依靠生命自身的机制完成的，教育活动生态系统的发展也不例外。"[①]但是目前我们的幼儿教育还不完全是生态化的，在普通幼儿园、普通老师手里，有课堂教学对幼儿生命整体造成的割裂；有对幼儿个体差异的漠视造成的不能满足每一个幼儿发展需要的事实。教师还没有把儿童当作需要尊重的生命，没有看到每个儿童的独特性，没有把"让每个孩子在自己原有的基础上得到相应的发展"当作教育的追求。

（三）破坏儿童生命的自然性

  人类与大自然都有自身独特的规律，这种规律就是自然性。遵循了规律，一切就会往好的方向发展，否则将会自食其果。随着信息时代的到来，社会发展急速前进，为了适应社会的急速发展，各种"超自然"现象比比皆是，教育更是首当其冲。违背儿童生命发展规律的"速成"教育招摇过市，教师及家长都津津乐道。但是反观儿童，我们看到的是一双双无神的眼睛，无数"老态龙钟"的儿童，童年期的快乐自在、朝气蓬勃、活泼可爱都不见踪影。有的家长会说："没办法，社会就是这么残酷，我也想孩子天天玩，可是现在玩，将来怎么办呢？"家长的担心固然有道理，但是"拔苗助长"丝毫没有效果，试想，让一个还不会走路的孩子参加百米赛跑，让一个不会说话的孩子背古诗，岂不是要闹笑话？因此，"不能用一堵高墙把孩子与周围世界隔离开。不能让孩子失掉欢乐的精神生活。孩子只有生活在游戏、童话、音乐、幻想、创作的世界中时，他的精神生活才有充分价值。没有了这些，他就是一朵枯萎的花朵"[②]。

---

① 袁爱玲：《幼儿园教育活动生态现状剖析》，《学前教育研究》，2007 年第 2 期。
② [苏]B.A.苏霍姆林斯基著，唐其慈、毕淑芝、赵玮译：《把整个心灵献给孩子》，天津人民出版社 1981 年版，第 78 页。

自然主义教育思想提出要把儿童当作儿童,要尊重儿童的生命;"以人为本""儿童中心"等思想为我们提供了新的教育观:一切以儿童为出发点,为了儿童的一切,一切为了儿童。但是,"以人为本"和"儿童中心"的思想并没有使传统的教育发生太大的变化,不尊重儿童生命的现象还是大量存在。教育的生命意识淡漠,儿童对生命的认识不正确。许多教师经常会遇到这样的难题:"老师,我妈妈说我是从垃圾堆里捡来的,是真的吗?"这种看似玩笑的模棱两可的答案使儿童对生命产生了误解,认为自己的生命是轻易得来的,跟垃圾一样,不正确、不科学的生命观也随之产生。

(四)抹杀儿童生命的创造性

曾经看过这样一个案例:一个爸爸切苹果给孩子吃,苹果切开后,孩子很兴奋地说:"爸爸,看,星星。"苹果里面就是果核,怎么会有星星呢? 我们大人一般都这么想。但是在孩子的世界里,任何看似无趣的东西都新鲜得不得了。同样的一片云彩,大人看来仅仅是一片云彩,最多是白云、乌云、彩云,但是孩子看到的却是各种有趣的东西:一会是一只小绵羊、一会是猪八戒、一会是一匹马……孩子的思维是活跃的,孩子的想象力和创造力是无限的。但是在现实生活中,教师和家长往往喜欢用自己的标准去评价孩子,用社会中的种种规则去规范儿童的行为。标准答案、好儿童、乖孩子等成了儿童努力追求的方向,久而久之,儿童的想象力和创造性便成为奢谈。

现实生活中,限制儿童想象力和行为的现象比比皆是。当孩子模仿大人做事时被制止,大人告诉孩子有危险,不能碰,或者跟孩子说现在还小,长大了才可以做。男孩子喜欢把家里的闹钟、玩具等拆了研究,这些所谓"搞破坏"的行为被制止,岂不知这是孩子科学探究的萌芽。孩子探究的兴趣被家长遏制了,孩子动手操作的机会没有了。还有的家长会嘲笑孩子一些幼稚的做法,同时把大人的经验强加给孩子,告诉孩子应该怎样,不应该怎样等等。当一个孩子不用动脑,不用动手的时候,他的创造力就渐行渐远了。

三、研究内容

理论研究与现实中的教育现象值得我们反思,值得我们去研究。基于生命视角的幼儿教育既是对儿童生命的保护,更是教育理念的更新,因此,本书从以下几个方面提出新的研究问题作为研究内容。

(一)儿童生命的重新解读

儿童的生命是生命的开端,儿童的生命是纯洁美好的,是一方净土,儿童的生命世界具有成人世界所没有的善和美好,因此我们要保护儿童的生命,保卫童年。保卫童年的前提是认识和了解儿童,儿童是有秘密的,儿童有哪些秘密?儿童的生命具有怎样的独特特征?这既是研究的起点,又是研究的重要内容。只有对儿童有一个科学的、客观的认识,才能给教育立本。因此,本书的首要内容就是解读儿童的生命,挖掘儿童生命的特征,站在生命关怀的视野重新审视幼儿的生命,为儿童发声,为儿童有一个健康、快乐的童年奠定基础。

(二)生命关怀视野下幼儿教育的特征

幼儿教育是教育的起始阶段,幼儿教育的重要性被反复提起,但幼儿教育是什么?是教育的一个准备阶段吗?幼儿教育与小学教育的区别是什么?幼儿教育的精髓是什么?这些问题一直是研究的重要话题。但现实生活中异化幼儿生命、抹杀幼儿生命个性和创造性的教育仍然存在,因此,对幼儿教育真谛的研究还要继续。生命关怀为我们研究幼儿教育提供了新的视角,启发我们对儿童生命进行新的思考,站在敬畏生命、保护生命的高度审视幼儿教育。这样的研究视角能够使幼儿教育者树立新的儿童观和教育观,最终回归幼儿教育的本源:幼儿教育就是要尊重儿童的生命,保卫儿童的天性,遵循儿童的身心发展规律,使儿童的童年绽放出富有个性化和生命力的光彩。

(三)生命关怀幼儿教育的理论基础

生命关怀作为一种教育理念,日益被教育者发现,并付诸研究。在中小学,生命教育开展得如火如荼。幼儿教育作为教育的初级阶段或者奠基阶段,是不是也可以开展生命教育呢?幼儿教育是不是也要关怀幼儿的生命呢?答案是肯定的。关怀幼儿生命的教育也进入了幼儿教育专家的视野。本研究在借鉴前人研究的基础上探讨对幼儿生命的关怀,探索幼儿教育的生命视野。纵观从古至今的教育家,重视生命、关怀生命是很多人的期盼,其中也出现了不少关怀生命的教育思想,这些思想给本研究提供了强有力的支持。古人云:观史可以明智,察古可以观今,因此对教育史料的分析和解读可以给本研究提供有益的借鉴。

(四)现实生活中异化幼儿生命的现象梳理

随着国家对幼儿教育的重视和人们思想观念的进步,幼儿教育的重要性日益凸显,越来越多的孩子走进幼儿园,随之而来的问题是园所和师资的短缺。为了解决孩子上学的问题,民办幼儿园成为学前教育机构的助力军。民办幼儿园在招聘教师和保育员时存在很多漏洞,导致老师的能力参差不齐,因此,异化幼儿生命的现象日益增多并屡见报端。其不良后果是不但给幼儿的成长带来不良影响,还降低了幼儿教师的社会地位,尤其是幼儿教师的社会声誉,幼儿教师的专业性受到了一定程度的质疑。为了幼儿有一个美好的童年,为了提升幼儿教师的职业幸福感,必须建构一种理想的教育模式。只有这样,幼儿教育才能真正关怀幼儿生命,实现让幼儿"诗意栖居"的理想。梳理现实教育中伤害幼儿生命的现象,并找出其中的原因是解决问题的重要环节。

(五)关怀幼儿生命的教育探寻

儿童观与教育观是息息相关的,生命关怀视野下的幼儿教育就是要树立正确的儿童观,为正确教育观的实施打下坚实的基础。卢梭说大自然希望儿童在成人以前就要像儿童的样子,那儿童是什么样子的?如何使儿童成为儿童?这既是本研究的着眼点也是落脚点。因此,关怀幼儿生命的教育就是探寻幼儿生命本质、还原幼儿生命特征的教育。需要讨论的问题是如何实施关怀幼儿生命的教育,从哪些方面入手?教师应该树立怎样的教育理念?在幼儿园的一日活动中,教师如何设计和组织活动才是关怀幼儿生命的教育?幼儿园课程如何关怀幼儿的生命?在课程开展的过程中,是单独实施关怀幼儿生命的教育还是融入幼儿园的课程中?同时,幼儿教育的正常开展离不开家庭教育,幼儿教师如何做好家园共育工作,呼吁家长关爱、关注孩子的生命?这些都是关怀幼儿生命教育要解决的问题。

四、研究价值和意义

(一)让每一个孩子都能"诗意地栖居"

童年期是人生最美好的阶段,一切美好的语言都可以形容童年带给人的感觉。因此,追求童年的快乐是一切研究教育的人或者教育家们的理想。生活的现实性和功利性使童年期加速、异化甚至消失,因此,"把童年还给孩子"的口号不是无病呻吟,更不是捕风捉影。台湾作家龙应台在《孩子你慢慢来》中从一个母亲、一个知识分子的角度,记录了孩子安安的成长经历和心得。龙应台为安安提供的环境是宽松自由的,她抱着敬畏的、欣赏的眼光看待生命的成长,无疑安安的童年是幸福的、快乐的,也是幸运的,他有一个爱他的母亲,一个知道如何爱孩子的母亲,一个敬畏生命、尊重生命的母亲。

龙应台的做法是关怀生命的做法,尽管她不是一个教育专家,我们仍旧能够从书中温暖细腻的语言中,从充满生活气息的细节中,感受到一种强大的教育理念。她把教育当作一门慢的艺术,这是我们今天教育所缺乏的,更是生命关怀教育所要追求的终极目标。如何把童年还给孩子,让孩子真正成为孩子,这是生命关怀幼儿教育的最终诉求。从挖掘幼儿生命的特征和本质入手,找出真正关怀幼儿生命状态的教育,实现卢梭所勾勒的理想"儿童就要像儿童的样子",每一个孩子都有一个快乐童年。

(二)提升幼儿教师的职业幸福感和社会地位

幼儿教师是幼儿教育的关键性资源。幼儿教师是与幼儿接触最多的人,儿童的生存状态和教师息息相关,幼儿教师的职业幸福感也与幼儿有直接关系。总体上来说,幼儿教师职业幸福感现状不容乐观;幼儿教师的工作成就感、社会地位、工作感受状况度出现偏低的现象。幼儿教师职业是社会中最普通的一个职业,随着经济的不断发展,幼教开始受到人们的关注,人们渴望自己的子女成才,于是要求幼儿教师是一个什么都会的万能家,家长和社会对幼儿园教师的期待无形中给幼儿教师带来了很大的压力。然而在社会中,幼儿教师相当于一位保姆,很多家长也把一切的问题都扔给老师,说孩子进幼儿园老师会解决的,这一切的压力压得幼儿教师们喘不过气来,导致幼儿教师的职业幸福感比较低。

相关研究[①]表明,幼儿教师获得职业幸福感的主要原因有:领导的支持与肯定、工作中常能获得成功、幼儿的天真无邪、家长的支持和肯定等;而幸福感失落的主要原因有:工作机械烦琐、家长的不理解、工作没有安全感和稳定感等;

---

① 束从敏:《幼儿教师职业幸福感研究》,南京师范大学硕士论文,2003年。

幼儿教师职业幸福感存在一定变化规律：积极的师幼关系、以审美的态度对待工作、人本管理、获得专业发展机会等都有助于幼儿教师获得职业幸福感。由此可以看出，幼儿教师的职业幸福感很大一部分都跟幼儿有关。因此，研究幼儿教育离不开对幼儿教师的研究，关注幼儿的生命状态的同时，也必须把研究视野放到幼儿教师身上，只有这样才能承担呵护幼儿生命"诗意栖居"的使命。

苏联著名教育家马卡连柯曾这样说过："我确信我们的教育目的不仅仅在于培养能最有效地参加国家建设的那种具有创造性的公民，我们还要把受教育的人一定变成幸福的人。"为了提高幼儿教师待遇，《国家中长期教育改革和发展规划纲要（2010—2020）》明确规定政府依法落实幼儿教师的待遇，这一政策的提出，使幼儿教育者们在待遇上得到了保证，提高了幼儿教师的就业率。这些相关教育政策的颁布，扩大了市场需求，使幼儿教师的就业前景更加广阔，幼儿教师这个职业是很有前途的。因此，关怀幼儿生命的教育不仅是提升幼儿生存质量的教育，也有提升幼儿教师社会地位的功能。关怀幼儿生命的教育不是增加教师的负担，而是一种更加科学、更加人性化的教育模式。在这种模式下，教师的工作会变得轻松快乐，教师与幼儿的互动方式是轻松愉悦的，教师的工作压力会减轻许多，职业幸福感也得到提升。幼儿的生命状态是美好的，幼儿是幸福的，这一切都与教师有着直接关系，因此幼儿教师会得到社会的认可，社会地位随之就会提升。

（三）为家长提供育儿指南，充分发挥家庭教育的功能

家庭是儿童生长的第一个场所，父母是孩子的第一任老师，家庭教育的功能也日益凸显。但是，在现实生活中，随着女性从家庭解放出来，逐渐走上工作岗位，教育孩子的任务就逐渐向学校转移，尤其是孩子上学之后，很多家长就把教育重任全部交给了学校，家长逐渐淡出孩子的教育。然而，不管家长是否参与孩子的教育，家庭对儿童的影响是客观存在的，这种影响有积极的，也有消极的，消极的影响严重阻碍了孩子的成长，这不得不引起我们的重视。

家庭教育的影响客观存在，"80后""90后"的人开始为人父母，这两代人自身受的教育使他们比较重视孩子的教育，因此，家庭教育的作用有逐渐回归之势。但是，随之而来的问题是如何对孩子实施教育，如何让孩子赢在起跑线上。孩子的周末被父母安排得满满的，一周五天的幼儿园生活，周末两天的"培训班"，孩子成了旋转的陀螺。对此，父母表示：没办法，社会就是这样，不努力不

行……童年期成为口头上的年龄阶段划分,童年生活离孩子越来越远,稚嫩的生命承担了不该承受的生命之重。因此,家庭教育必须走上正轨,走一条科学施教的道路。

关怀幼儿生命的教育能够给家长提供新的育儿理念,使家长明确幼儿时期家庭教育的重要职责和任务。这不但使孩子生活得更快乐,还有利于亲子关系的发展,使家庭教育的功能真正得到实现。

(四)规范幼儿园办园理念,优化幼儿园教育模式

自福禄贝尔创造世界上第一所"幼稚园"以来,学龄前教育机构逐渐承担了0～6岁孩子的保教任务。作为孩子成长的乐园,幼儿园的办园理念和教育模式影响甚至决定着孩子的发展。因此,很多幼儿园都在不断探索自己的办园理念和办园模式。不管什么样的理念和教育模式,归根结底就是"一切为了孩子、为了孩子的一切和为了一切孩子"。然而,在幼儿园运行的过程中,由于办园成本问题、家园沟通问题、师资流失问题等等,幼儿园开始逐渐偏离了办园初衷,"小学化教育""成人化教育""高控型游戏活动"等异化幼儿生命的现象日益增多,孩子成长的乐园变成了孩子想极力逃脱的"牢笼"。因此,幼儿园教育急需寻找一条正面的、积极的、促进幼儿生命健康成长的道路。

生命关怀视野下的幼儿教育首先可以为幼儿园树立正确的办园理念,确定办园的终极目标,追求幼儿生命的健康、和谐成长,这为幼儿园指明了发展的道路,不至于出现偏离轨道的现象。其次,关怀幼儿生命使幼儿教师重塑儿童观和教育观,幼儿园一切活动的开展都是由教师进行的,教师的理念正确了,幼儿园教育质量才会有保障。最后,关怀幼儿生命的教育呼吁家庭、家长的参与和配合,家长从幼儿发展的角度明确了孩子的教育不仅仅是教师的事情,家长与幼儿园密切配合才是使幼儿拥有一个健康、快乐童年的王道。

(五)提升学前教育的质量,为小学阶段的教育打好基础

学前教育是基础教育的基础阶段,不仅影响着孩子一生的发展,也影响着我国基础教育的质量。当前,我国学前教育事业发展已经站在新的历史起点上,已经进入了注重内涵建设、着力提高质量的新阶段,追求卓越、追求内涵成为中国学前教育未来发展的主旋律。为了奏响主旋律,教育必须深化综合改革,只有转变学前教育发展方式,切实地贯彻党的十九大精神和新的发展理念,

才能真正提升我国学前教育的质量。

《幼儿园教育指导纲要(试行)》提出:"幼儿园教育是基础教育的重要组成部分,是我国学校教育和终身教育的奠基阶段。城乡各类幼儿园都应从实际出发,因地制宜地实施素质教育,为幼儿一生的发展打好基础。"为了实现《幼儿园教育指导纲要(试行)》的总目标,为了完成国家大力发展学前教育的任务,学前教育改革势在必行,改革的宗旨和最终目的是提升学前教育质量,促进幼儿的健康、全面和可持续发展。关怀幼儿生命的教育立足于提升孩子的生命发展质量,完善孩子的生命状态,使儿童的发展是可持续的、长远的。关怀幼儿生命的教育目标即关注儿童生命发展质量,是实现儿童长远发展的教育。

第二章 解读生命与生命关怀

一、识读生命

"人最宝贵的是生命,生命属于人只有一次。人的一生应当这样度过:当他回首往事的时候,不会因为碌碌无为,虚度年华而悔恨,也不会因为为人卑劣、生活庸俗而愧疚。这样,在临终的时候,他能够说:'我已把自己的整个的生命和全部的精力献给了世界上最壮丽的事业——为人类的解放而斗争。'"对于保尔·柯察金这一段话我们耳熟能详,在年少的时候我们就已经懂得生命是珍贵的,是人类的财富,这是我们最初对生命的认识。其实,对于生命,有太多的文人墨客先哲大师讴歌过、赞美过,但却没有一个人能将它说清楚讲明白。人们能够感觉生命、体会生命、敬畏生命、热爱生命,但是却无法明确地表白生命,只能是"欲说还休,却道天凉好个秋"。当然随着现代科学的发展,生物学、心理学等学科都可以从自身的角度对生命进行说明,但是生物学的角度是在解剖躯体生命,对于生命的活力和生命的情感无法涉及;心理学由于是对人的心理现象进行研究的科学,好像触碰到了人生命的本质,但更多是实验式的数据分析,对于生命的多姿多彩,无法用数据进行全面的解析。尽管如此,我们仍然可以窥探生命,认识生命,研究生命的真谛。因此,我们尝试从历史和现代的角度去认识生命,阐释生命,希望能够清楚明白地把握生命的含义和特点。

(一)生命认识的历史向度

1.中国传统哲学中的生命意识

"中国传统文化一向被认为是关于人生的学问甚至是关于生命的学问,它以人的生命的长久与安宁为价值取向,强调通过内在超越的方式来求得人的生命的保全、安宁和升华。"① 中国生命哲学的理论源头可以追溯到《易经》,所以,要了解中国传统哲学中的生命意识,首先要去挖掘《易经》中蕴涵的生命思想。

---

① 刘济良:《生命教育论》,中国社会科学出版社 2004 年版,第 10 页。

《易经》最关心的是人类与自然界的生命现象,而不是其他。它把人与自然界统一起来,并在统一中寻求生命的意义和规律。具体来说,《易经》关怀生命的思想主要表现在以下几个方面:首先,整个宇宙是一个生命系统,阴阳是构成宇宙生命的两种最基本的生命力。其次,创造生命是宇宙间的最高品德,能创生新生命是天地的最重要品质。再次,在宇宙中生存需要遵循宇宙间的基本法则即生命法则。这一法则就是"易",所谓"生生之谓易"。最后,要具有生命忧患意识。《易传》说:"作《易》者其有忧患乎!"即要思考生命问题,如生活的产生、生命的发展、生命的提升、种生命与类生命等,这些问题的追问既是对生命的关注和关怀,又是生命向善、向上发展的重要动力。总之,《易经》中包含了丰富的关怀生命的思想,对中国哲学史上几乎所有的哲学流派和哲学家都产生了深远的影响,其中表现最为突出的是儒道两家思想。"儒道两家共同弘扬了其中的终极关怀,各自传承了《易经》生命哲学的不同方面。"[①]

儒家哲学被认为是关照人的生命和生存的世俗哲学。"作为中国传统伦理文化的主导,儒学自身观念的演化历程可大致划分为:以'孔孟之道'为核心的经典儒学——变成御用思想的'两汉经学'——儒、道、佛三教并立时期的多元互补——被称为儒学发展第二期的宋明理学以及明清之际的内部批判。"[②]儒家思想的发展经历了漫长的历史过程,对生命的关注也逐渐凸显,如"天人合一""知天乐命"等思想即是对生命的关怀。儒家在对待人的生命问题上所采取的是一种中庸的观点。具体来说,表现在两个方面:

首先,儒家强调要"乐天知命",表现出一种豁达的人生态度。为什么要知天命呢?孔子说:"不知命,无以为君子也。"[③]孟子说:"夭寿不贰,修身以俟之,所以立命也。"[④]在儒家看来,"天、地、人"被并称为三才。人与天地是相融相通的,认识天、了解人是生命正确发展的唯一途径,也是儒家"乐天知命"思想的精髓,只有这样才能正确认识生命、发展生命、完善生命。由此看来,儒家是用人文生命的超越和永恒来代替自然生命的有限和短暂。那么,怎样做才能达到知天命的目标呢?对于这一点,儒家有很精辟的论述。儒家认为要通过道德的修养、性情的陶冶和人格的提升,通过"礼""仁"的统一来超越现实的功利,从而培

---

① 张涤非:《论生命意识教育》,河南大学硕士论文,2007年。
② 张梅:《生命关怀:学校教育的本真追求》,安徽师范大学硕士论文,2006年。
③ 孔丘、孟轲著,吴兆基、陈伶注译:《论语·孟子》,三秦出版社2007年版,第187页。
④ 孔丘、孟轲著,吴兆基、陈伶注译:《论语·孟子》,三秦出版社2007年版,第331页。

养自己"坦荡荡"的君子胸怀和乐天知命的生活态度。[①] 孔子要求他的弟子要能够"志于道,据于德,依于仁,游于艺"。[②] 也就是说,把"道"作为生活的目标和方向,用"德"和"仁"来规范自己,以恰当的文艺生活作为陶冶性情的作料。而一旦达到了"乐天知命"的境界,养成了"完善的人格",就可以轻松而圆满地解决人与自然、人与社会、人与人之间的关系,从而为自己确立一个"安身立命之地"。这样,不仅生命得以保全,而且可以获得人生的幸福、道德境界的提高和人格的升华。总之,儒家的"乐天知命"思想主张通过修身养性、完善人格来追求个人肉体的快乐和精神的升华。儒家思想不仅仅关注个体生命的完满,还追求更广泛意义上生命的发展,即为了齐家、治国、平天下,只有家庭和谐、国家和谐、人与自然和谐,才能使整个人类的生命都能得以保全和安乐。

然后,儒家又有一种畏命的态度,表现出了对生命存亡的敬畏甚至是无奈的思想。在对待人生的问题上,儒家一向避讳谈生死。孔子说:"未知生,焉知死!"[③]子夏曰:"死生有命,富贵在天"[④],从这些喟叹中,我们可以感受到儒家对难以把握的人之生死的敬畏、躲避和无奈。正是因为儒家对人生死亡问题"疑而不问"的态度,使得整个儒家生命学说追求的是个体生命融入群体生命的"天人合一",儒家的"天"指的是"社会伦理道德的至善",其个体生命的最高追求是通过"格物""内圣"从而达到"致知""外王"。人生的奋斗则是基于内心的修养,即所谓"修身、齐家、治国、平天下"的内圣外王之道。儒家虽然敬畏生命,对生死有一种无奈的态度,但是并不是消极地去顺从生命,而是要在命定的天数内使人的生命更加有意义,更加充实。孟子认为既然"死生有命",人的寿限均有定数,而且人无法改变天命,那么,与其浑浑噩噩、得过且过地混日子,不如时时、处处修身养性,珍惜生命的每一寸光阴,充实每一天的生活内容,以充分实现生命的价值,展现生命的光辉。[⑤]

儒家侧重于《易经》的群体生命意识,而道家则侧重于《易经》的个体生命意识。在对待人的生命的问题上,道家强调的是"全生避害""安顿生命",这正是围绕着如何保全生命避免伤害展开的。老子的哲学可以说是"弱者"哲学,因为"木秀于林,风必摧之"。因此,根据老子的主张,示弱也是生命的一种表现形

---

① 刘虹:《生命教育与中学语文教学》,湖南师范大学硕士论文,2006年。
② 孔丘、孟轲著,吴兆基、陈伶注译:《论语·孟子》,三秦出版社2007年版,第54页。
③ 孔丘、孟轲著,吴兆基、陈伶注译:《论语·孟子》,三秦出版社2007年版,第92页。
④ 孔丘、孟轲著,吴兆基、陈伶注译:《论语·孟子》,三秦出版社2007年版,第100页。
⑤ 刘虹:《生命教育与中学语文教学》,湖南师范大学硕士论文,2006年。

式,而且是一种比较好的保护自我的方式。同时,一个人最好不要有过多的欲望和要求,只有知足才会常乐,"故知足不辱,知止不殆,可以长久。"① "是以圣人去甚,去奢,去泰。"② 符合这两个条件的恐怕只有婴儿了,因为婴儿是人的欲望最小、最接近自然的时期。因此老子提倡成人应该向儿童学习,保持婴儿的纯真,这样生命才会快乐,才会感到幸福。庄子强调生命应该顺应自然,只有与自然保持统一,人才能避免痛苦,获得快乐,要保全生命,获得幸福,一定要顺应自然。不仅要顺应自然规律和社会人事,也要顺应自己的本性,人要涵养生命就应该顺其自然,不要刻意人为。道家的总体观念是强调生命与自然、万物的统一,强调人对自然生命的顺从,但是将人的生命仅仅归于自然生命的宁静,而无视后天生命的超越,这突出地反映了老庄哲学的消极色彩。③

儒家哲学和道家哲学共同构成了中国传统哲学的主流,两种思想相互吸收,相互补充,相得益彰,给我们提供了巨大的精神财富。从以上对儒道两家关注生命的思想的分析中可以看出,生命一直以来都是人类关注的焦点,只是观点不同:儒家关注的是社会大生命,过于强调社会生命的同时就忽略了个体的生命,追求的是一种超越的生命。但是,超越个体生命的社会生命是不能长久的,是没有根基的。与儒家思想相反,道家思想关心个体精神的安宁和对自然的适应,追求个体生命的完善,但是只有个体生命,放弃和忽略社会生命的个体生命也是不完善的,凌驾于社会生命之上的个体生命更是不能实现真正的完满。由此可见,个体生命和社会生命是传统哲学生命思想的精华,只是二者不能是非此即彼的关系,要把二者辩证统一起来。因此,我们在解读传统哲学的生命思想时,要取其精华、弃其糟粕,用一分为二的观点去分析和借鉴。

2.西方哲学中的生命思想

西方关于人的生命文化和生命思想的历史可以追溯到人类早期的智慧发端时期——古希腊。在这一时期,人类的先哲在思考人类和宇宙的起源问题时,首先是力图从繁多的自然现象中寻找万物统一的"始基"、"本质"或"规律"。④ 因此,这一时期的人类哲学属于自然哲学。从自然哲学到人类的生存哲学、生命哲学的转变是始自毕达哥拉斯。他提出人的"生命和谐"思想,主张要

---

① 老子、列御寇著,王弼、张湛注:《老子·列子》,上海古籍出版社1989年版,第11页。
② 老子、列御寇著,王弼、张湛注:《老子·列子》,上海古籍出版社1989年版,第7页。
③ 万玉:《关注生命:教育新的价值取向》,河南大学硕士论文,2003年。
④ 褚惠萍:《当代大学生生命教育研究》,南京师范大学博士论文,2014年。

重视人的生命,关切人的生命,唯有生命最可贵,而且一切生命都是平等的,生命的和谐是人类生命的最佳和最终要追求的状态。苏格拉底是第一个"把人们的眼光从天上拉到地上,从自然拉回人事"的哲学家。他认为哲学忽视了人的现实,忽视了对人的生命的关注,强调人要认识自己,反思人生,"没有经过思考的人生是不值得过的"。柏拉图却将苏格拉底的学说推向极端,生命被割裂为"肉体"和"灵魂",最后以抽象的"理念"代替了丰富的生命。可惜,人的地位并没有上升,没多久便被打入地狱。"人是有罪的",带着"原罪"的身体被神"贬"到尘世,经受痛苦,只有得到上帝的拯救才能重返天堂。中世纪的哲学中,"神"充溢上下,人只是需要"赎罪"的"迷途的羔羊",生命的存在本身就是一个错误。"在这种思想的知指导下,作为具有物质与精神、肉体与灵魂、理性与非理性、经验与超验辩证统一的人被进行了无情的异化与割裂。"①直到文艺复兴时期,人才从黑暗中走出来,迎来了黎明。文艺复兴结束了中世纪的黑暗历史,开始了近代西方人文主义的传统,人的生命、人的尊严、人的价值得到了前所未有的重视和尊重。

真正开始将"生命"引入哲学的是18世纪和19世纪交替之际出现的生命哲学。② 这一时期的生命哲学的特点是强烈的反理性,把"经验、信念、特别是感情同智力对立起来,同时也夹杂着浪漫主义的自然哲学因素"。③ 生命哲学是在近代理性逐步提出过分绝对化的要求,其势力逐步霸占一切地域的背景下,哲学家们对时代、对人的反思的成果。"生命哲学的主题与生命,特别是人的生命有关。它本质上不是一种自然哲学,它的理论对象是人,人的生命,人的生活,人的心理状态和人的历史文化,并由此透视人的周围世界。"④在这一时期,出现了一些哲学派别,它们的共同之处是都认为世界不是只有理性可以把握的机械刻板的公式,而是激荡着的生命。生命哲学是一种信念,相信人只能通过生命这个媒体了解和得到自己。

真正的生命哲学阶段产生于1900年左右。这一时期生命哲学的确立和壮大同一些杰出的人物是分不开的,如叔本华、尼采、亨利·柏格森、格奥尔克西梅尔。叔本华和尼采不相信通过理性可以认识自我,从而使生命成为哲学的中

---

① 刘济良:《生命教育论》,中国社会科学出版社2004年版,第27页。
② 万玉:《关注生命:教育新的价值取向》,河南大学硕士论文,2003年。
③ [德]费迪南·费尔曼著、李健鸣译:《生命哲学》,华夏出版社2000年版,第18页。
④ 刘放桐等编著:《现代西方哲学》(修订本上),人民出版社1981年版,第195页。

心。叔本华肯定人的生命意志的原始性,将生命归于生命意志,一种强大的、不可遏止的生命冲动,但同时他又是悲观的,认为生命意志总是处在痛苦之中。①生命产生需要和欲望是痛苦的,需要满足时又是无聊的,而一旦旧的需要满足又会产生新的需要、新的痛苦。"所以人生是在痛苦和无聊之间像钟摆一样来回摆动着;事实上痛苦和无聊两者也就是人生的两种最后成分。"②由此可以看出,叔本华的哲学具有明显的悲观主义色彩。深受他影响的尼采也是意志论者,主张弘扬人的生命活力,崇尚"强力意志",但是他却并未走向悲观失望,相反,尼采却创造了"超人"。在尼采看来,能够经得起生活折磨、把痛苦变成快乐的人,必定是那些生命力最旺盛、意志力最强大、创造力最丰富的人,即"超人"。"超人"同样也要忍受人生的痛苦,甚至会遭到更猛烈的攻击,受伤流血,甚至死亡,这本是人无法逃脱的悲剧,但是"超人"并不去逃避这一悲剧,相反勇敢地面对人生这一悲剧,还要在悲剧的抗争中显示人的最伟大的生命活力。

继叔本华和尼采之后,现象学和存在主义都提出了自己的生命观。现象学运动是由德国哲学家胡塞尔(Husserl)所开创的。在这个时代,整个人类都在询问生存有无意义的问题,科学是不可能回答这一问题的,现象学提出人文的、主观的研究方法,来探讨人的问题。③ 胡塞尔提出要探讨人的问题,就要回归生活世界,因为生活世界由于科学的发展正在被遗忘,因此人要关注自己的生命,关注自身的精神生活,通过回归生活世界重新回归人的生命,体验生命的丰富理性。胡塞尔还提出人要"面向事物本身",因为只有通过对现实生活的具体情境的呈现才能揭示人的存在。因此,人需要回到"生活世界",使人的生命主体之间加强对话与沟通,形成主体间性,从而实现人的生命意义的回归和生命价值的重建,进而构建生命主体之间温情脉脉的人际关系。胡塞尔说:"在我们对世界的连续的知觉之流中,我们并不是孤立的,相反,在这种知觉之流中,我们同时拥有了与他人的关联。每一个人都有他自己的知觉,他自己的当下化,他自己的一致性,并且都会将自己的确定性贬低为单纯的可能性、可疑性、成问题性和假象。但在与他人的共同生活中,每一个人就有可能参与到他人的生活中。因此,一般地说,世界并不是为个别的人而存在着,也就是,世界已经渗透

---

① 万玉:《关注生命:教育新的价值取向》,河南大学硕士论文,2003年。
② [德]叔本华著、石冲白译:《作为意志和表象的世界》,商务印书馆1982年版,第437页。
③ 万玉:《关注生命:教育新的价值取向》,河南大学硕士论文,2003年。

了朴素的知觉现象的群体化。"①由此可以看出,现象学关注的是人,人的意义、价值和目的,关注的是人的意识和实际的生活,而不是脱离人的世界。

存在主义的产生与 20 世纪西方社会矛盾、危机以及由此加剧的人的异化现象密切相关,存在主义正是通过描述揭露现实社会及社会中人的个性的丧失,自由被剥夺,人受物的力量的支配,论证怎样使人获得真正的自由,摆脱异化,恢复个人的个性和尊严。②存在主义试图揭示人的本真的存在,并且"认为人的真正存在不能通过认识的途径达到,只能揭示、照明。而对人的存在结构的揭示就是对一系列人的存在方式的描绘。存在主义者往往把孤寂、烦恼、畏惧、绝望、迷惘、困惑、沉沦、恶心,特别是死亡等非理性的心理体验当作人的存在的基本方式。认为只有揭示它们才能揭示人的真正存在"③。海德格尔区分了人的本真的存在和非本真的存在,所谓"本真存在"是指那些明确清醒地知道自己是"向死而生"的存在,被逼迫出了人本真的状态,因此,这种存在会教会人学会珍惜生命;而"非本真存在"是指那些终其一生都不知道自己的生存是向着死亡的生存,也就不会珍视生命的价值,不了解生命存在的意义是什么。基于本真存在,人们会更加珍惜这种有限的生命,使之尽可能具有人之为人的人文意义、道德意义、社会意义,而这正是人之为人的主要标志。

我们要了解西方关怀人的生命的思想,还必须要认真解读马克思主义。马克思主义关注的人不是抽象的、孤立的人,而是现实的社会的人,是从不自由走向自由,从片面发展走向全面发展的人。"人的本质不是单个人所固有的抽象物,在其现实性上,它是一切社会关系的总和。"④因此,人在与自然和他人的交往中得到发展。人是生成的、发展的,是人通过有目的的实践活动改变自然,同时改变自我而实现的。人的发展是一个历史的过程,这一过程不是理想的、甜美的,相反是艰难的、残酷的,人的发展与人的异化、劳动的异化是分不开的,劳动既为人的发展创造条件,也使人自身越来越异化,异化和异化的克服其实是同一条实践之路。但是人类最终将走向全面的解放,每个人的自由而全面的发展是人的生存的终极价值。

以上对中西方关于生命思想的梳理,可以帮助我们感悟生命的内涵,使我

---

① 转引自刘济良著:《生命教育论》,中国社会科学出版社2004年版,第41页。
② 万玉:《关注生命:教育新的价值取向》,河南大学硕士论文,2003年。
③ 刘放桐等编著:《现代西方哲学》(修订本下),人民出版社1990年版,第576页。
④ 《马克思恩格斯选集》(第1卷),人民出版社2012年版,第135页。

们对生命有一个更加明确和具体的认识。关于生命,以往的智者们有很多精辟的见解,感谢他们的"慧言",使我们对生命的理解更加深刻,但是,生命的关注依然在继续,特别是近代,生命异化现象的出现更激起了人们研究生命的欲望,这既是以往研究的继续,也是时代所需。

(二)生命的含义

生命是一个涵盖全部物种及其与自然的关系的概念,它是一种独特的现象,包括了个体生命、人类的生命、他类的生命及生命所赖以存在的自然。在本研究中,重点指的是个体的生命,也即人的生命。人的生命不仅表现为肉体物质欲望的满足,更表现为精神的升华和超越;人的生命是有限的,但是人是能动的动物,能够凭借自己的聪明才智改造世界,使世界成为人们诗意栖居的场地,所以人能在有限的生命中创造无限的财富;人是感情化的动物,但是人又能用自己的理性来控制自己的情感,调节自己的行动,使人类的行动符合社会的道德规范。所以说生命是人的存在形式,是肉体和精神的统一体,是有限与无限的统一体,是理性与非理性的统一体。"人的生命的可贵之处并不仅仅存在于在这种二元对立中化解矛盾、寻求平衡,而是追求更加广阔的生命理想和人生境界,以达到真善美的和谐统一。"①我们说这才是生命的本义。

(三)生命的特征

1.生命的有限性

别尔嘉耶夫说:"这个世界上的生命之所以有意义,只是因为有死亡,假如在我们的世界里没有死亡,那么生命就会丧失意义。意义与终点相关。假如没有终点,也就是说,在我们的世界上存在无限的生命,那么在这样的生命中就不会有意义。"②因此,有限性既是生命的特点,又是人们珍惜生命、利用生命的重要条件。正如弗兰克尔(Frankl,1973)所认为的:"终结性(finality)与短暂性(temporality)不仅是人类生命的一大基本特色,也是构成生命之所以有意义的一项实存要素。"③人的生命的有限性首先表现在存在时间的有限性。人的自然寿命一般来说是七八十岁,最多百十来岁,从个体来说,生命的存在时间是非常

---

① 刘济良:《生命教育论》,中国社会科学出版社 2004 年版,第 56 页。
② 冯建军:《生命与教育》,教育科学出版社 2004 年版,第 357 页。
③ 李艳:《台湾地区中小学生生命教育研究与启示》,华东师范大学硕士论文,2006 年。

有限的,这个时间在人类历史的发展长河中,只是短暂的一瞬。其次表现在肉体的有限性。从肉体的生命力上看,人比动物要差得多、有限得多。人在许多最基本的生存本能方面都弱于动物。再次,人的生命的有限性表现在生命的无常性。这种生命的无常性,一方面是由于人存在的偶然性;另一方面是人的生老病死、旦夕祸福、喜怒哀乐等是不可预测的。最后人的生命有限性还表现在人的精神方面。人不是孤独的存在,人是社会化的动物,有至高无上的精神追求,这样才能净化和安慰人的躁动不安的灵魂。

人的生命是有限的,每一个人都要面临死亡,都是"向死而生"的,但是什么时候死亡,我们又无法控制。正是由于死亡的必然性和无法控制性才给我们创造了发挥生命价值的时间和空间。"死亡并非在死亡的时刻才限定,才塑造我们的生命,它本身就是我们的生命对所有内容进行润色加工的形式因素:死亡给生命整体带来的局限性,首先影响着生命的每一个内容和瞬间;假如内容和瞬间能够超越这些内在界限,那么它们当中任何一个的质量和形式也就会是另外一番景象了。"① 人的生命的有限性,促使人去思考生命的意义,思考生命存在的方式和实现生命价值的途径,从而使有限的生命发挥出无限的价值。因此,生命的有限性是人走向超越和无限的最根本、最强大、最终极的动力。

2. 生命的无限可能性

人与动物的最大区别,是动物的生理构造和机体组织是特定化的,而人是未特定化的。动物的特定化,是动物的生命是"完善"的,"达到了完成"的。正因为它是"完善的""完成了的",所以是确定的、限定的、无法发展的。而人是未特定化的,人的未特定化使人是不完善的,没有完成的,为了达到完善的状态,人要发挥自身的主观能动性,在这一过程中人是自由的,人具有很大的发展空间和潜力,因此可以说人的生命是无限可能性的存在。

生命不是被决定的,生命不能像摄影机一样,把每个细节都排演、拍摄、贮存起来,然后放映。生命是从"无"中创造,就像真正的画家一样,在空白的画布上勾勒出美丽的图画,是一个从"无"中创造出"有"的过程。因此,生命不是静止的,而是一个动态的发展过程,生命的动态性和发展性使教育成为可能。正因为"无",生命不是被必然规律支配,而是创造。然而生命又是有限的,生命的有限性又使生命显得格外宝贵,如何在有限的生命力发挥无限的价值是生命的

---

① [德]格奥尔格·西美尔著、刁承俊译:《生命直观》,生活·读书·新知三联书店2003年版,第84页。

最大追求。因此,生命永远是可能性的存在。

3.生命的独特性

生命是遗传和后天发展的共同产物,人的体态、感官及神经活动类型等生理因素是遗传的结果,人的遗传素质具有差异性,因此,人发展的生理基础首先是不同的。"遗传的差异决定了人先天具有的独特性及在后天发展中的优势结构,所以不同的人会表现出不同的爱好、不同的特长。"① 因此,人的独特性还表现在人后天形成的不同个性、不同的思维方式、精神的独特性等方面。从这个角度可以看出,生命的本质不是给定的,而是后天不断生成的,处于不断生成中的人必定是独特的。② 人是有意识的,人的意识性决定了人的行为具有自为性,一个人主观意识发挥的模式和程度影响生命的状态。因此,在相同的环境和条件下,动物会有相同的行为,而人不会,人的意识性决定了不同的人会有不同的反应、不同的选择、不同的体验。就像后现代主义所强调的那样:人与人之间存在着差异性,正是人的独特性赋予人存在以独一无二的价值,也使人无法用主客体的思维模式去把握别人和自己的存在。③

生命的独特性使每一个人的存在成为合法,每一个人都是自己主观意志的体现,而不是别人或权威意志的体现。因此,人的价值也在于人本身,不断实现自己的潜能,而不在别的什么地方。生命的独特性决定了不同的人会有不同的生存方式和行为方式,不同的生存方式和行为方式反过来又成全了生命的独特和唯一。人不仅是自然的存在,更是精神的存在,人的精神具有更大的自由性和自为性,更表现了人的自由的追求,也就更能表现人的独特性。④ 因此,生命的多样性成为可能,每一个生命都呈现出不同的个性和特色;也正因为人的个性的不同,人的存在才更有价值。

4.生命的创造性

哲学家兰德曼指出:"人不仅可以而且必须具有创造性。创造性不局限于少数人的活动,它作为一种必然性,根植于人本身的存在结构中。"⑤事实证明,人确实是一个创造性的存在。人对神秘莫测、变幻万端的客观世界的把握需要靠创造,人对自身生命意义、生命价值的追寻也要靠创造,只有创造才能实现人

---

① 刘瑞梅:《生命教育视域下的体育基础教育》,内蒙古师范大学硕士论文,2008年。
② 姚冬梅:《论生命的复杂性与激扬生命》,《求索》,2010年第2期。
③ 程红艳:《生命与教育:呼唤教育的生命意识》,华中师范大学硕士论文,2001年。
④ 陈丽英:《关爱教师:生命教育理念的助推器》,江西师范大学硕士论文,2007年。
⑤ [德]米夏埃尔·兰德曼著、张乐天译:《哲学人类学》,上海译文出版社1988年版,第202页。

对自己生命的认识、把握和超越。所以,创造性是人的生命的本质,是生命的目的,也是人性的呼唤。"生命就是运动,不间断的运动。一切静止就是死亡。但生命比单纯的持续运动更为丰富。生命乃是在此基础上不断产生新内容的创造性运动。因为生命富有创造性的特点,它是不断喷涌的源泉,是始终产生新形态的力量所在。"① 因此,创造性不仅是人的存在方式,还是人生活所必需的,是人的生命完善的源泉。

创造性是人的生命的本质,是生命的目的,是人性的呼唤。因为人是独特性的存在,所以人的生命拒绝重复,人是无法忍受没有创造的生活和生命的。生命的这种创造性使人的生命得到快乐和满足,使人感觉到自己生命的价值,也是生命存在的最有力体现。就像滕守尧所描述的那样:"人一天不创造,这一天便失去了价值,也就感到不快乐和烦恼,只有重新创造,快乐才能重新点燃。"②

5.生命的完整性

在西方,德国哲学家狄尔泰特别强调人的生命的整体性。狄尔泰处在西方哲学从 19 世纪末向 20 世纪初的转折点上。他以反对主体形而上学的哲学思想为切入点,对近代主体形而上学思维下人的生命完整性遭受破坏这种时代"疾病"做出准确诊断,并以此为基础提出了生命整体观。③ 他认为,生命是历史与时间的见证,从生命的历时性角度来看,生命是整体性的,生命总是处在时间和历史的发展中,虽然分为不同的发展时期,但是每一个生命片段都是生命长河中不可分割的组成部分,且都有自己的价值。鲍迈斯特尔(Baumeister,1991)认为生命首先是和谐的、整体的。任何一个生命体的存在都包含了生命本身及其所处的环境,因此,对生命体的任何影响,也将会对其所处环境产生连带性的影响作用,可说是牵一发而动全身。④ 人的生命不仅包括自然生命、后天形成的精神生命,还包括社会生命,它是生理、心理和社会的综合体。生命是复杂的整体,有各方面的需要、感觉、认知、情感、体验、意志等等。但是生命的各部分并不是分离地独自存在,相反,它们共存在一个生命体内。生命在进行活动时,以完整的生命形式共同活动,生命的各个部分相互影响,共同发展。人需要在活

---

① [德]博尔诺夫著、李其龙译:《教育人类学》,华东师范大学出版社 1999 年版,第 3 页。
② 滕守尧:《审美心理描述》,中国社会科学出版社 1985 年版,第 332 页。
③ 张梅:《生命关怀:学校教育的本真追求》,安徽师范大学硕士论文,2006 年。
④ 李艳:《台湾地区中小学生命教育研究与启示》,华东师范大学硕士论文,2006 年。

动中全面地占有自己的本质,"人以一种全面的方式,也就是说,作为一个完整的人,占有自己的全面的本质"①。德国哲学家雅斯贝尔斯指出:"毋庸置疑,生命是完整的,它有着年龄、自我实现、成熟和生命可能性等等形式,作为生命的自我存在也向往着成为完整的,只有通过对生命来说是合适的内在联系,生命才能是完整的。"②可见,生命是完整的,是矛盾统一的。生命的矛盾表现为生命各个部分独自生长,统一表现为各个部分的生长又是统一的,任何单方面的生命发展都是不可取的,会导致对生命的异化和伤害,从而也会抑制各个部分的发展。因此,生命作为一种高级的生命存在,表现了自身的复杂性和统一性。

二、生命关怀理念解析

当今社会,物质技术文明的高度发展给人类带来了物质的福利,使人们的生活达到了前所未有的高度。与此同时,由于富裕的物质生活造成的生态危机、道德危机、社会心理危机、社会失调的危机等也接踵而至。进步与浮躁并存,文明与喧嚣共生。"我"逐渐淡化在人群中,人性的光芒日益暗淡。

(一)道家对生命的关怀

生命从古至今都是哲学家关注的重要话题,先秦时期,诸子百家等都站在不同的视角关注过生命问题,其中道家对生命的关怀是最突出的。道家创始人老子上承远古神话中的生命意识以及原始宗教中的生命崇拜,他对《周易》等古代典籍的吸收也是侧重于生命关怀方面,所以,道家从一开始就走上了生命关怀之路。③ 道家关怀生命的思想还随着社会的发展其内容不断更新、完善,"当代新道家的任务或者说它生命关怀的主题理当是生命与和谐"④,具体来说就是:

1.回归自然的生命

当代新道家要求遵循"道法自然"的基本精神,认为自然是客观事物的本质,万物自然而然地生,自然而然地长,自然而然地衰亡,没有任何意志主宰,没

---

① [德]马克思:《1844年经济学哲学手稿》,人民出版社2018年版,第81页。
② [德]雅斯贝尔斯:《什么是教育》,生活·读书·新知三联书店1991年版,第37~38页。
③ 晏钶:《道家思想中的生命关怀及其现代教育的启示》,南京师范大学硕士论文,2006年。
④ 晏钶:《道家思想中的生命关怀及其现代教育的启示》,南京师范大学硕士论文,2006年。

有任何外力推动,而也正因为万物都是自然而然地生长成熟,因此也就没有任何力量可以居功自恃。① 道的本质是"无为而无不为"。无为,并非无所作为,而是顺自然而为;顺自然,即一切都是顺自然规律而为,看似无主体作为,实际是无主观强作妄为。因为是顺自然而为,所以才能有"无不为"。"无为而无不为"就是"道法自然"。人的功能只有无为而无不为时,才能与天道自然充分和谐。

2. 关怀社会的生命

作为"新道家",它不仅要回归自然,也要关怀社会。所谓"关怀社会",即倡导敦厚朴实的人性,弘扬人与人之间的坦诚相见;反对人心的虚伪欺诈、贪得无厌、自私自利、尔虞我诈,一切扭曲人性的东西都是不可取的。例如在现实社会中,六亲为争夺名利而不和,国家为争夺名利而纷乱,这才需要孝慈、需要忠君。但忠孝毕竟只能治标,而不能治本。要彻底到达人与人、人与社会之间的和谐必定要体道。因此,新道家提出要关怀社会生命,天下为一体,众人为一家,这样生命才能焕发光彩,社会才能和谐。

3. 倡导和谐的生命

倡导和谐即指倡导人与自然、人与人和人与自身精神的和谐,使人认识到和谐是宇宙的根本存在法则,只有和谐才能稳定,和谐才能生存和发展。② 当然,我们所说的和谐并不是无差别、无矛盾、无斗争的绝对和谐,是和而不同。绝对的和谐在现实中是不存在的,只能存在人们头脑的想象中,而且这种和谐只能是僵死的没有生命力的和谐。有差别、有矛盾、有斗争而又能达到人与自然、人与人、人与自身的统一才是真正的和谐,是有生命力的和谐。

新道家从关注人的生命本质出发,它不仅倡导生命本位,强调自然关怀,而且还强调社会关怀与人的精神关怀,体现了一种生命关怀意识。③ 这种思想对我们今天研究生命、研究怎样关怀生命有很重要的启迪意义。

(二) 生命关怀的本质

生命关怀是我们对待生命的一种态度,也是我们追求生命完美的一种方式或途径。要使生命达到一种自然和谐的境界,必须从保护生命出发,在生命存在

---

① 晏钶:《道家思想中的生命关怀及其对现代教育的启示》,南京师范大学硕士论文,2006年。
② 晏钶:《道家思想中的生命关怀及其对现代教育的启示》,南京师范大学硕士论文,2006年。
③ 张敏:《论心性和谐与人的全面发展:兼论传统文化中的人文关怀》,《当代教育论坛》,2012年第1期。

的前提下去关怀生命的状态,尊重生命、敬畏生命,还要不断提升生命的质量。

首先必须保护生命,只有生命存在了,我们才能去关怀,否则就如"巧妇难为无米之炊"。没有生命的世界,是残缺的世界。世界正是因为有了生命而精彩,正是生命构成了世界存在的基础。而所有的生命中,人又是超越一切其他生命之上的存在物。正如莎士比亚(Shakespeare)在《哈姆雷特》中所指出的:"人是一件多么了不起的杰作!多么高贵的理性!多么伟大的力量!多么优美的仪表!多么文雅的举动!在行为上多么像一个天使!在智慧上多么像一个天神!宇宙的精华!万物的灵长!"①因此,我们要保护生命,使生命得以存在,这是生命关怀的前提。

其次,我们要尊重和敬畏生命,尊重和敬畏生命是使生命回归自然的条件。生命是人的一种生存、活着的状态。这种状态是自然的、合理的状态,我们要尊重这种状态,因为"在人生的秩序中,童年有它的地位;应当把成人看作成人,把儿童看作儿童"②,否则生命就会出现异化的现象,正如自然主义教育观的代表人物卢梭所描述的:"大自然希望儿童在成人以前就要像儿童的样子。如果我们打乱了这个次序,我们就会造成一些早熟的果实,他们长得既不丰满也不甜美,而且很快就会腐烂;我们将造成一些年纪轻轻的博士和老态龙钟的儿童。"③

最后,还要相信生命,因为人是万物之灵长,宇宙之精华。蒙台梭利认为,当一个新的生命降生时,它自身就包含着一种神秘的本能,这个本能将指导它如何活动,形成什么样的特性及怎样适应环境。因此,我们应该相信生命的巨大理论,相信人类生命的价值,相信人们能够克服外部纷扰世界的干扰,从而构建一个和谐的、"和而不同"的世界。

对生命关怀的解读给我们研究生命、关注生命的存在和发展状态提供了基础和依据,通过对生命本质的追求,我们知道了关怀生命的出发点和落脚点,有了明确的方向,关怀幼儿生命的教育不再是一句空话或一种空想,它会成为教育的最佳或者最完满状态。"一切为了孩子、为了孩子的一切、为了一切孩子"这种随处可见的教育理念或者宗旨也不再是口号,而是客观存在的,是教育的一种自然现象。

---

① [英]莎士比亚著、朱生豪译:《莎士比亚全集(五)》,人民文学出版社1994年版,第327页。
② [法]卢梭著、李平沤译:《爱弥儿》,商务印书馆1996年版,第74页。
③ [法]卢梭著、李平沤译:《爱弥儿》,商务印书馆1996年版,第74页。

第三章 生命视野下的儿童观与教育观

随着社会的发展,尤其当今信息时代下对儿童教育的重视达到了前所未有的高度。社会上各种教育形式、教育手段、教育机构比比皆是,唯一的目的是提升孩子的教育质量。然而,在喧闹的教育现象背后,仍需静下心来思考:到底什么才是好的教育?怎样才能真正提升儿童生命的幸福感?要使教育变得有意义,就要回归话题的原点:什么是儿童?我们应该对儿童秉持一种什么样的认识?对儿童的看法和认识直接影响着教育的手段和形式。因此,对儿童的看法是教育的前提,对教育的认识又会影响儿童的生命状态,二者相辅相成,密切联系。回归生命、正视生命是我们重新认识生命、界定生命,树立新的儿童观的重要途径。

一、生命视野下的儿童观

儿童观是人们对儿童的看法和认识,对儿童的认识不同,对儿童的教育也千差万别。关于儿童观,洛克、卢梭、杜伟、蒙台梭利、陈鹤琴、陶行知等都提出了自己的见解,为我们研究和认识儿童提供了有益的借鉴。近年来,生命教育的理论和实践研究为我们认识儿童、树立新的儿童观提供了一种新的视野,因此,本书从生命的角度来研究儿童,以期能正确、深入、透彻地认识儿童,给教育提供科学的依据和方向。

(一)儿童是完整的生命体

生命是一个复杂的系统,但这个复杂的系统又不是毫无规律可循,从生命展现的状态上可以把生命分为自然生命、精神生命和社会生命三个维度,三个维度既有自身的独特性,互相又有着千丝万缕的联系。儿童亦是如此。儿童也是自然生命、精神生命和社会生命的统一体,三者相辅相成,互相影响,共同使儿童的生命得以健康、和谐成长。

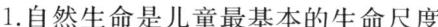

1. 自然生命是儿童最基本的生命尺度

从婴儿呱呱坠地那一刻起,生命的最初始状态便呈现出来了,这种自然的、生理的肉体生命是人存在的最基本的方式。马克思解释了人作为有生命的自然存在的内涵,"人作为自然存在物,而且作为有生命的自然存在物,一方面具有自然力、生命力,是能动的自然存在物;这些力量作为天赋和才能、作为欲望存在于人身上。另一方面,人作为自然的、肉体的、感性的、对象性的存在物,同动植物一样,是受动的、受制约的和受限制的存在物,也就是说,他的欲望的对象是作为不依赖于他的对象而存在于他之外的。但是,这些对象是他的需要的对象;是表现和确证他的本质力量所不可缺少的、重要的对象。"①马克思对自然生命的解读为我们认识自然生命提供了参考。自然生命的特点使儿童具有巨大的成长力量,是积极主动的个体;同时,儿童又具有和动物一样的被动性,受欲望的驱使,儿童具有爱玩、追求快乐、追求生理欲望的满足等特点。前者让我们看到了儿童生命蓬勃向上的发展力量,于是我们欢欣鼓舞,觉得孺子可教也;而后者又使我们陷入矛盾中,于是现实生活中压抑儿童的天性、剥夺儿童玩耍权利、拔苗助长等现象层出不穷,美其名曰:为了使儿童得到良好的发展。而现实的结果使我们不得不重新思考儿童自然生命的独特价值,不论是积极向上的发展还是追求动物般的欲望,都是生命的本原状态,我们要做的是保护儿童生命的自然性,回归儿童自然生命本身,保护儿童的天性,使儿童的自然生命得到健康的成长,否则就会像卢梭说的那样,我们造就的是"年纪轻轻的博士和老态龙钟的儿童",儿童没有儿童的样子了,那我们生活的世界将会失去很多色彩。

2. 精神生命是儿童追求完美人格的实现

哲学家认为精神生命是人的本质,精神生命使人超越了动物的本能,精神使人不同于动物的存在,正是由于精神的存在,人才获得了自由。正如蒂里希(Pillich)所说:"作为精神而完成的生命,既包容着真理,又包容着激情;既包容着屈服,又包容着力比多;既包容着正义,又包容着强力意志。"②人的精神生命使人不断追求生命的多姿多彩,不断探索生命的完满状态,这种追求和探索在儿童时期已经初见端倪。但是我们必须注意的是,儿童期的精神生命与成人的精神生命有很大的差异性。幼儿的个体是在不断发展的,潜伏着的生命力量逐渐呈现。在蒙台梭利看来,幼儿身体内含着生机勃勃的冲动力,冲动力赋予幼

---

① 《马克思恩格斯全集》(第3卷),人民出版社2002年版,第324页。
② 何光沪选编:《蒂里希选集》,上海三联书店1999年版,第1189页。

儿积极的生命力,促使他们不断发展。① 而且,每个幼儿的精神生命都不同,他们通过努力,形成了自己的个性,成为自己的创造者,因此我们不得不承认童年期的独特特点和价值。但是,由于生理生命的不成熟,幼儿又有着软弱无力的一面,这种生命状态很容易被成人误认为幼儿的精神生命需要成人的引导和帮助,否则儿童的生命就不会完整和完善。正是成人世界的盲目和夸大介入,儿童的精神生命出现提前成长的现象,"年纪轻轻的博士和老态龙钟的儿童"比比皆是。为了使儿童成为儿童,我们应当尊重儿童,尊重儿童期,因为"儿童是有他特有的看法、想法和感情的;如果想用我们的看法、想法和感情去代替他们的看法、想法和感情,那简直是最愚蠢的事情……"②。

3.社会生命使儿童的生命趋向完整

马克思认为人在其本质上是一切社会关系的总和,社会属性是人的本质属性,脱离社会属性人将不成为人。新黑格尔主义者认为,个人只有存在于关系中,存在于自己或别人的反思、批判和观察中,才能成为一个有真实生命的存在。③ 人不是一种孤立的、自足的存在物,人的生命存在于社会、历史之中,存在于人类的、群体的、个体与个体之间交互往来的关系世界之中。离开社会的孤立的个人是不健全的个人,是残缺的个人。因此,社会生命是生命趋向完整的必要内容。儿童是具有独立人格的人,从出生那刻起就开始了社会化的过程,因此,社会生命亦是儿童生命的一部分。儿童由于其弱小的状态,容易使我们忽略其社会生命,我们会回避社会法则对儿童的限制和约束,抱着"长大了就知道了"侥幸心态。社会存在、社会生命对儿童的自然和精神生命有着制约作用,这种制约作用不以人的意志为转移。因为单纯地强调人的精神生命的自在、自由,会破坏人与人之间的协调关系,最终走向不自由,所以不能忽视儿童的生命及其生活的社会性,否则会使儿童陷入发展的误区。

总之,自然生命、精神生命和社会生命构成了儿童生命的三维,三者之间既有自身发展的特点,又有着密不可分的联系,它们相互联系、相互影响,共同构成了生命的完满。三者之间不能相互替代,亦不能忽略其中任何一个方面,否则,儿童生命的完整性将无从谈起,对儿童的教育也会陷入极大的误区中。

---

① 林碧英:《幼儿的智力潜能开发:蒙台梭利儿童观的启示》,《江西教育科研》,2005年第3期。
② [法]卢梭著,李平沤译:《爱弥儿》,商务印书馆1994年版,第94～95页。
③ 魏琳:《运用教育评价改进中学美术教育的实践研究》,东北师范大学硕士论文,2007年。

(二)儿童是自由的生命体

1.自由是儿童生命的本真特点

人类对于自由的追求和渴望永无止境,伟大诗人裴多菲悲壮的诗句"生命诚可贵,爱情价更高,若为自由故,二者皆可抛",足见自由在生命中的价值。自由是人的天性和天权,是生命的内在要求。作为人类生命发展的一个阶段,儿童的生命也应该是自由的。这里谈到的自由不是盲目的、毫无约束和限制的自由,自由与纪律是相辅相成的。纪律应该建立在人性的基础上,尊重生命的要求,否则,失去自由的纪律就成了"规训"①。规训下的儿童个性被压抑,生命的自由被剥夺,儿童失去了生命的灵性,童年期该有的光芒和色彩逐渐消失,由此可见,自由是生命完满的重要保障。

2.保护天性是儿童生命自由的保障

天性是儿童精神成长的动力之源,天性具有的内在动力性是"生命体"所特有的属性,常常以"敏感期"这种信号形式得以展现。② "在敏感期里,儿童以一种特有的强烈程度接触外部世界。在这时期,他们容易地学会每样事情,对一切都充满了活力和激情。这就像一束光是从内部射出来,或者就像电池一样提供能量。"③因此,天性中内蕴着生命成长的内在动力,然而天性不是全然的完成时态,而是"完成时"和"进行时"和"将来时"并存的一种状态。④ 因此,天性需要人的照料与呵护,否则,天性的作用将难以发挥出来。卢梭从"性善论"出发,提出了幼儿拥有真、善、美的天性,并且他们天生就拥有创造力、想象力、好奇心等优秀品质。这些优秀品质是他们不断发展、成长的内部动力。因此,在遵守自然界和人类社会基本法则的前提下讨论自由,其基本内涵是解放儿童,保护儿童的天性,使儿童的生命得到自由的成长。儿童是自由的生命体,告诫我们要尊重儿童的天性,把儿童看作"儿童",承认童年生活的独特价值,儿童的生命才会充满童真、童趣。

(三)儿童是独特的生命体

正如世界上没有任何两片树叶是完全相同的,也没有任何两个孩子是相同

---

① 冯建军:《生命与教育》,教育科学出版社2004年版,第58页。
② 苗曼:《天性引领教育:幼儿教育变革路向探寻》,南京师范大学博士论文,2012年。
③ [意]玛丽亚·蒙台梭利著,马荣根译:《童年的秘密》,人民教育出版社2005年版,第52页。
④ 苗曼:《天性引领教育:幼儿教育变革路向探寻》,南京师范大学博士论文,2012年。

的,每个儿童都有自己的独特性,每个儿童都是独特的生命体。这种独特性是基于遗传基因、生活环境、教育等因素的不同而产生的。著名的奥地利心理学家阿德勒提出了出生次序理论,即兄弟姐妹由于出生的顺序会影响儿童在家庭中的地位,使其获得独特的角色体验与感受,并能够形成不同的性格和生活方式。出生次序与父母期望、同胞竞争、个人自我认同等交织在一起,影响个体的性格形成。① 从这个意义上说,个体的生理生命、精神生命和社会生命,无一不打上社会的烙印,这种烙印使个体成为具有独特生命特征的存在。因此,我们研究儿童,认识儿童,教育儿童,首先要承认儿童是独特的生命体,这是一切教育和研究的前提,忽略了这个前提的研究注定是不合理的,也不可能取得成功。

1.儿童生理生命的不同特点是生命独特性的物质基础

生理生命是由不同的组织、器官所构成的系统,这个系统主要受遗传的影响,不同的遗传基因造就儿童不同的生理生命,即使是同一个家庭的子女,尽管遗传基因极其相似,个体差异性仍然存在。生理生命是儿童生命的物质基础,是生命的最原始状态。关于人的生理生命或者自然生命,马克思主义者是肯定其在生命中的地位和价值的。马克思主义肯定人是"自然的、肉体的、感性的、对象性的存在物",反对把人抽象化,把人等同于具有绝对理念或自我意识的精神实体,因此,生理生命是生命的物质表现形式。

我国学者高清海提出人的双重生命观,即人具有双重生命:种生命与类生命。② 他认为,种生命是人与动物所共有的,是我们通常所理解的自然生命、本能生命等。从生理和物种意义上说,人与动物有着共同特点,但是又有各自的不同。同样作为人的种生命,不同的人由于其遗传基因不同,其生理系统存在着差异,人的生理生命的独特性也就成为客观存在的,这是认识人、认识生命的前提和基础。

2.儿童精神生命的个体差异性是生命独特性的核心内容

高清海关于生命的研究里提到人是"种生命"和"类生命"的结合体,"类生命"是由人创生的自为生命,属于人所特有的,相当于我们平常所熟悉的精神生命、文化生命等。③ 类生命是对种生命的超越,正是由于类生命的存在,把人与动物区别开来。人的精神生命即类生命,它体现在不同个体身上,表现出不同

---

① (奥)阿德勒:《自卑与超越》,沈阳出版社2012年版,第23页。
② 高清海:《"人"的双重生命观:种生命与类生命》,《江海学刊》,2001年第1期。
③ 高清海:《"人"的双重生命观:种生命与类生命》,《江海学刊》,2001年第1期。

的特征。我国学者冯建军教授认为,应该从三个角度去认识人的类生命:人是自为的存在,人是文化的存在,人是超越性的存在。① 冯建军教授的研究揭示了人的精神生命的存在方式:人是自为的存在说明了儿童是具有主观能动性的个体,受环境、教育等影响,个体的主观能动性具有个体差异性;人是文化的存在告诉我们不同时期、不同社会背景下成长的儿童受其文化的影响,具有个体差异性;人是超越性的存在看到了人的创造性,是人对生命意义的追求。因此,精神生命的差异性是生命独特性的最核心体现,是生命存在的价值和意义,是不同个体的最真实存在方式。

3. 儿童社会生命的独特性是生命独特性的高级表现

生命是一个生成的开放系统,生命体在与环境的交互作用中走向有序与发展。② 这说明了生命的存在和发展不是孤立的和独立的,而是与外界有着千丝万缕的联系,甚至可以说离不开环境,生命体将外界环境资源作为生命成长的资源,主动通过生命体的"新陈代谢"走向成长。在这个成长过程中,人的社会生命特性逐渐显露出来。马克思认为,人在其本质上是一切社会关系的总和,这给人的社会生命存在提供了依据。

儿童的社会生命是完整生命的一部分,是客观存在的,因此就要接受"时势造英雄"的论点,承认儿童社会生命的个体差异性。社会生命强调了社会对个体的制约和影响,不同社会形态对儿童的影响是不一样的。同一时期的社会,不同个体所受的影响也是不同的。苏联学者伊·谢·科恩从人类进化的角度,提出了个人发展的三个阶段:从"自然个体"到"社会个体",再到"独立个体"③。"自然个体"出现于人类进化的初期,出现"社会个体"后,人类正式的组织产生了,社会环境以及个体和群体其他成员的关系开始成为个体发展的重要影响因素。"独立个体"强调社会对个体的制约不是单向的,个体的独立意识会对社会的影响做出调节,是对"自然个体"和"社会个体"的超越。因此,从这个角度讲,社会对个体的制约和影响不是一样的,有着个体差异性,社会生命的不同使儿童生命的独特性具有了高级表现形式,是生命的最高式样。

---

① 冯建军:《生命与教育》,教育科学出版社 2004 年版,第 21 页。
② 张梅:《生命关怀:学校教育的本真追求》,安徽师范大学硕士论文,2006 年。
③ [苏]伊·谢·科恩著、佟景韩等译:《自我论》,生活·读书·新知三联书店 1986 年版,第 58、73 页。

(四)儿童是不断发展的生命体

刚出生的孩子,人们喜欢用"一天一个样"来形容孩子生长的速度,并津津乐道,此时刚刚做了父母的人对儿童充满期待,希望孩子快快长大,承认了儿童是不断发展的生命体,这种发展源于儿童具有巨大的发展潜力。正如蒙台梭利所说:"存在一种神秘力量,它给新生儿孤弱的躯体一种活力,使他能够生长,教他说话,进而完美。"儿童时期是人一生最重要的时期,处在不断生长和发展变化的过程之中。这种发展和变化既有生理生命的生长,又有精神生命和社会生命的生长。

1.儿童生理生命的发展是一种自然现象

从出生开始,儿童的体重、身长、头围、胸围在不断增加,走、跑、跳、爬等大动作和手的精细动作都在不断熟练,运动系统、神经系统和消化系统等生理系统也在不断完善。总之,儿童的生理生命处在不断发展完善的过程中,尽管儿童之间由于遗传、营养、环境等因素的影响存在着个体差异性,但是总体的发展趋势是向上的。生理生命的成长和发展是看得见的,因此,成人会正视儿童的发展,给予一定的积极的干预。

2.精神生命的发展是生命发展的主要特征

对于个体的精神生命,罗素认为:"精神——常识可以这样讲——是由做出或遇到各种不同事情的人们身上表现出来的。从认识或知觉方面讲,他们有知觉、回忆、想象、抽象和推理的活动;从心理情绪方面讲,他们有快乐的感觉和痛苦的感觉,他们还有情意和欲望;从意愿方面讲,他们可照自己的意愿去做一件事情或者照自己的意愿不做一件事情。所有这些现象都可以划入'精神'的事件范围内。"[1]按照罗素的观点,精神生命更多指向的是儿童的心理的发展。从心理学研究的角度,儿童的心理是不断发展的,儿童的感知觉、记忆、想象、思维、语言等都处于不断发展变化中,而且这种变化是积极向上的。随着年龄的增长,儿童的自我意识越来越强,甚至会出现"失控"的现象,家长会觉得孩子倒退了,越来越不听话了,于是开始限制和斥责孩子,这无疑是一种不正视孩子发展的错误做法。同时,跟生理生命的发展一样,儿童的心理发展也有着个体差异性,表现在每个具体的儿童在某个阶段的智力水平、认知能力、兴趣爱好等都

---

[1] [英]罗素著、张金言译:《人类的知识》,商务印书馆1997年版,第31页。

是不同的,于是把一个孩子跟另一个孩子进行对比的现象比比皆是,比较的结果是过早地对孩子下结论,诸如"孩子太差了""你不行""你是坏孩子"等等。这些做法忽略了孩子发展的必然性和阶段性,没有用正确的眼光和心态对待孩子的成长,其后果是不良的,会给孩子的成长带来很多不利的影响。

个体的发展离不开社会,时常受到各种因素的影响,个体在发展的过程中会出现受挫甚至"倒退"的现象,但是,总的发展趋势是前进的,因此,心理学家普遍用"波浪式前进,螺旋式上升"来描述个体发展的规律和特点。总体来说,个体是不断发展的生命体,发展是儿童生命的本质特征。

3.儿童社会生命的发展是适应社会的必然

社会生命强调生命的社会制约性,这与马克思的"人在其本质上是一切社会关系的总和"是一致的,脱离社会关系的个人是没办法生存和发展的,因此建立和维持良好的人际关系对人的生存和发展来说都具有重大意义。儿童社会生命的表现是儿童融入社会、适应社会的本领和能力的体现。与生理生命和精神生命一样,儿童从出生时,就开始了社会化的过程,"所谓社会化就是个体在与社会环境相互作用中获得他所处的社会的各种行为规范、价值观念和知识技能,成为独立的社会成员并逐渐适应社会的过程"。[①] 因此,社会化在儿童发展中具有重要意义。

在儿童发展的过程中,为了更好地适应社会,儿童的自我意识、道德认知、社会性行为、性别角色认同和同伴关系都在不断发展中。具体来说表现在:首先,韩进之等人的研究[②]表明:幼儿自我意识各因素(自我评价、自我体验、自我控制)发展的总趋势是随年龄的增长而增长的。然后,随着年龄增长,幼儿的是非观念、善恶行为准则和对社会规范的认识在不断深化和内化。其次,在儿童社会化过程中,受到社会环境和社会规范的制约,儿童的社会性行为逐渐符合社会要求,不断控制侵犯行为,发展起亲社会行为,这使儿童在社会中的生存和发展逐渐变得完善。再次,随着儿童社会经验的增多和认知能力的发展,儿童的性别角色认同逐渐趋于稳定。最后,从家庭到幼儿园,生活环境的改变使儿童不断学会了社会交往的技能,同伴关系成为儿童社会关系中的重要内容,儿童的生命中开始出现父母以外的人,这使儿童的生活有了新的内容和表现形式。

---

① 林崇德主编:《发展心理学》,人民教育出版社1995年版,第241页。
② 韩进之、杨丽珠:《我国学前期儿童自我意识发展初探》,《心理发展与教育》,1986年第3期。

总之,儿童在适应社会的过程中,社会性的各种要素都处在不断完善和发展的过程中,儿童的社会生命是不断发展的,因此我们要用发展的眼光来看待儿童社会生命的发展。

二、基于生命关怀的教育观

教育观是人们对教育的观点和认识,这种认识影响着人们的教育行为,进而影响儿童的发展,因此,树立正确的教育观是教育的关键。教育的对象是人,对人的认识直接决定着对人的教育。从这个意义上来说,儿童观决定着教育观。生命关怀把人们对儿童的认识回归生命本身,人们的儿童观开始关注生命,关怀生命,因此,教育观也有了新的视野,即生命关怀。基于生命关怀的儿童观能够帮助人们建立正确的教育观。

(一)"完整儿童"是教育的最终方向

儿童是由生理生命、精神生命和社会生命构成的完整生命体,因此,培养儿童的教育应该是"完整儿童教育",把儿童当作完整的个体进行培养。仅仅注重某一方面技能和特长的教育忽视了儿童生命完整性的特点,把儿童当成容纳知识或者技能的容器,这样的儿童是不快乐的,儿童也没有呈现出儿童该有的样子。2018年9月7日,美国LPI发布《教育完整儿童:改善学校氛围,支持学生成功》(Educating the Whole Child: Improving School Climate to Support Student Success)报告[①],报告里提出了"完整儿童"的概念,旨在改善处境不利儿童的教育,"完整儿童"不仅强调幼儿学习中科学、数学、艺术等多个学科领域的融合,还格外关注幼儿认知能力(如思维方式、信息处理能力、理解能力和推理演绎能力)和社会情感的发展,以及幼儿的身心健康、体育运动等方面。"完整儿童"是基于儿童心理发展的,是普遍适合所有儿童的。这个教育理念同样适合我国的儿童,尤其是生命关怀视角下的儿童,其生命是完整的,教育也应该是促进儿童全面发展,使儿童生命的三种样态都得到发展的,不可偏废任何一个方面。否则,儿童生命的完整性会被割裂开来,那种追求一鸣惊人的片面教育,只会培养出性格和人格畸形的孩子,这样的孩子不可能有所作为,也不利于

---

① 袁慧:《美国LPI:"完整儿童"教育法对遭受创伤的学生尤为有效》,《世界教育信息》,2018年第20期。

孩子的健康成长。

(二)引导和自由协调统一是教育的关键

儿童是自由的生命体,儿童的天性是自由的,遵循儿童生命特点和规律的教育应该是遵循和保护儿童天性的教育。如何保护儿童的天性?最基本的原则即解放儿童,使儿童享有充分的自由,使儿童按照他们本该有的样子自由发展。当然,这里的自由不是完全的放任,而是在正确的引导下的自由。所以,引导和自由二者之间的度是保障儿童自由的关键,引导过多,自由就成为奢望;自由过度,引导就流于形式。自由和引导的合理统一是教育实施的关键,是使儿童生命得到自由发展的核心。

肯定和尊重儿童的天性是协调二者关系的前提,卢梭、杜威、蒙台梭利、陶行知等国内外著名教育家已经证明儿童的生长具有节律性,应该让儿童按自然的进程去发展。就像儿童的发现者卢梭所言,"大自然希望儿童在成人以前就要像儿童的样子。如果我们打乱了这个次序,就会造成一些早熟的果实,它们长得既不丰满也不甜美,而且很快就会腐烂……儿童是有他特有的看法、见解和感情的,如果想用我们的看法、见解和感情去替代他们,那简直是最愚蠢的事。……对孩子们讲体力,对成年人讲理性,这才是自然的次序"。① 因此,基于生命体自由的教育是尊重儿童天性的教育。3～6岁儿童的天性是玩,我们的教育就是创造条件,让儿童开心地玩耍,因为在玩的过程中,儿童的各方面能力也自然地得到了发展,何乐而不为呢?

支持和引导儿童是儿童向"完整儿童"发展的"脚手架"。儿童的身心处于未成熟状态中,但是这种未成熟状态并不代表儿童是空的、等待填充的容器。儿童有着巨大的发展潜能,蒙台梭利认为儿童的精神胚胎蕴含"有吸收力的心智",它是一种神秘的力量,使儿童在不知不觉中吸收弥漫在其周围的文化。儿童在吸收和发展的过程中,遇到困难和阻碍是必然的,教师和家长的作用是支持和引导,提供儿童发展所需要的"脚手架",找出儿童的"最近发展区",使儿童在原有基础上得到发展。

(三)尊重和接纳不同的生命是教育的本质

何谓教育?教育的目的是什么?对于教育本质的探求是教育研究的永恒

---

① 〔法〕卢梭著、彭正梅译:《爱弥尔》,上海人民出版社2011年版,第44页。

话题。教育是培养人的活动,旨在使每一个受教育者都得到发展,"为了一切孩子"成为各级各类学校的办学宗旨。"为了一切孩子"是为了每一个孩子,每一个生命都是独特的,所以要尊重和接纳每一个不同的生命体。只有尊重和接纳儿童的个体差异性的教育才是有效的教育,才能完成教育培养人的目标。然而,如何认识儿童生命的最本真状态,发现儿童的个体差异性是值得研究的问题。日本儿童文学的代表性作家中川李枝子在《所有小孩都是"问题儿童"》一书中用教育随笔的形式解读了儿童的个体差异性。她认为只有让孩子袒露出全部的自己来生活,我们才能看到孩子不同的个性和习性,看到"既有神经质的孩子,也有从容自若的孩子;还有稳重的孩子、脸皮厚的孩子、害羞的孩子、怪癖的孩子……有一定要反抗的孩子,也有顺从的孩子"[①]。儿童生命的特征是不一样的,发现每一个生命的优点,又不忽视其缺点,发现每一个生命成长的特点和规律,也才能真正发现儿童,也才能更好地教育引导儿童。

(四)儿童生命的发展特性是教育的动力

蒙台梭利说儿童有巨大的吸收力,每一个儿童都隐含着生命发展的潜力,这是教育实施的动力所在。成人也意识到了儿童的发展特性,惊喜于儿童成长中的每一个进步。然而,正如心理学家对儿童心理解读的那样:儿童的发展是"螺旋式上升"的,在总体上升的过程中总会出现偶尔的倒退现象,如出现了人生的第一个"叛逆期"的时候,教育开始受到打击,于是"你是一个坏孩子""你完蛋了,变不好了"等结论开始充斥儿童的生活,这些看似无心的随口一说,其实等于把儿童的发展看作是停滞了,儿童也开始对自己产生怀疑,因此,我们应该用发展的眼光来看待孩子,用"特点"代替"缺点",不要用成人的标准要求儿童,更不要把成人对于世界的解读强加给儿童。如果对儿童的期望值过低,不需要花费努力就能获得成功,儿童会对自己产生不客观的评价;相反,如果对儿童的期望值过高,孩子即使通过努力也难以达到目标,就会挫伤儿童的积极性和自信心,并且对自己产生消极的评价。因此,我们要尊重儿童的需求和成长的规律,充分考虑每个儿童在某个时期、某个发展能力的真实情况后,对儿童提出合理的期望和目标,并给予鼓励,告诉儿童必须付出相应的努力才能达到目标。

---

① [日]中川李枝子著、朱自强译:《所有小孩都是"问题儿童"》,化学工业出版社2018年版,第39页。

三、生命关怀教育的本质

人是三重生命的统一体：一是自然生理性的肉体生命；二是关联而又超越自然生理特性的精神生命；三是关联人的肉体和精神而又赋予某种客观普遍性的社会生命。由道家对生命的解析可以看出：生命关怀思想的核心即关注人的自然生命、精神生命和社会生命。因此，生命关怀教育的出发点和落脚点也要回归三重生命本身，正如叶澜老师所言：教育是直面人的生命、通过人的生命、为了人的生命质量提高而进行的社会活动，是以人为本的社会中最体现生命关怀的一种事业。① 所以，生命关怀教育的本质即直面人的生命、呵护人的生命、提升人的生命质量。

（一）教育要回归人的自然生命

自然的生理性的肉体生命是人生命存在的物质载体和本能性的存在方式，是最基本的生命尺度。② 人这个自然的物质的存在与动物所共有，因此人不可避免地带有某些动物的特征。这种动物生命始终伴随着人的一生，是人的"原始生命"。

社会实践表明，不论社会文明发展到什么程度，不论人拥有多高的文明，人的生命都蕴含着某种"原始性"，这也充分说明了人永远是自然界的一部分，离开了自然人类是无法生存的。所以，教育回归人的自然生命，首先要保护人生命的"原始性"，尊重生命的"原始性"，按照生命的自然发展规律和特点进行，既不能拔苗助长，也不能压抑或阻止生命的成长。

作为自然界的产物，人不仅是一个自然存在物，还是一个特殊的自然存在物。这种特殊性表现在人不会满足于仅仅对现实世界的追求，还会不停地寻求着自我的无限超越，追求自身有限性的不断突破与超越，这也是人类生命未完成性的表现。人的生命的未完成性给教育提供了存在的前提和基础。所以，关怀生命的教育就要帮助人去实现自我，完善自我，超越自我，使这种"未完成性"渐趋完善，使人的自然生命得到升华。当然，在教育的过程中，仍然不能脱离人的"原始性"，即要保护儿童的"天性"。"由于儿童的天性或者说自然成熟使然，

---

① 李家成：《追求真实的生命成长：对"新基础教育"价值取向的体悟》，《教育发展研究》，2003年第3期。
② 冯建军：《生命与教育》，教育科学出版社2004年版，第208页。

教育不需要变个人儿童的发展,只需要不违背儿童的发展规律,不阻碍儿童的自然发展,为儿童的天性或生命的自然成熟创造一个良好的环境。"①由于生命本身的发展受自然生命的发展规律所支配,所以对于它们,"无为"的教育是最好的教育。"无为"是无所为而为,就是顺其自然。

(二)教育要点亮人的精神生命

精神生命是超越自然生命的内在生命,它不是独立的实体存在,是大脑的一种独特机能,是自然生命的升华,是人类生命区别与动物生命的最佳写照。人的精神生命充分表现出与肉体不同的内在要求和运动规律,它赋予人以灵性,使人有了支撑生命的灵魂,为人的生命质量提升提供了重要的保障。基于个体的精神生命的表现是多方面的。这样的精神既包含着意识,又包含着激情、自由、欲望、直觉、意志、信念等,是认知与情感、理性与非理性的统一。黑格尔曾说,"自由是心灵的最高的定性",马克思也说过,"自由的有意识的活动恰恰就是人的类特性"。人对现实的不满足以及实现自我满足的活动,使人的生命是动态的,处在运动和发展中。这种精神的追求和不满足使人超越了动物的本能,实现了生命的更高阶发展,获得了自由。所以,精神生命是人的生命属性所不可或缺的一面,是人与动物生命的最本质区别。忽视了人的精神生命层面,人也就不成其为人了。不过,人的"精神"并不是自发地从人的肉体生命中产生出来的,它之所以对人的肉体生命具有某种超越,是因为它是在人的社会性的产生和交往活动中,作为自然与文化、个体与族类的矛盾关系的交叉而出现的,同时这种社会性使人对于自身及其行为、思想,以及与其存在相关的环境、事物、现象进行反思、探究,从而使人类对于外界的认识更加明晰、正确、深刻,使人类的精神更加健康、完美、崇高。

在追求精神的健康、完美和崇高中,"人的精神生命表现为个体的完美人格,即真善美"②,其中"真"注重的是人的科学精神,"善"注重的是人的道德精神,"美"注重的是人的审美精神。这三个方面在人格中有所偏重,但又相互渗透,使人格表现为真善美的统一。所以,点亮精神生命的教育就是旨在培养真善美的完满人格。

---

① 冯建军:《生命与教育》,教育科学出版社2004年版,第223页。
② 冯建军:《生命与教育》,教育科学出版社2004年版,第223页。

(三)教育要引导人的社会生命

马克思认为,人的本质是一切社会关系的总和。① 人的社会属性表现为人的相互依存性、社会交往性、道德性以及劳动中的合作性等。人在与自然界的物质交换过程中,形成了人们之间的生产关系,并由此形成社会的经济结构、政治结构和意识结构,衍生出政治的、思想的、道德的、民族的、阶级的、家庭的等复杂的社会关系。② 由此可以看出,人的生活和活动不能离开社会,人是社会的存在物,人的关系是社会的关系。因为人的存在方式不同于动物的存在方式的最根本之处在于人在劳动中,凭借自身的智慧和力量,现实地改造客观对象的外在形态,创造出新的对象物,满足自身物质生活资料的需要,同时人在劳动中也创造了人与人之间的相互关系,即人的社会关系。③ 因此,人除了是有自然属性的生命体,还是具有社会属性的生命体。每个人都是特定社会的一个成员,人的生活就是群居生活,也即社会生活,人不可能脱离社会而生存,人的生命力也必须在社会中才能丰富和发展。

既然人具有社会生命,因此在教育的过程中,社会生命的完善就不可忽视。冯建军教授认为:社会生命的教育,实质上是使个体社会化的过程。④ 也就是说,个体在成长的过程中,通过与环境的相互作用,通过不断适应社会环境,不断适应社会的规范要求,人由一个自然人、精神人逐步转化为社会人,从而参与社会生活,履行一定的角色行为。在这个过程中,个体要接受生存的教育和共同生活的教育。生存的教育引导个体具有生存的能力,掌握生存的知识、技能和本领,使人"学会生存"。国际21世纪教育委员会向联合国教科文组织提交的报告《教育——财富蕴藏其中》把"学会共同生活,学会与他人一起生活"作为21世纪教育的目标之一,并认为"这种学习可能是今日教育中的重大问题之一",所以,教育在完善个体生命的过程中必须教人学会共同生活。

自然生命、精神生命和社会生命是生命整体的三维,每一个维度的发展都至关重要,都在自身的领域内实现着自我的独立发展,即具有相对独立性。所谓相对独立,是指每一个维度的教育都有它独特的发展任务,是其他维度的教

---

① 《马克思恩格斯选集》(第1卷),人民出版社2012年版,第135页。
② 钱秋月:《试述"以人为本"的三个层次》,《上海党史与党建》,2005年第12期。
③ 朱仁宝:《德育价值提升的支撑点:关注人的生命》,《浙江教育学院学报》,2005年第4期。
④ 冯建军:《生命与教育》,教育科学出版社2004年版,第242页。

育所不能代替的。同时,三者之间又不是孤立、独自发展的,而是相互关联、相互影响、相互包容的,因为生命是一个相互联系的整体,不可能把某些部分割裂开来。因此,教育在完善人的生命时不能顾此失彼,而是要协调发展。

第四章　生命关怀视野下的幼儿教育

生命关怀给我们提供了研究儿童和教育的新视角,在新的儿童观和教育观的基础上,必将赋予幼儿教育新的色彩。幼儿教育是提升幼儿生命质量的教育,在关怀、关注幼儿生命基础上的教育,首先要对幼儿的生命有一个明确的认识,为幼儿教育奠定基础;其次,梳理幼儿教育和生命关怀的关系是幼儿教育开展的前提;最后,找出生命关怀视野下的幼儿教育的本质是实施幼儿教育的核心。

一、幼儿生命特征剖析

按照年龄阶段划分,3~6岁的孩子称为幼儿,不同于前一个阶段,幼儿在生理、心理和智能发育上,都出现了新的发展特点。幼儿生命中"新的发展"是我们认识和研究幼儿的重要内容,是关怀幼儿生命的法宝。"三岁看大"的俗语说明了幼儿时期的重要性,因此解读幼儿的生命特征是实施幼儿教育的前提和基础。

(一) 蒙台梭利发现了幼儿生命的秘密

幼儿期是童年期的重要阶段,从发展的观点出发,蒙台梭利认为儿童时期是人一生发展的最重要的时期。幼儿处在不断生长和发展变化的过程之中,而且主要在于内部的自然发展,"存在一种神秘的力量,它给新生儿孤弱的躯体一种活力,使他能够生长,教他说话,进而使他完美"。[①] 我们可以理解为幼儿的发展是基于内部动力激发的,外部因素的干预只是加速或者抑制了幼儿的发展,因此,我们要了解幼儿的生命特征,必须深入挖掘这个"内部的自然发展",这种发展包括生理和心理两个方面。

---

① [意]玛丽亚·蒙台梭利著、马荣根译:《童年的秘密》,人民教育出版社2005年版,第44页。

1."神秘的力量"促进幼儿生理的发展

从生理方面来看,虽然幼儿刚出生时是弱小的,但是幼儿个体是不断发展的,那种"神秘的力量"是逐渐呈现的。幼儿内含的生机勃勃的冲动力赋予幼儿积极的生命力,促使他们不断发展。同时,这种冲动对幼儿心理的发展也发挥作用,使幼儿的心理不断成熟,不断完善。

2.幼儿心理的发展具有敏感期

从心理方面来看,幼儿的心理发展具有阶段性,每一阶段都有其特点,这个特点是我们研究儿童的重要依据。蒙台梭利这样描述这种特点:"在儿童心灵中有着一种深不可测的秘密,随着心灵的发展,它逐渐呈现出来。这种隐藏的秘密像生殖细胞在发展中遵循某种模式一样,也只能在发展的过程中才能被发现。"①尽管儿童心理的发展是隐藏的,但是蒙台梭利"敏感期"的发现使我们能够清晰地认识幼儿心理的发展特点。蒙台梭利强调说:"正是这种敏感性,使儿童以一种特有的强烈程度接触外部世界。在这时期,他们容易地学会每样事情;对一切充满了活力和激情。"②

(二)从三维生命的视角窥探幼儿生命的特点

冯建军认为:"人实际上有三重生命,一是自然生理性的肉体生命;二是关联而又超越自然生理特性的精神生命;三是关联人的肉体和精神而又赋予某种客观普遍性的社会生命。"③幼儿作为人生的一个阶段,也是一个由自然生命、精神生命和社会生命构成的三重生命的合成体。"他不仅仅是一个抽象的生命存在,还是一个活生生的现实存在,他不仅仅是一个物质性的存在,还是一个能够有意识支配自己生命活动的精神性存在和在人的社会性生产和交往活动中的社会性存在。"④幼儿期是人类生命的最初阶段,这个阶段不同于其他任何阶段,有着自己的独特性。

1.幼儿的生命具有完整性

任何一个幼儿生命体的存在都包含了生命本身及其所处的环境,因此,对幼儿生命体的任何影响,也将会对其所处环境产生连带的影响,可说是牵一发

---

① [意]玛丽亚・蒙台梭利著、马荣根译:《童年的秘密》,人民教育出版社2005年版,第34页。
② [意]玛丽亚・蒙台梭利著、马荣根译:《童年的秘密》,人民教育出版社2005年版,第52页。
③ 冯建军:《生命与教育》,教育科学出版社2004年版,第208~209页。
④ 岳亚平:《聆听儿童的生命之音》,《教育导刊(幼儿教育)》,2007年第5期。

而动全身。幼儿的生命是一个复杂、矛盾的有机体,不仅包括自然生命还包括后天形成的精神生命,是理性的同时又是感性的,是生理、心理、社会的综合体。当然幼儿的生命还很稚嫩、不成熟,根据马斯洛的需要层次理论,幼儿期更多的是对物质的需要。

2. 幼儿的生命具有独特性

幼儿的身体虽然开始迅速发育,但还不成熟。各个器官的功能还不完善,跟成人相比,幼儿显得十分稚嫩。幼儿的心理发展特点主要表现在三个方面:一是幼儿的能力还非常有限,他还不能很好地掌握自己的行动,他的知识经验还非常缺乏,还不能很好地控制自己,使自己的行为服从于比较远大的目标。二是幼儿的各种心理过程带有明显的具体形象性和随意性,抽象性和概括性只是刚刚开始发展。三是幼儿开始形成最初的个性倾向,这种个性倾向性的发展使幼儿生命的独特性逐渐显现出来。

3. 幼儿的生命具有创造性

创造性是幼儿的天性,幼儿通过创造去把握光怪陆离、变幻莫测的客观世界。幼儿是一个小小的探索家、创造家,在幼儿眼里,世界的一切都是新鲜的。幼儿利用自己的方式对世界进行探索,去认识世界。

4. 幼儿生命的无限可能性

幼儿是未特定化的存在,未特定化使幼儿失去了本能的"枷锁",能够按照"属人的"特征自我创造,这一过程表现为幼儿是自由的,他们具有很大的发展空间和潜力,幼儿的生命是无限可能性的存在。幼儿生命不是被决定的,并非像摄影机一样,将每个细节都排演、拍摄、贮存起来,只等放映。幼儿生命是从"无"中创造,正是"无"使教育成为可能。正因为"无",生命不是被规律所支配,而是创造。

二、生命关怀与幼儿教育的关系

人类社会步入 21 世纪,人们从关注客观世界转向关心人类的主观世界。随着社会的发展与进步,学校的存在价值也发生了变化,从传递知识为本转向以培养人的健康、主动发展意识和能力为本。叶澜老师认为:"教育是直面人的生命、通过人的生命、为了人的生命质量提高而进行的社会活动,是以人为本的社会中最体现生命关怀的一种事业。"因此,关怀生命的教育逐渐成为教育的追

求和内容。幼儿教育作为基础教育的早期阶段,其运行的模式是更加关注儿童生命的质量。因此,幼儿教育与生命关怀教育二者之间的关系成为一个重要的话题,只有二者之间的关系界定清楚了,走向生命关怀的幼儿教育这个命题才成立。

(一)幼儿教育是生命关怀教育的起点

幼儿教育主要指的是对3~6岁年龄阶段的幼儿所实施的教育。幼儿教育是学前教育或者说早期教育的后半阶段,前面与0~3岁的婴儿教育衔接,后面与初等教育衔接,是一个人教育与发展的重要而特殊的阶段。"重要"是因为它是一个人发展的奠基时期,许多重要能力、个性品质在这个时期形成;"特殊"是因为这个阶段是儿童身心发展从最初的不定型到基本定型,转而可以开始按社会需求来学习并获得发展的过渡时期。

1.幼儿教育的重要性

幼儿教育是个体生命发展的重要阶段,起着奠基的作用。国内外很多学者都从不同的角度论述了幼儿教育的重要性。我国古代思想家已经关注到了幼儿教育的重要性。颜之推非常重视幼儿教育,他认为对一个人的发展来说,幼年时期是奠定基础的重要阶段,长辈应利用这个最好的教育时机,及早对幼儿进行教育,理由是:第一,儿童幼年时期,心灵纯净,各种思想观念还没形成,可塑性大。这个时期儿童受到好的教育与环境影响,抑或坏的教育与环境影响,都会在儿童心灵上打上很深的烙印,长大以后很难改变,所谓"少成若天性,习惯成自然"。第二,幼年时期受外界干扰少,精神专注,记忆力也处于旺盛时期,能牢记学习的材料,以至于都不会忘记。"幼儿园之父"福禄贝尔认为,幼儿期是"真正的人的教育"开始的时期,幼儿期的教育对于发展中的人来说,是至关重要的。这一时期的好坏,将影响人的一生。如果儿童在这个阶段受到了损害,在以后的岁月中,他将做出"最大的努力",才能克服这种损害给他的发展所造成的阻碍。因此,幼儿教育的发展至关重要,必须有一个明确的发展方向和发展模式。

《国家中长期教育改革和发展规划纲要(2010—2020年)》提出了"把提高质量作为教育改革发展的核心任务""树立以提高质量为核心的教育发展观,注重教育内涵发展"的战略目标,这给我国幼儿教育的发展指明了方向。我国的幼儿教育必须以"幼儿为本",关注幼儿的生命状态,提升幼儿的生活质量,完善幼儿的生命发展。

2.幼儿期的独特价值促使教育关怀幼儿的生命

英国湖畔诗人威廉·华兹华斯(William Wordsworth,1770—1850)在一首名为《彩虹》的诗中写道:The Child is father of the Man;And I could wish my days to be;Bound each to each by natural piety。刘晓东学者把它译作:儿童是成人之父,我希望在我的一生里,每天都怀着(对儿童)天然的虔诚。① 继威廉·华兹华斯之后,又有许多学者提出了"儿童是成人之父"的观点。例如,著名心理学家、心理复演说的倡导者霍尔在其著作中提过"儿童是成人之父"的话。蒙台梭利在《童年的秘密》一书中提出"儿童是成人之父"的观点。在《有吸收力的心智》一书中,她进一步阐述了儿童和成人之间究竟谁是创作者、谁是作品的问题。蒙台梭利写道:"儿童不是一个事事依赖我们的呆滞的生命,好像他是一个需要我们去填充的空容器。不是的,是儿童创造了成人;不经历童年,不经过儿童的创造,就不存在成人。"刘晓东在研究儿童的哲学时也提出:"儿童正在生长的生命,是对历代祖先所组成的生命进化历程的浓缩了的重演。在近化论意义上,儿童的生命实际上就是历代祖先前仆后继一步步构筑起来的生命,而这生命的火炬总是由最新一代的儿童继承,儿童继承的是整个生命进化过程经过进化选择后而保留下来的宝贵资源,儿童是历代祖先生命的代言人。"② 由此看来,儿童的生命是宝贵的,是祖先生命精华的延伸和继续。儿童期在人的发展过程中具有不可替代的作用,我们现在经常提的"儿童是祖国的未来和希望"的口号也找到了科学依据。基于儿童期的独特性和唯一性,呵护儿童生命的健康成长成为一个重大的历史使命和永恒的话题。儿童吸收了历代祖先的精华,就如老子所说,成熟的有智慧的圣人的精神状态是与儿童一致的。但是,儿童的这种向善向美的发展潜能是要靠后天的教育激发的,幼儿期还是一个从不成熟到成熟、从不定型到定型的成长发育时期,是一个生长发育特别旺盛的时期,是"长身体、长知识"的时期,是可塑性最大的时期,也是最好的受教育时期。幼儿教育承担了教给幼儿知识、美化幼儿心性的重任。因此,教育者及其他成人应当珍视儿童每一天的生活,让他们拥有欢乐幸福的童年;儿童是不断成长的,他的今天即是目的,也是走向明天,走向更成熟状态的准备和手段,所以保证幼儿健康地发展和茁壮地成长又是教育的一项重要任务。幼儿教育是以人类文明或文化作为根据、立足于现实而又面向未来的事业。

---

① 刘晓东:《儿童精神哲学》,南京师范大学出版社2003年版,第381页。
② 刘晓东:《儿童精神哲学》,南京师范大学出版社2003年版,第385页。

幼儿生命的特点决定了幼儿还很稚嫩,幼儿对世界的认识还很有限,他们对成人还有很大的依赖性,因此,幼儿需要接受成人的教育,只有通过教育,幼儿才能成熟起来,才能独立。所以,在对幼儿实施教育之前,必须先要弄清楚幼儿生命的特点,这既是教育成功的前提,也是幼儿健康快乐成长的保障。幼儿期是生命的最初阶段,这个阶段不同于其他任何阶段,有着自己的独特性。幼儿的生命是自然生命和精神生命的统一体,幼儿有对物质和精神的需求。同时,幼儿还是一个小小的探索家、创造家,利用自己的方式对世界进行探索和认识。

(二)生命关怀教育是幼儿教育的落脚点和归宿

1.生命关怀教育的本质是提高幼儿的生命质量

华东师大的叶澜教授曾给教育下过这样一个定义:"教育是直面人的生命、通过人的生命,为了人的生命质量的提高而进行的社会活动。"这样的"教育",就是我们所期待的生命关怀教育。我国学者黄克剑先生把教育的使命归结为三个互相贯通的层次:授受知识,开启智慧,点化或蕴泽生命,并指出"知识若没有智慧烛照其中,即使再多,也只是外在的牵累;智慧若没有生命隐帅其间,那或可动人的智慧也不过是飘忽不定的鬼火萤照"[①]。可见,直面生命、回到生命是教育的天职,是教育的一种本义,也是教育的一种理想和追求,所以说生命关怀是教育的本质特征。雅斯贝尔斯也曾说过教育是人的灵魂的教育,而非知识和认识的堆积,是一个灵魂去唤醒另一个灵魂,一个相对成熟的生命个体去引导另一个稚嫩的生命个体。生命关怀教育是在生命的视野中,对教育本质的一种重新理解和界定。儿童和教师都是一个活生生的生命个体,教师不再被看作是传授知识的"工具",儿童不再被看作是接受知识的"容器"。二者之间是一种平等的对话关系,是灵魂与灵魂的交流关系。因此,教师应该关注儿童的生命状态、心灵感受和兴趣个性,从而帮助儿童实现个体生命的绽放。

2.幼儿教育的本质是关注幼儿生命的发展

幼儿是有独立人格、独特生命的个体,有完全不同于成人的特征,幼儿的成长与发展有其自然的规律,而自然规律是不可违背的。卢梭所提倡的自然教育归根结底是教育要服从自然的法则,自然的秩序、自然的环境、自然的规律,能

---

① 黄克剑:《回归生命化的教育》,《明日教育论坛》,2001年第2期。

使儿童身心得到自然的发展。他说:"每一个人的心灵有它自己的形式,必须按它的形式去指导它。"① "在学前阶段,儿童的成长是最重要的。与儿童各种表现生命和表达生命力的活动相比,学习是次要的。学前教育最主要的目的应当是让儿童自然地生活、从容地学习,以便健康地成长。"② 因此,幼儿教育的目的在于帮助幼儿的智力、精神和体格得到自然的发展。

幼儿教育是教育的基础阶段,其教育对象是3~6岁可塑性很强且具有很大发展潜力的幼儿,人类语言、思维等发展的关键期都在幼儿阶段,因此,幼儿教育就显得特别重要。1998年1月18日至21日,75位诺贝尔奖获得者聚首巴黎,会议期间有人问其中一位:"你在哪所大学学到了你认为最重要的东西?" 出人意料的是这位白发苍苍的老人回答:"在幼儿园!""在幼儿园学到什么?" "把自己的东西分一半给小伙伴,不是自己的东西不拿,东西要放回原处,做错了事情要表示歉意,午后要休息,要仔细观察大自然,我学到的东西就这些。"做错了事要表示歉意,学会与别人分享玩具……这些都是人的生命发展过程中所必须学会和经历的,而这种经历会影响人的一生。因为生命本身就是一种经历、一种体验,我们就是在不断经历和体验中成长的。幼儿教育的特殊性和重要性决定了它必须是一种关怀幼儿生命的教育,必须关注幼儿生命的本真,使幼儿的生命正常地、顺利地得到发展,而免于被成人异化。

幼儿教育的本质,应该是在尊重幼儿身心发展规律的前提下,为幼儿发展提供正确环境,帮助其不断把潜在能力转化成现实能力的过程。幼儿教育应该尊重幼儿的精神生活,允许幼儿的自然天性得到充分展现,使幼儿内在的需求得到满足,这样的幼儿教育才能让孩子获得真正的快乐和幸福。

三、生命关怀视野下的幼儿教育解析

(一)生命关怀视野下幼儿教育的含义

教育是培养人的活动,是教师和学生的交流对话的过程,是生命与生命交流的过程。生命关怀视野下的幼儿教育应依据儿童生命的特征,遵循儿童生命

---

① [法]卢梭著、李平沤译:《爱弥儿(上卷)》,商务印书馆2008年版,第97页。
② 刘晓东:《从学习取向到成长取向:中国学前教育变革的方向》,《学前教育研究》,2006年第4期。

发展的规律和原则,在尊重和呵护儿童生命、保护儿童天性和创造性的基础上,引导儿童的生命走向更加完善、和谐与无限的境界,使儿童幸福,使儿童的生命绽放出绚丽的光芒。

生命关怀视野下的幼儿教育不是一种新的教育形式,而是在一种新的理念下对"幼儿教育"的概念进行重新思考和界定。这是一种关怀生命的教育理念,是为了儿童能够自然地成长,诗意地生活而提出来的。具体来说,生命关怀视野下的幼儿教育就是在实践中做到:一要把儿童和成人(主要指教师和家长)看作是一个活生生的生命个体,成人不再被看作是传授知识的"工具",儿童不再被看作是接受知识的"容器"。二是教育是一种生命关怀,儿童和成人作为生命个体而存在,我们就必须相信他们。信任他们的潜能,信任他们的"性本善",信任他们的主动性。从"生命关怀"的意义出发,教育就不应该是一厢情愿的给予,而应该为其生命健康、主动的发展提供时空,架设平台。三要把教育看作是一种生命关怀,"读懂"儿童和成人,为其生命成长提供适切的服务。我们的教育应该确立"儿童立场",视儿童为具有主动发展意识和能力的生命个体。

(二)生命关怀视野下幼儿教育的特点

1.理解尊重幼儿

幼儿是有独立人格、独特生命的个体,幼儿有完全不同于成人的特征,幼儿的成长与发展有其自然的规律,自然规律是不可违背的。卢梭所提倡的自然教育归根结底是教育要服从自然的法则、自然的秩序、自然的环境、自然的规律,能使儿童身心得到自然的发展。福禄贝尔提倡从儿童诞生的时候起,就必须按照儿童的本性理解、尊重他们和正确对待他们,不能把成人的命令强加于他们。这些思想都要求尊重儿童的自然天性。幼年时期是人的自然性占主要地位的时期,尊重儿童的自然天性就是尊重儿童的生命、尊重儿童自身的特点。理解尊重幼儿包括尊重其身心发展规律、尊重个性差异、尊重本能和天性、尊重人格和权力、尊重主动性以及尊重选择等方面,对幼儿的理解和尊重在当下幼儿教育政策和幼儿教育实践中都有体现。

《国务院关于当前发展学前教育的若干意见》中明确指出,"必须坚持科学育儿,遵循幼儿身心发展规律,促进幼儿健康成长"。[①] 理解尊重幼儿是对幼儿

---

① 国务院:《国务院关于当前发展学前教育的若干意见》,中华人民共和国中央人民政府网,http://www.gov.cn,访问日期:2016年11月29日。

进行教育的前提,因为教育依赖于幼儿的成熟程度和现有的发展水平。当对幼儿进行难度明显高于其成熟水平的教育活动时,这种教育对幼儿来说是徒劳甚至是有害的。格塞尔的"双生子爬梯实验"和维果斯基的"最近发展区"理论都充分地证明了这一点。维果斯基的"最近发展区"理论也要求教师在尊重幼儿现有发展水平的前提下,提供支架式支持,促使幼儿达到第二发展水平。

2.促进幼儿生命成长

"在学前阶段,儿童的成长是最重要的。与儿童各种表现生命和表达生命力的活动相比,学习是次要的。学前教育最主要的目的应当是让儿童自然地生活、从容地学习,以便健康地成长。"[1]在孩子们的一日生活中,仅仅教他们学习知识和技能,照顾好他们的生活是远远不够的,还要善于观察每个孩子身上的闪光点,承认孩子的个别差异,满足他们合理的需要,他们才会亲近你、信任你、愿意把心里的话告诉你,和你做真正的朋友。这样教师才能赢得孩子心理上的认同与由衷的敬佩,这样的幼儿教育才能真正促进幼儿生命的成长与发展,才是促进幼儿生命完美成长的教育。蒙台梭利指出:"幼儿教育的目的在于帮助幼儿的智力、精神和体格得到自然的发展,而不是把幼儿培养成为一般所说的学者。所以,我们在提供给孩子适合于促进她的感觉发展的教材之后必须等待,让他的观察能力自然发展并达到自觉的程度,这正是教育者的艺术所在。"[2]每一个幼儿都有一种积极的潜力,能依靠所处的环境,构筑起一个精神的世界。所以,幼儿不仅作为一种肉体的存在,更作为一种精神的存在,幼儿教育的目的在于帮助幼儿获得生命成长的意义。

3.使幼儿快乐幸福

儿童幸福是儿童重大需要和欲望的满足,以及由此带来的快乐的心理体验。儿童幸福包括物质幸福和精神幸福,是身心统一的幸福。获得幸福体验的儿童必定是满足了身心的双重需要,使自身内部诸因素、自身内部与外部的诸因素都处于动态的平衡中,而且,这个动态的系统是开放的,它随时与外界环境进行资源互换,汲取有利于自身成长的营养,任何割裂以及一方的畸变都会使儿童陷于痛苦之中[3]。教育作为外部要素,应该与幼儿的内部要素保持一致,使

---

[1] 刘晓东:《从学习取向到成长取向:中国学前教育变革的方向》,《学前教育研究》,2006年第4期。

[2] [意]蒙台梭利著、任代文译:《蒙台梭利幼儿教育科学方法》,人民教育出版社2001年版,第218页。

[3] 岳丽岫:《幼儿教育应使儿童幸福》,南京师范大学硕士论文,2006年。

幼儿得到快乐和幸福。

教育作为影响人身心发展的活动,脱胎于生活,产生于将人类积累的知识和信息传递给新生一代的需要,其主要目的在于提高人类认识世界和改造世界的本领。所以,教育与人类的幸福具有天然的血亲关系,因而是人类获得幸福的有效途径和有力工具。教育应当使人快乐和幸福。法国哲学家爱尔维修曾经指出:"人类天赋智慧平等,教育可使人幸福和强大……自己手里掌握着伟大和幸福的工具,要使自己幸福和强大,问题只在于改善教育的科学。"①"所有的教育都旨在造就人的美好生活,去完成人自身的生存。"②这意味着人的快乐和幸福是人们内心的一种感觉和体验,教育要关注人的内心,关注人的精神生活,认识人的精神生活。

幼儿教育作为全面、系统地对幼儿实施的教育,应该是幼儿自身探索的一个有效延伸与拓展,以儿童既有经验作为桥梁去获得更多的知识和经验。在这个过程中,幼儿体验着自身能力的提升与学识范围的拓宽所带来的幸福感,体会着广大的未知世界所蕴含的魅力与神秘,从而激起极大的好奇心去进行更广泛的探索。而在新的探索中,幼儿再次体验着巨大的幸福感,激起更大的好奇心……如此生生不息,良性循环。教育于无声中完成了自己的使命,幼儿在不断的幸福体验中得到了成长。

4.支持、保护幼儿的创造

幼儿天生是一个探索家,好奇好问是幼儿的天性,创造发明更是幼儿的兴趣所在。"一个婴儿有一种创造本能,一种积极的潜力,能依靠他的环境,构筑起一个精神世界。"③这种创造本能是大自然赋予儿童的,"创造是儿童生命的天然属性,创造是儿童对自己价值的提升。这种提升的源泉是从儿童生命本身喷涌而出的,教育要促进孩子顺利地发展自己希望追求的样子,这是由于培养儿童创造力的路径之一就是让儿童重新回归自由,儿童才可以不断地创新自我"④。如果儿童的创造本能得到支持和保护,并且加以合理引导,儿童的创造性将给我们带来巨大的惊喜。相反,儿童的创造性被忽略甚至压制,儿童将成为"人云亦云"、随波逐流、毫无主见的人。关怀幼儿生命的教育是支持、保护幼

---

① 张焕庭:《西方资产阶级论著选》,人民教育出版社1979年版,第147~148页。
② 高伟:《生存论教育哲学》,教育科学出版社2006年版,第2页。
③ [意]玛丽亚·蒙台梭利著,马荣根译:《童年的秘密》,人民教育出版社2005年版,第50页。
④ 燕良轼:《在生命视野中认识和激发儿童的创造》,《学前教育研究》,2008年第11期。

儿创造性的教育。这种教育首先肯定幼儿的好奇心和求知欲,"儿童会在自身生命和外界世界中用自己的不断探索保持平衡,并用自己的口和手保持自己与造物主的关联,去实现真善美的价值"①。

  儿童的本真状态是教育的起点,是教育的依据,因此,生命关怀视野下的幼儿教育支持和保护幼儿的创造,就像福禄贝尔认为的那样:学习内容应该是由儿童发现,学习方式应该是由儿童摸索,学习的目标和结果由儿童创造,一切从儿童的生命开始,最后再回归儿童。

---

① [德]福禄贝尔著、孙祖复译:《人的教育》,人民教育出版社2001年版,第243页。

第五章 生命关怀视野下的幼儿教育思想

生命关怀是幼儿教育孜孜以求的目标。在中外的一些幼儿教育思想中,蕴涵了关怀儿童生命的思想,这些思想给我们今天幼儿教育走向生命关怀提供了理论和实践依据。

一、中国关怀幼儿生命的教育思想

(一)尊重生命、因材施教——孔子关注个体的生命发展

孔子说过"生为贵",也就是说天地之间最基本的法则就是生命。天地自然衍生了万事万物,个体生命即是自然的存在。人生而平等,并无高低贵贱之分,我们应该尊重人生命存在的平等性,平等地尊重和对待每一个生命,因为世间没有两个完全相同的人。每一个生命个体都是独特的,都具有独特的心理特征,这是个体生命发展的基础和前提,也是个体生命的基本体现,必须尊重它,给个性一个施展和张扬的空间和机会。孔子认为,后天教育与社会环境的影响使个体间存在个别差异,即性相近,习相远也。因此人人都可能受教育,人人都应该受教育。教育的前提和基础是从个体生命的实际情况出发,根据个体的特点和具体要求来进行教育,这样才是对生命的最大尊重和最好的培养,才能使生命继续以多种姿态绽放,生命的多样性才能表现出来。

孔子在其生命教育的过程中,创造了一系列方法,立足于个体生命的发展,大致分为为师之道和为学之道两大类。为师之道包括:第一是身教示范,树立生命典范。所谓身教示范就是在进行生命教育的过程中,教育者应该言传身教,以自身为榜样,树立起生命的典范。[①] 孔子高度重视身教示范的作用,他提出"其身正,不令而行;其身不正,虽令不从""君子之德风,小人之德草,草上之

---

① 刘霞:《孔子生命教育思想及其对高校生命教育的借鉴》,西南政法大学硕士论文,2015年。

风,必偃"①等论断,由此可以看出,孔子肯定了上行下效的功效,认为教师的言行举止对学生有着重大的影响,教师只有以身作则,身教示范,才能以自己的君子之质去影响和引导学生,从而既实现自身的生命价值,又促进学生生命的发展和完善。第二是因材施教,直面生命个性。因材施教是孔子最有代表性的观点,依据是生命是独特的,对生命的教育也就需要根据个体生命的特点进行,在进行生命教育的过程中,孔子的施教方式和态度与他所提倡的尊重生命、尊重个体生命、保护生命的个性息息相关。第三是教学相长,启迪生命的意义。"教学相长"是孔子的著名论断,改变了原有的教师才是教育者的认识,既尊重了教师的教育生命,也提升了学生的价值,通过教与学的相互促进,从而实现教师与学生生命的共鸣,促进生命的自由,展现生命的个性,实现对生命意义的领悟。第四是自我提升教育,追求个体的生命价值。自我教育就是教育者根据受教育者的实际情况给予适当的指导,使他们能够主动积极地将外在的道德规范或目标内化为自己的道德修养,从而再转化为自己的道德行为,促进生命价值的实现。② 这也是孔子在生命教育的过程中大力提倡和践行的。为学之道包括:志于学、好于学和乐于学。立志是生命发展和提升的开始,孔子强调志于学的重要性,鼓励弟子畅谈自己的生命志向;好学是学习的重要因素,好学能够使生命的意义愈加完满;乐学是要把学习当成生命中的快乐之事,当成生命的一种成长和完满方式,这样才能感受生命存在的美好,从而享受生命。

(二)颜氏家训——颜之推家庭生命教育

家庭是儿童生命发展的最重要场所,家庭中的生命教育是生命教育的重要内容和环节。颜之推的"颜式家训"是家庭教育的典范,其中有很多家庭教育的思想,对我们今天研究家庭教育有着重要的启示作用。他认为家庭教育应该从胎教开始,"教妇初来,教儿婴孩"。③ 他提倡家庭教育如果不能从胎教开始,也要从婴幼儿开始,也就是说越早进行教育越好,他说:"当及婴稚,识人颜色,知人喜怒,便加以教诲,使为则为,使止则止。"④在儿童刚刚懂得看人脸色的时候,比较容易教育,因为孩子比较容易按照大人的意愿做事,让他做他就做,不让他

---

① 饶宗颐编,檀作文、李小杰译注:《颜氏家训》,中信出版社2013年版,第172页。
② 刘霞:《孔子生命教育思想及其对高校生命教育的借鉴》,西南政法大学硕士论文,2015年。
③ 饶宗颐编,檀作文、李小杰译注:《颜氏家训》,中信出版社2013年版,第29页。
④ 饶宗颐编,檀作文、李小杰译注:《颜氏家训》,中信出版社2013年版,第29页。

做他就不做。因此,婴幼儿时期也是接受教育的最佳时期,是儿童心智发展的起始阶段,是生命发展历程的开始。他说:"人生小幼,精神专利,长成已后,思虑散逸,故须早教,勿失机也。"①

颜之推既关注到了教育的最佳阶段,也比较重视环境对子女的影响。他认为儿童处在幼小的时期,可塑性大,容易受到很大的影响。所以子女一定要谨慎地结交师友,以防误入歧途。因为他们生活在什么样的环境中或者是和什么样的人交往,他们就会变成什么样的人。所以他说:"人在少年,神情未定,所与款狎,重渍陶然,言笑举动,无心于学,潜移暗化,自然似之……是以与善人居,如入芝兰之室,久而自芳也;与恶人居,如入鲍鱼之室,久而自臭也。墨子悲于染丝,是之谓矣。君子必慎交游焉。"②

颜之推认为在家庭教育中,长辈对子女的影响也是比较重要的,因为父母的言行举止会对子女产生影响。因此,作为长辈不能只是说教,更重要的是要以身作则,给孩子正面的榜样示范作用,这是家庭教育能否取得成功的关键。他指出:"夫风化者,自上而行于下者也,自先而施于后者也。是以父不慈子不孝,兄不友则弟不恭。"③

(三)"活教育"——陈鹤琴对儿童生命的关怀

陈鹤琴是我国现代著名的儿童心理和儿童教育专家,针对中国当时陈腐的教育现状,根据国情,借鉴国外著名教育思想,提出了"活教育"思想,这是陈鹤琴教育思想的核心。陈鹤琴说:"谈到中国的教育,真是可怜!我们办学校快四十年了,到了今天,一切的一切仍是停滞在几十年前的状态,少改进少创造。"④教育必须顺应时代的潮流,要把那种死气沉沉、腐化的旧教育改造成活的、有生机和活力的教育,"变为前进的、自动的、活泼的、有生气的教育"⑤。"活教育"的对立面无疑是"死教育","死教育"是统治阶级维护自己的统治所实施的教育,旨在培养符合统治阶级所需要的人才,教育内容和教育方法都是僵硬的、死板的,儿童是缩小的成人,儿童身心发展的特点完全没有受到重视,儿童的天性被压抑。而"活教育"是把儿童当成学习和活动的中心的教育,是指向儿童生命的

---

① 饶宗颐编,檀作文、李小杰译注:《颜氏家训》,中信出版社2013年版,第151页。
② 饶宗颐编,檀作文、李小杰译注:《颜氏家训》,中信出版社2013年版,第125页。
③ 饶宗颐编,檀作文、李小杰译注:《颜氏家训》,中信出版社2013年版,第57页。
④ 北京市教育科学研究所编:《陈鹤琴全集》(第五卷),江苏教育出版社1991年版,第25页。
⑤ 北京市教育科学研究所编:《陈鹤琴教育文集》(下卷),北京出版社1985年版,第305页。

教育,是关怀生命的教育思想。

"活教育"是陈鹤琴教育思想的精髓,而"活教育"的核心理念是培养"活的儿童",即一切以儿童为中心,尊重儿童的天性,发展儿童的个性,鼓励儿童创造。① 由此可见,陈鹤琴的教育思想把儿童生命的特点作为教育的出发点。要培养"活的儿童",首先要对儿童有一个正确的认识。"以儿童为中心"是陈鹤琴的儿童观。这一儿童观的要义是:其一,儿童不是"小大人"。陈鹤琴说:"常人对于儿童的观念之误谬,以为儿童是与成人一样的……所不同的就是儿童的身体比成人小些罢了。……我们为什么叫儿童穿起长衫来?为什么称儿童叫'小人'?为什么不准他游戏?为什么逼他一举一动要像我们成人一样?这岂不是明明证实我们以为儿童同成人一样的观念吗?"②儿童有独特的生理、心理特点,尤其有好动心、模仿心、好奇心、游戏心。儿童不是"小人",儿童的心理与成人的心理不同,儿童时期具有它自身的价值,不能作为成人时期的准备,因此,我们应当尊重儿童的人格,尊重儿童生命凸显的规律和特点,保护儿童的烂漫天真。其实陈鹤琴强调的是儿童就是儿童,儿童是独立的生命个体,不是成人形象的简单类比,更不能用成人标准去衡量、评价儿童。③ 成人应该看到和肯定童年期在人生命长河中的独特性及其不可或缺的作用。人的生命是由几个相互联系又相互区别的阶段构成的,每一个阶段又是不可替代的,每一个阶段都必须按照大自然所赋予的生命特点正常、自然地发展,不能逾越,也不能延误。其二,儿童是自己的主人。儿童自己去探讨、去发现他们的世界。只有在儿童自己的真实探索和体验中,儿童所求来的知识才是真知识,儿童发现的世界才是真世界,否则,成人告诉儿童的知识和世界不一定是儿童能够理解和体验的。陈鹤琴把儿童的"活"与"真"联系在一起,没有儿童自己的寻求和发现,就没有真知识、真世界;儿童世界的主人不是别人,只能是儿童自己。因为"学校里所学的实在是很少,即使老师拼命地注入填塞,而儿童所学的东西,还是不够应用的;况且所填塞的东西,都不容易消化,不容易理解,吃了进去,也是如同吞枣,而和学问的修养,仍是没有多大关系的"④。所以,陈鹤琴主张我们要相信儿童,学会放手,把发现大自然、大社会的权利还给儿童,让儿童成为自己生命的主人

---

① 马军腾:《国外幼儿生命教育思想与方式解析及其启示》,《教育导刊(下半月)》,2011年第9期。
② 北京市教育科学研究所编:《陈鹤琴教育文集》(上卷),北京出版社1983年版,第1页。
③ 成尚荣:《"活教育"的核心理念及现代意义》,《江苏教育研究》,2007年第8期。
④ 北京市教育科学研究所编:《陈鹤琴教育文集》(下卷),北京出版社1985年版,第657页。

和主宰。其三,儿童有极大的潜力,儿童是可发展的。正因为此,"凡是儿童能够学习,而又应该学习的,我们都应当教他"①。当然,前提是我们不能'小看'儿童,不能低估儿童潜在的生命力和无限的创造力。儿童的创造力往往表现在儿童的好奇心、想象力和游戏心之中。在好奇、想象、游戏的同时,儿童的心智之门被打开,心灵的智慧开始生长。因此,我们既不能把儿童当作"小大人",不能"高看"他;也不能小看儿童,要把儿童当作儿童,给儿童创造发展的时间和空间。

陈鹤琴是从生命发展的角度来认识儿童的,儿童有其自身的特点,如好奇、爱模仿、爱玩等,这些特征是儿童的天性,我们要顺着儿童的天性施以教育,而不是逆着儿童的天性强加"教育"。因此,"活教育"就是要把儿童当成儿童,通过"儿童的方式"来教育儿童,这种"儿童的方式"就是游戏。陈鹤琴认为游戏对于儿童是非常必要的,是儿童的天性所决定的。游戏对于身心发展不成熟的儿童来说,具有很重要的意义。健康的小孩子是好动的,快乐的。陈鹤琴的儿童观使我们对儿童的认识更逼近儿童的生命本身,"活教育"思想是建立在对儿童的正确认识基础上的,只有按照儿童的天性实施种种教育,儿童才能得到本真的发展。

(四)"解放儿童"——陶行知解放儿童的生活

伟大的人民教育家陶行知先生也是中国现代幼儿教育的开拓者之一。他非常重视幼儿教育问题,提出的"解放儿童"的思想是对儿童生命的最大关注。陶行知先生把儿童从"地狱"中解救了出来,给儿童创造了一个幸福的乐园,使儿童的生命得到了真正意义上的自由自在的成长。

陶行知先生认为幼儿教育是人生教育的基础,因为"儿童学者告诉我们:凡人生所需之重要习惯、倾向、态度多半可以在六岁以前培养成功。换句话说,六岁以前是人格陶冶最重要的时期。这个时期培养得好,以后只需顺着他继长增高的培养上去,自然成为社会优良的分子;倘使培养的不好,那么,习惯成了不易改,倾向定了不易移,态度决了不易变"②。因此,陶行知先生认为小学教育是建国的根本,幼稚教育尤为根本之根本。在陶行知先生所在的时代,儿童是没有任何地位的,"世界上最受压迫的人,除了工人农夫之外,乃是女人与小孩子;

---

① 北京市教育科学研究所编:《陈鹤琴教育文集》(下卷),北京出版社 1985 年版,第 11 页。
② 戴自俺、龚思雪主编:《陶行知幼儿教育的理论与实践》,四川教育出版社 1987 年版,第 32 页。

女人的三从四德,小孩子的没有任何地位。但是女人毕竟是有能力的人,所以渐渐能够自己奋斗,力求自身解放。小孩子呢,一来能力薄弱,二来孩子们过了十年八年都长成了,可以在社会上另有一个地位。因此小孩子永远不得解放,永远受着万重压迫,吃苦也无从说起。成人方面也就得步进丈的施行吃孩子的政策"①。鉴于此,陶行知先生发出了解放儿童的号召。因为儿童不是成人的缩影,也不是成人的预修。儿童有儿童的生活,儿童有儿童的社会。那么,要解放儿童,使儿童成为儿童,使儿童获得正当的权利,陶行知先生认为就要"解放孩子的四根绳子"。

第一根绳子是小孩子"口上的十字封条"。因为当时小孩子没有"说话"的权利。在家庭里,小孩子只应该静悄悄的,不应该开口说话。在学校里,教师为着遮掩自己的短处,禁止学生发问。多问的孩子总不得教师的欢心,甚至会得到一顿臭骂。但是,儿童也是人,也是完整的生命体,他有说话的权利,有发表自己观点的自由,因此,要解放儿童,首先要揭去儿童"口上的封条"。怎样揭去封条呢?陶行知先生认为要多给儿童"发问"的机会,"儿童应该可以抽丝剥笋地发问,教师应该切磋琢磨地和他研究"②。陶行知先生提出的解放儿童的"口"的观点是他尊重儿童的表现,是保护儿童权利的行为,在今天仍有很大的借鉴意义。

第二根绳子是"脚镣和手铐"。陶行知先生认为"脚镣和手铐"是父母和教师爱小孩子的方式,不让孩子做任何事情,只是读书,但是这种方式使孩子养成了养尊处优的习性,各个成了"少爷"和"小姐"。更严重的是"孩子的背也驼了,手也没有力了,脚也不能跑了,眼也近视了"③。这种教育方式培养出来的儿童不是社会所需要的,不仅给儿童造成了伤害,而且给社会带来了很大的损失。因为这副终身的手铐脚镣把孩子紧紧地束缚起来了。因此,要解去儿童手上和脚上的镣铐。做教师的要脱去长衫,穿上草鞋,带领学生扫地、抹桌、烧饭、挑水等等,因为"只有万能的双手才能活命,才是万年不变的好方法"④!

第三根绳子是成人们钦定的法规。活泼的孩子,却变成一个小大人;幼稚园里要走朝会圈;小学里要学不相干的笔算;儿童不能去探寻新的东西,不能做

---

① 戴自俺、龚思雪主编:《陶行知幼儿教育的理论与实践》,四川教育出版社1987年版,第350页。
② 戴自俺、龚思雪主编:《陶行知幼儿教育的理论与实践》,四川教育出版社1987年版,第352页。
③ 戴自俺、龚思雪主编:《陶行知幼儿教育的理论与实践》,四川教育出版社1987年版,第352页。
④ 戴自俺、龚思雪主编:《陶行知幼儿教育的理论与实践》,四川教育出版社1987年版,第352页。

心爱的事情；儿童要被强迫学莫名其妙的音乐……这些都是法规规定的。儿童由于没有反抗的能力，又要仰仗成人的衣食，因此只好屈服。但是，儿童毕竟是儿童，儿童有他自己的兴趣和爱好，有属于他的喜怒哀乐，成人不能以自己的喜好和想法来代替孩子的想法，并用一套所谓的"法规"来禁锢孩子的行为。因此，要解放儿童。首先要从学校做起，从学校的课程、教材、教法开始，把孩子从成人的法规中解救出来。

第四根绳子是砍伐幼芽的快刀。儿童的身体发育还不成熟，和成人还有着很大的区别，因此，给儿童用的学习和生活用具应该符合孩子的要求，应该是卫生健康的。"小学的桌椅，在新做的时候，应该可以量一量孩子的身体。共同用的器具，如茶杯，手巾等应该可以改为专用品。给儿童吃糖果的钱，应该可以省下来。给孩子吃些青菜豆腐萝卜，似乎比吃许多腌菜辣椒要省事得多而且合乎卫生些。"①但是，家长和教师却做不到。孩子还很稚嫩，还经不起家长及教师的快刀砍伐。因此，陶行知先生提出要把儿童从这种不卫生的生活习惯中解救出来，使孩子得到健康的成长。

陶行知先生针对当时的教育弊端，从四个方面提出了解放孩子的方法：首先把儿童从家长、教师的禁锢中解放出来，使孩子自由地成长；其次还孩子开口说话的权利，孩子虽然幼小，但是已经有了对事情的最初的判断，已经能够表达自己的想法，成人应该耐心地听孩子的心声；再次，让孩子做他力所能及的事情，拴住孩子的手和脚的做法只能导致孩子被社会淘汰；最后，给孩子提供适合他身体和心理需要的生活和学习用品。孩子就是孩子，不是缩小的"成人"，孩子有其自身的特点，成人不能以自己的标准来要求孩子，否则，孩子的枝枝蔓蔓会被成人砍伐殆尽。陶行知先生的思想完全是以孩子为中心的，是以儿童生命的自由成长为目标的。

二、外国关怀幼儿生命的教育思想

（一）遵循"自然主义"原则——卢梭与《爱弥儿》

卢梭(Jean-Jacques Rousseau, 1712—1778)是18世纪法国启蒙运动者，是近代资产阶级进步思想家。他对近世宗教、社会、文化、教育的改革，都曾做出

---

① 戴自俺、龚思雪主编：《陶行知幼儿教育的理论与实践》，四川教育出版社1987年版，第353页。

伟大的启发和指导。他的代表作《爱弥儿》在扫除封建教育和建设近代教育的转折中,具有里程碑的作用。卢梭提出的自然教育论及其思想是教育中关于儿童观的革命,改变了封建教育中关于"小大人""白板说"等对儿童的认识,也使教育发展方向发生了根本的转变。卢梭从自然哲学观点出发,主张教育要顺应自然;这个"自然"就是儿童的天性,即儿童的年龄、个性和性别,根据儿童生命的最基本形态实施教育,实施不同的教育,能达到预期的教育目标。因此,人们称卢梭"发现了儿童",《爱弥儿》是"儿童的福音"。

卢梭认为人天性善良,因此提出了培养"自然人"的主张。"自然"一词主要是指没有人为的约束和塑造的事物的本来面貌、原始倾向,培养"自然人"的教育就要遵循人的自然属性,按照人的自然属性实施教育,而儿童的自然属性就是儿童的天性。那么教育为什么要适应自然,尊重儿童的天性呢?因为"凡是出自造物主手里的东西都是好的,一转眼到人的手里就都变坏了"[1]。"在人生的秩序中,童年有它的地位;应当把成人看作成人,把孩子看作孩子。分配每个人的地位,并且使他固定于那个地位,按照人的天性处理人的欲念,为了人的幸福,我们能做的事情就是这些。不了解自己的天性而任意蛮干的天使,比按照自己的天性和平安详地生活的快乐的凡人还弱。"[2]因此,教育要适应大自然对人类生命的安排,要适应儿童的天性。卢梭的培养"自然人"的主张跟道家的"道法自然"精神是一致的,都是对生命有了新的认识,都是关怀生命的思想,因此世人对卢梭"发现了儿童"的评价一点都不为过。

卢梭提出要培养"自然人",就必须按照自然的指引,依据人的天性进行教育,这是一切教育方法的出发点。具体来说,主要有三个方面:首先,不能把小孩当成大人看待,要按照儿童的特点发展儿童的个性。正如卢梭说:"生活在文明社会中的父母,在他们的孩子还没有成年的时候就使他过这种社会的生活。他们给孩子的东西超过了他的需要,这样做,不仅没有减轻他的柔弱程度,反而使他更加柔弱了。而且,由于他们硬要孩子做那些连大自然也不要求他做的事情,由于他们要使孩子按照他们的心意使用自己需要的一点力气,由于孩子的柔弱和父母的钟爱使他们的互相依赖变成了一方对他方的奴役,所以就愈来愈使孩子变得柔弱了。"[3]因此他主张把儿童当作儿童来对待。同时,卢梭十分强

---

[1] [法]卢梭著、李平沤译:《爱弥儿:论教育》(上卷),人民教育出版社2001年版,第1页。
[2] [法]卢梭著、李平沤译:《爱弥儿:论教育》(上卷),人民教育出版社2001年版,第73页。
[3] [法]卢梭著、李平沤译:《爱弥儿:论教育》(上卷),人民教育出版社2001年版,第79页。

调个性的自由发展。其次,在活动中学习。儿童的特点是活泼好动,儿童也是在自己的活动中感知世界、认识世界的。因此,我们可以通过各种活动,发展儿童的感官,丰富他们的感性经验,使儿童在活动中学习和成长。学前期的儿童不可能像大人那样安安静静地坐在那里接受教育,他们的注意力还是以无意注意为主,不会刻意地使自己专注于一件事情。所以,对儿童的教育就要把儿童看作儿童,根据儿童的特点,在活动中进行教育;用卢梭的话说就是不要对你的学生进行任何种类的口头教训,应该使他们从经验中去取得教训。孩子们容易忘记他们自己说的和别人对他们说的话,但是对他们所做的和别人替他们做的事情,就不容易忘记了。最后,在"自然环境"中"获得新生"。卢梭认为当时的"城市是坑陷人类的深渊",主张把儿童带到农村去,使其超脱获得新生。他说:"把孩子送到农村去,他们在那里自然地使自己得到更生……住在一个对人类更觉自然的环境里,尽了自然的责任,跟着也就获得了快乐。"①因为儿童还没有太多的是非判断能力,容易受外界环境的影响,所以儿童所处的环境是影响儿童成长的重要因素。由此可见,卢梭对儿童的生命是何等的关心和爱护。

关注儿童生命,把儿童当作儿童对待,这是卢梭自然主义教育思想的精髓,是以儿童发展为本的教育,是关注儿童生命的教育,"卢梭的自然主义教育理论真正实现了由尊重人权向尊重童权的过渡,开启了儿童研究的大门,吹响了儿童天性解放的历史号角"②。

(二)"恩物"——福禄贝尔给儿童生命的礼物

福禄贝尔(Friedrich Wilhelm August Fröbel,1782—1852)是德国幼儿教育家,他把自己毕生的精力都献给了幼儿教育事业。他创办了世界上第一所幼儿园,建立了较完整的幼儿园教育体系,并倡导幼儿园运动。他的幼儿教育理论和实践对世界各国幼儿园的发展以及幼儿教育理论体系的形成和发展产生了广泛的影响,从而被世人誉为"幼儿教育之父"。

福禄贝尔的幼儿教育思想和实践具有开创性,为了更好地引导幼儿认识自然、扩大知识和发展能力,福禄贝尔在幼儿园教育实践中创制了一套供他们使用的活动玩具——"恩物",这既是福禄贝尔幼儿教育思想的体现,也是他送给儿童的礼物。这套活动玩具是与儿童天性的发展相适应的,适合幼儿教育的要

---

① [法]卢梭著、李平沤译:《爱弥儿:论教育》(上卷),人民教育出版社2001年版,第40页。
② 冯建军:《生命与教育》,教育科学出版社2004年版,第91页。

求,仿照大自然事物的性质、形状和法则,体现了从简单到复杂、从统一到多样的原则,是幼儿认识万物的初步手段。福禄贝尔把这套活动玩具称为"恩物",意指它们是上帝的恩赐。为什么"恩物"的创制要遵循大自然的顺序呢?福禄贝尔认为,教育必须适应自然。对于人来说,重视自然和观察自然是十分重要的。人作为宇宙万物的一部分,具有与宇宙万物一样的发展进程和规律,服从于同一条法则。人的力量、天赋及其发展方向、四肢和感官的活动,是按照它们本身在儿童身上出现的必然次序发展的。从儿童刚诞生起,就必须按照儿童的本性去理解他们和正确对待他们,让他们自由地和全面地运用他们的能力,而不能违反他们的本性把成人的形式和使命强加于他们。因此,福禄贝尔强调说:"一切专断的、指示性的、绝对的和干预的训练、教育和教学必然地起着毁灭的、阻碍的、破坏的作用。"[1]

(三)"儿童中心主义"——杜威为了儿童的一切

杜威(John Dewey,1859—1952)是20世纪影响最大的教育家,他的教育思想曾被各国的教育工作者作为教育工作的指导思想,或加以借鉴、利用,从而对教育的理论和实践产生了重要影响,其中杜威的幼儿教育思想更是对各国的学前教育理论和实践工作起了很大的作用。杜威倡导的"儿童中心论"把儿童当作教育的中心,改变了传统的"教师中心、教材中心"的教育模式,使儿童的生命得到自由健康的成长。杜威指出,传统教育的主要特点是:"消极地对待儿童,机械地使儿童集合在一起,课程和教法的划一。概括地说,学校的重心是在儿童之外,在教师,在教科书以及在其他你所高兴的任何地方,唯独不在儿童自己即时的本能和活动之中。在那样的条件下,就说不上关于儿童的生活;也许可以谈一大套关于儿童的学问,但认为学校不是儿童生活的地方。"[2]杜威竭力反对传统教育的这个特点,主张把儿童放在教育的中心,使儿童成为教育的主宰。他声称:"我们教育中将引起的改变是重心的转移,这是一种变革,这是一种革命,这是和哥白尼把天文学的中心从地球转到太阳一样的那种革命。这里,儿童变成了太阳,而教育的一切措施则围绕着他们转动;儿童是中心,教育措施便围绕着他们而组织起来。"[3]把教育的重心从教师、教材那里转移到儿童身上,这

---

[1] [德]福禄贝尔著、孙祖复译:《人的教育》,人民教育出版社1991年版,第7页。
[2] 赵祥麟、王承绪编译:《杜威教育论著选》,华东师范大学出版社1981年版,第31~32页。
[3] 赵祥麟、王承绪编译:《杜威教育论著选》,华东师范大学出版社1981年版,第31~32页。

就是杜威倡导的"新教育"(或"进步教育"),也就是"以儿童为中心"的教育。

关于"儿童观""儿童与教育的关系"问题既是一个古老的话题,又是永远处在讨论中、研究中的问题,杜威的"儿童中心论"在一定程度上正确地回答了上面这两个问题,对我们今天认识儿童,处理教育与儿童的关系都有重大的借鉴意义。杜威认为,幼儿期是人生打基础的时期,幼儿教育是其他阶段教育的基础,是习惯、兴趣爱好等的培养基础。他对卢梭提出的在万物中人类有人类的地位,在人生中儿童期有儿童期的地位,绝不应以成人的标准去抹杀儿童期的尊严等说法深表赞赏。杜威认为儿童是主动的学习者,早期教育的独特方法就是利用儿童的自由冲动和本能,并利用它们扩大和加深认识,促进行为和控制力的发展。① 他认为人的成长是各种能力慢慢生长的结果,教材对儿童永远不是从外面灌进去的,决定学习的质和量的是儿童而不是教材。杜威还认为儿童的发展不是孤立的,儿童通过做和经历过程(包括物质和智力活动)来认识和改造世界,因此"儿童中心"课程必须是从儿童出发,基于儿童的做和经验的。因此可以说,杜威看到了儿童期存在的价值,看到了儿童不同于成人的特点,把儿童放在了教育的合理位置,正确地处理了教育与儿童的关系。"教育是一种培养人的活动,这种培养人的活动是建立在每个学生个体生命的基础上的。离开了每个学生个体的生命,教育就会成为一种抽象的东西,就会失去它的意义和价值。……同时,作为生命个体的人,要想实现自己生命的不断超越,追求自己生命的永恒意义,提升自己生命的精神向度,展现自己生命的无限风采,就必须依靠教育对人的启迪和引导。"② 杜威的"儿童中心"思想相对于卢梭的"遵循儿童自然"思想有了很大发展。因此,我们说杜威的"儿童中心论"是一切为了儿童,一切以儿童生命的丰富、完善为目标的,是对儿童生命的真正关注。

当然,值得注意的是"杜威提出儿童中心论并不是以儿童概念销蚀成人概念,以儿童的世界消解和替代成人的世界,而是对成人中心论的一次致命的剿灭。杜威的儿童中心论是提醒成人尊重儿童的发展规律,尊重儿童的存在,其最终的结果只能是成人和儿童保持其各自特点的平等关系。"③ 这是我们在理解杜威的观点时必须考虑的,否则会陷入极端主义。

---

① 王志明:《关于儿童观的研究》,《学前教育研究》,1994年第1期。
② 刘济良:《生命教育论》,中国社会科学出版社2004年版,第2页。
③ 刘晓东:《为杜威"儿童中心论"辩护》,《学前教育研究》,2002年第2期。

(四)"儿童之家"——蒙台梭利对弱势儿童生命的关注

蒙台梭利(Maria Montessori,1870—1952)是关注儿童、关怀儿童的幼儿教育家。她最初是罗马大学附属精神病诊所的助理医生,主要治疗对象是低能儿童。因工作的需要,蒙台梭利开始研究低能儿童教育的先驱——法国心理学家伊塔德和塞贡的著作。结合自己的医疗实践经验,她形成了这样的信念:"儿童智力缺陷主要是教育问题,而不是医学问题。"①蒙台梭利认为:"低能儿童并非社会之外的人类,他们即使无法得到比正常儿童更多的教育,也应和正常儿童所得的教育一样多。"②这是蒙台梭利对儿童生命的最初关注。正如她所描述的那样,低能儿童的生命更需要得到关怀,不能因为他们生命的缺陷而歧视他们,忽视对他们的教育。蒙台梭利成功地使许多原来人们认为难以有成就的低能儿童有了长足进步,在国家考试中达到甚至胜过同龄正常儿童,并进入一般学校学习。后来,蒙台梭利又把自己的教育实践应用于正常儿童的教育,开始研究3~6岁儿童的教育问题。1907年,蒙台梭利在罗马贫民区开办了一所招收3~6岁贫民儿童的幼儿学校,并命名为"儿童之家"(Casa dei Bambini),开始了她的教育实践生涯。低能和贫民儿童是社会中的弱势群体,他们生命的成长比一般的儿童要困难些,比正常的儿童需要更多的关怀,幸运的是,蒙台梭利发现了他们,并为他们创造了生活和学习的场所——"儿童之家",使他们不再被视为异类,走上了正常的生活轨道。因此,我们谈到教育向生命回归的话题时,不得不提到蒙台梭利及其思想。

蒙台梭利通过在"儿童之家"的实践和研究,形成了她自己独特的"儿童观"和教育思想,这些思想是我们今天实践和研究幼儿教育的宝贵财富。蒙台梭利认为"儿童有一种与生俱来的'内在生命力',这种生命力是一种积极的、活动的、发展的存在,它具有无穷无尽的力量。教育的任务就是激发和促进儿童'内在潜力'的发挥,使其按自身规律获得自然和自由的发展"③。尽管每个儿童身上均具有"潜在生命力",但这只代表了个体发展的可能性,儿童究竟会如何发展,还是要看他们"有吸收力的大脑"如何吸收。也就是说:"儿童只有在一个与

---

① 转引自杨汉麟、周采:《外国幼儿教育史》,广西教育出版社1993年版,第278页。
② 转引自杨汉麟、周采:《外国幼儿教育史》,广西教育出版社1993年版,第278页。
③ [意]玛丽亚·蒙台梭利著,马荣根译:《童年的秘密》,人民教育出版社2005年版,第34页。

他的年龄相适合的环境中,他的心理生活才会自然地发展,并展现他内省的秘密。"[1]为了让儿童得到良好的发展,教育者的头脑中应该先有一个具有健全人格的儿童形象作为教育的目标,然后引导儿童的"潜在生命力"朝着这一目标发展。由此,帮助儿童形成健全人格就成为蒙台梭利教育法的首要目的。在蒙台梭利看来,具有健全人格的儿童就是通过"有吸收力的大脑"吸取"养分"并得到正常发展的儿童,即她所谓的"正常化"的儿童。为了帮助所有儿童形成健全人格,蒙台梭利要求教育工作者必须为儿童精心提供符合他们身心特点的"有准备的环境",并通过在"有准备的环境"中引导儿童"工作",达到两个方面的具体目标:其一是引导和帮助儿童"潜在生命力"的正常发展,使每个儿童都能成长为"正常化"的儿童;其二是纠正因不良环境影响而造成的"潜在生命力"的偏态特征,唤醒和引发被隐匿、被扭曲的良好生命特征,使儿童的"潜在生命力"走上"正常化"之路。在对儿童进行教育时,蒙台梭利还主张,不应该把儿童作为一种物体来对待,而应作为人来对待。儿童不是成人进行灌注的容器,不是可以任意塑造的蜡或泥,不是可以任意刻画的木块,也不是父母和教师培植的花木或饲养的动物,而是一个具有生命力的、能动的、发展着的活生生的人。因此,教育家、教师和父母应该仔细观察和研究儿童,了解儿童的内心世界,发现"童年的秘密";热爱儿童,尊重儿童的个性,促进儿童的智力、精神、身体与个性自然发展。

总之,我们可以这样认为:蒙台梭利博士是为生命而工作,而不仅仅是为生活中的教育过程而工作。她的思想为人类生命的完善、为人类的生命"诗意地栖居在大地上"做出了巨大的贡献。

三、中外关怀幼儿生命教育思想的启示

从中外幼儿教育家关怀生命的思想梳理中可以看出,对幼儿生命的关怀早已开始,关于生命关怀的理论也日益增多。这些思想承认了儿童期的价值,都认为幼儿期是一个具有很强可塑性的生命阶段,是一个充满活力、蕴藏着巨大发展潜力的时期,这是教育的前提和基础。教育就是从儿童中来,到儿童中去的活动,通过解读中外关怀幼儿生命的教育思想,我们可以得出以下启示:

---

[1] [意]玛丽亚·蒙台梭利著、马荣根译:《童年的秘密》,人民教育出版社2005年版,第62页。

(一)把儿童看作儿童

对儿童的看法历来是教育家们关注的焦点,有什么样的儿童观就会有什么样的教育,也就是说人们怎么看待儿童,就会给儿童什么样的教育。对儿童的认识经历了"儿童是小大人—儿童生而有罪—儿童是父母的所有物—儿童就是儿童"这样几个过程,发展到18世纪,自卢梭的《爱弥儿》问世以后,人们对儿童的认识才有了转折性的改变。卢梭对儿童的认识影响了福禄贝尔、杜威、蒙台梭利等一些幼儿教育家。他们继承并发展了卢梭的观点,提出要把儿童看作儿童。人的生命是一个完整的历程,包括婴幼儿期、童年期、少年期、青年期、中年期和老年期,之所以分为这几个时期,是因为每一个时期都有其特殊的地方,都有特殊的使命,都是不可被其他时期所代替的。因此,我们所要做的就是承认每一个时期存在的价值,并充分发挥每一个时期的作用,这样,人的生命才能完整,人才能使自己的生命发挥最大的价值。正是基于这个原因,我们要尊重儿童的生命,把儿童看作儿童,而不是成人的附属物或未成熟的"小大人",否则,就是用中年期代替了幼儿期,违背了生命发展的规律,必然要受到大自然的惩罚。把儿童看作儿童,保护儿童的童年期,使儿童享受美好的童年,无拘无束、自由自在,亲历生命,体验生命的本真,享受童年的乐趣。正如泰戈尔所说的,"童年是一个文明人一生中唯一可以在树权和客厅的椅子间做出选择的时期,难道因我已是成人不便这样做就该去剥夺孩子的这种权利吗?……我知道,在这个实际世界上,鞋子是要穿的,道路是要铺设的,车子是要使用的。然而,在孩子受教育时期,难道不应该让他们懂得,世界并非客厅,而是一个诸如自然的东西,而他们的肢体之所以被造得如此美妙,正是对自然的一种回应"。① 因此,为了使儿童的生命自由、自如的成长,请把儿童看作儿童。

(二)保护儿童的天性

天性是指人身上的自然属性,是自然对人的发展的规定性。天性是人宝贵的财富,需要我们珍惜。天性是不可改变、不可教的,但是天性是需要保护和激发的。禾苗需要雨水,但暴风雨也会把它摧毁;幼芽需要阳光,但曝晒会使之枯萎;天性亦如此。天性的发展有其自身的规律性,人的发展必须按照天性发展

---

① 转引自唐灿辉:《童年之美》,上海师范大学博士论文,2006年。

的进程进行,过快或者过慢都是违背自然属性的,都不利于人的发展。[①] 孩子的天性是需要引导的,正如福禄贝尔曾经用园丁修剪葡萄藤作比喻,"为进一步接受大自然的教训,葡萄藤应当被修剪,但修剪本身不会给葡萄藤带来葡萄。相反地,不管出自多么良好的意图,如果园丁在工作中不是十分耐心地、小心地顺应植物本性的话,葡萄藤可能由于修剪而被彻底毁灭;至少它的肥力和结果能力被破坏"[②]。

面对天性,教育的目的和任务是唤醒人类内在的精神本性和力量,使之循着儿童自身的规律获得自然和自由的发展。教育者要有农民种庄稼的心态,在合适的时机给庄稼施肥、浇水、灭虫,精心呵护之,终会有丰收之果。但是在引导时,教师及家长应该注意的是要学会等待,不能"拔苗助长",不能把儿童的天性当成幼稚、不成熟的表现。"望子成龙、望女成凤"是所有家长的心愿,但是在儿童还没有发展到足够成熟之前,请不要急于求成,不要以牺牲儿童天真烂漫、美好的童年为代价,否则会得不偿失,因为大自然希望儿童在成熟以前就要像儿童的样子,违背了大自然的规律,只能造成不好的结果。因此,"教育应当以人的天性为前提,顺应儿童的天性,应当采择符合儿童天性的内容并以适当方式传递给儿童,但成人社会有时做出相反的抉择,这是教育压抑儿童天性的主要原因。在人与教育的互动中,应当改变的不是人的天性,而是教育自身。教育应当不断改变和调适自身,以使自身适合人的天性之表达和成长的需要。尊崇天性、尊重儿童、解放儿童,这是教育变革的重要内容,也是实现民族文化改良与复兴的根本途径"[③]。

(三)给儿童提供自由成长的时间和空间

幼儿期是人生命的基础阶段,但是幼儿不仅是一个完整的人,而且是具有自己特点的人,因此我们应该把儿童当"人"看,使儿童从成人的阴影中走出来。儿童不是所谓的"小大人"。[④] 幼儿教育要达到促进儿童发展的目的,首先就要把儿童当作儿童,遵循儿童生命发展的内在逻辑,遵循儿童的发展顺序、特性,给儿童成长提供充分的时间和空间,关照幼儿的生命。

---

① 于洁、袁爱玲、李颖:《对保护幼儿天性的理论探讨》,《教育导刊(下半月)》,2015年第3期。
② [德]福禄贝尔著、孙祖复译:《人的教育》,人民教育出版社1991年版,第19页。
③ 刘晓东:《教育与天性》,《南京师范大学学报(社会科学版)》,2003年第4期。
④ 岳玉阁、卢清:《关注幼儿的生命:幼儿教育的本真追求》,《上海师范大学学报(基础教育版)》,2008年第4期。

因此，成人应该把儿童放回到大自然中，让儿童自由自在成长，让儿童的生命充满活力，因为"儿童作为自然之子，保存着天赋的与鸟儿对话，与群山、田野、万物交流的能力。儿童与大自然一样是纯朴的，儿童是大自然娇宠的孩子，儿童与大自然可以水乳交融，儿童在大自然的怀抱中可以如鱼得水"①。幼小的生命应该无拘无束、自由自在，他们应该在大自然中东奔西跑，在手舞足蹈中感受自然、亲历生命，体验生活的本真，享受童年的乐趣。② 把孩子解放出来，从错误的教育方式和教育观念中解放出来，遵循大自然给儿童安排的一切，那么，每一个孩子都会有一个快乐的、充满童趣的童年。因此，为了保护儿童的天性，为了使每一个孩子都有一个快乐的童年，请解放孩子，解放孩子的手和脑，解放孩子的眼睛，解放孩子的双脚，解放孩子的时间和空间，把孩子放到大自然中，让儿童在感受自然、感受生命的美好中健康快乐地成长。

（四）重视环境的作用

人的发展虽然表现为身心的发展，但不是内发式的自我完善。发展必须借助于外部条件，而这一条件就是环境。环境是个体生存的空间和发展的依赖，但并非所有的环境都与个体发展有关，只有个体生活于其中的环境才会对其发展产生影响。所以，这里所说的环境指围绕在个体周围的并自发地对其产生影响的外部世界。由于环境是自发的，因此对人的影响可能有积极的方面，也有消极的方面。教育的作用就在于利用积极的环境，使环境为个体的发展提供正能量。

要为个体的发展提供正能量，从幼儿的生理和心理发展来说，准备一个适宜的环境是十分重要的。蒙台梭利说："正在实体化的儿童是一个精神的胚胎，他需要自己特殊的环境。正如一个肉体的胚胎需要母亲的子宫并在那里得以发育一样，精神的胚胎也需要外界环境的保护；这种环境充满着爱的温暖，有着丰富的营养，在这种环境中所有的东西都倾向于欢迎它，而不会对它有害。"③因此，关怀儿童生命的教育要给儿童创造一个好的环境，这种环境是尊重儿童生命的环境，是保护儿童天性的环境，是促使儿童生命完善的环境。

保护儿童天性，促使儿童生命完善的环境首先是一个让幼儿的精神生命能

---

① 刘晓东：《论儿童是自然之子：兼论自然界对儿童的教育功能》，《教育导刊》，2005年第9期。
② 冯建军：《生命化教育与生活》，《教育评论》，2003年第6期。
③ ［意］玛丽亚·蒙台梭利著、马荣根译：《童年的秘密》，人民教育出版社2005年版，第48页。

自然地、自由地得到发展的环境。因此,要减少障碍物,使环境适应幼儿内在发展的需要,使幼儿能够创造自我和实现自我,使幼儿能在环境中找到发展自身功能所必不可少的工具,使幼儿能意识到自己的力量,能变独立。自由的环境最大的障碍物就是成人过度的干预,因此成人要转变观念,相信孩子,学会放手,让孩子自己去感知,去发现,去探索,让孩子徜徉在自己的生活中,让孩子的生命自由、自在、自发地绽放。其次,这是一个有秩序的环境,这个秩序是由孩子们生命发展的特点和规律决定的,遵循孩子生理和心理发展的秩序,幼儿才能有规律地生活,减少生命力的浪费,有利于幼儿正常发展。在这样的环境里,成人就要了解孩子,认识孩子,按照孩子的特点进行引导,既不能拔苗助长也不能忽略孩子发展的巨大潜力。最后,这是一个生气勃勃的环境,在这样的环境里,幼儿充满生气,他们真诚和可爱,毫不疲倦地生活,精神饱满地自由活动。因为这种环境并不仅仅是让幼儿去征服或享乐的环境,也是能使幼儿完善自己的一种媒介。

古人云:读史可以明智。对历代教育家关注儿童生命思想的解读和分析可以为我们的研究打下深厚的理论基础,同时可以借鉴前人的研究成果来丰富我们今天的幼儿教育实践。虽然社会在不断发展,但从古到今儿童的生命永远都是教育研究的内容;虽然地域不同,但从国内到国外,对生命的敬畏和研究都是人们讨论的永恒话题。由此可见,教育要追本溯源,对生命的审视和认识是不可逃离的途径,甚至可以说是教育的唯一路径,同时,教育是启迪生命、点亮生命、完善生命的媒介,二者互相联系,相辅相成。

第六章　幼儿教育中异化幼儿生命的现象透析

雅斯贝尔斯认为教育是人对人的主体间的灵肉交流活动,年长一代将文化遗产教给年轻一代,使他们自由地生成,并启动其自由天性。幼儿教育是教育的一个分支,教育对象是充满童真、童趣、天真烂漫的孩子,理应也是保护孩子的天性,关注幼儿生命的教育。通过前面的分析,可以发现,已有的幼儿教育理论已经有了关于关怀儿童生命的教育思想,这是值得赞扬的事情。但是,在现实生活中,幼儿的童真、童趣在逐渐消失,儿童的天性逐渐被泯灭:孩子与成人无异,儿童只不过是"缩小"的成人,他们的言谈举止透露出与身体和年龄不相符合的成熟。正因为儿童与成人的区别被逐渐淡化,因此,我们所生活的世界少了丰富多彩、生动活泼的韵味,多了几分单调的、呆板的感觉。

幼儿教育在发展的过程中已经偏离了原来的轨道,无视生命、不尊重生命、异化生命的现象屡见报端,对这些现象的挖掘和分析有利于我们找到问题的症结所在,从而对症下药,从根本上提升幼儿教育的质量,还孩子们一个快乐的童年。

一、幼儿实体生命的消失

没有生命的世界,是残缺的世界,世界正是因为有了生命而精彩。正是生命构成了世界存在的基础。生命是珍贵的同时又是很脆弱的,有时甚至是不堪一击的。"5·12"汶川大地震更使我们感受到生命的无常,在大自然面前,人的生命显得那么渺小和脆弱。在这次自然灾害中,失去了很多鲜活的生命,生命不存在了,一切都成为零,教育也无从谈起了,没有生命,教育也就失去了存在的价值,成为无源之水、无本之木。自然灾害造成的生命的消逝是人类没有办法控制的,是人类的不幸,但是,人为造成的生命实体的丧失却是人类的错误。特别是幼儿生命的丧失,更是值得人们去深思的事情。

幼儿园安全问题一直是社会各界人士关注的焦点问题,然而由于管理不当、相关制度缺失等问题导致近些年来幼儿园安全事故频发,不仅伤害了年幼的生命,而且给不少家庭带来了巨大的悲痛。刘文瑶、汪保国在《广州市城中村0～6岁儿童意外伤害流行病学分布特征》中对2012—2017年发生的282例0～6岁儿童意外伤害案例进行了调查分析,结果显示[①]:儿童意外伤害发生地点主要是幼儿园,占43.6%,发生在幼儿园的伤害多为跌伤和器械伤,跌伤占86.2%,器械伤占8.9%。幼儿的自我保护能力差,是最需要保护的群体。但是由于成人的疏忽,许多生命之星陨落了。幼儿生命的消逝不但给家长带来了巨大的悲痛,也给我们国家造成了很大的损失,因为今天的儿童就是国家明天的希望。当儿童的生命不在时,一切都成为无稽之谈。

二、成人对生命的不尊重淡化了幼儿的生命意识

意识是一种高级的心理官能,是人对信息的主动察觉和感知,意识在人的发展中具有重要的作用。随着年龄的增长,幼儿的自我意识萌芽,幼儿慢慢开始认识自己,认识自己的性别、年龄,认识自己的优缺点,有意识控制自己的行为,知道自己与别人的区别等等。生命意识是意识的范畴,是人对生命的一种认识,包括对生命来源的认识、对生命存在价值的认识等。人只有意识到生命的存在价值,才能珍视生命,尊重生命,才能主动地发挥生命的价值。幼儿对自身生命价值和意义的认识有利于他们正确看待自己,学会自我保护和自我尊重,从而培养孩子的自尊心和自信心。

然而,在现实生活中,存在着许多无视幼儿生命的价值、不尊重幼儿生命的现象,这些现象在很大程度上影响着儿童自我生命意识的形成,必须引起我们的重视。

(一)回避生命来源问题

生命是一个神圣而又神秘的话题,生命是从哪里来的? 生命是怎么来的? 此类问题是成人在孩子面前一直回避但又切实存在的问题。尤其是中班的孩子开始对"我是从哪里来的? 妈妈是怎么把我生出来的?"等话题感兴趣,好奇

---

① 刘文瑶、汪保国:《广州市城中村0～6岁儿童意外伤害流行病学分布特征》,《中国实用医药》,2019年第4期。

好问是幼儿的天性,因此,当孩子开始意识到生命存在这一话题时,成人的正确引导就很重要。

一项针对幼儿园大班孩子的调查研究发现[①]:对于"你知道自己是怎么来的吗?从哪里了解到的?"问题,有56%的幼儿回答是爸爸妈妈说的,如"我是从妈妈的肚子里生出来的"。有28%的幼儿说是在书本中知道的,如"我是从妈妈肚子里生出来的。只有妈妈才能生孩子,爸爸不能生我"。也有16%的幼儿不知道,或者说"我是在马路上捡来的""我是垃圾桶里捡来的"等。此项研究表明,总体来说,大班幼儿对于生命来源的认知情况是良好的。50%以上的幼儿能表达清楚自己是怎么来到这个世界上的,也能够表达清楚是从哪里获得的这些知识,只有不到20%的幼儿对于生命来源的认知还处在迷茫的阶段。

学前期的幼儿自我意识处于萌芽阶段,对事物和事情的判断能力还比较弱,对事物的认识基本上处于吸收阶段,也就是说成人说什么就是什么,尤其是幼儿园教师对幼儿来说有着绝对的话语权,他们会轻易地相信"我是从垃圾桶里捡来的""我是从胳肢窝里蹦出来的"等类似的答案。这些答案本身是对生命的漠视,对生命存在价值的贬低。之所以出现这些现象,是由我国保守的思想观念决定的,因为人们羞于谈论性的话题。不论是家里还是幼儿园里,性教育的话题一直是刻意回避的问题,大人对于孩子的疑问要么搪塞过去,要么呵斥孩子不该问这些问题。家长或教师的模棱两可的答案给孩子留下了不好的影响,使孩子对自己生命的来源产生了不正确的认识。而这种认识给孩子幼小的心灵带来了不良的影响。现实生活中,曾经出现这样的场面:一个被父母批评教育的孩子把垃圾桶顶在头上,为他为什么这样做,孩子说因为他是从垃圾桶来的,爸爸妈妈不喜欢自己了,还是回到垃圾桶里去吧。孩子的行为让人哭笑不得,但是这难道不该引起我们的反思吗?对孩子来说,生命来得那么随意,试问我们要如何建构起孩子的生命价值观?

"我从哪里来"是每个幼儿都会感兴趣的问题,成人的引导至关重要,正确的引导会让幼儿对生命产生敬畏和尊重,尊重自己,也尊重别人的生命。最早对生命来源的认识是儿童生命意识产生的基础内容,影响着儿童生命价值观的确立。相反,不正确的引导就会让孩子对生命存在的价值和意义产生怀疑,更谈不上对生命的保护和尊重了。

---

① 杨琳琳:《对大班幼儿生命认知现状的调查及建议》,《黑河教育》,2016年第8期。

(二)不尊重幼儿的生命

幼儿是身体和心理发育都不成熟的个体,需要成人的保护和教育。但是,"麻雀虽小,五脏俱全",幼儿的生命同样是神圣而高贵的,不能因为暂时的不成熟而受到人们的歧视。但是,在现实生活中,幼儿的生命得不到成人的尊重的现象还大量存在着。

1.不尊重孩子的隐私

儿童由于其不成熟、弱小的表现给人一种"无知"的表现,因此,很多家长和教师认为孩子那么小,哪有什么尊严,哪里懂什么是隐私权等等。在幼儿园里仍然有类似的事情发生:午睡起来后,保育员在整理孩子们的床铺时,看到有个别孩子尿床了,会产生厌恶感,随之会在班级展示孩子的"成果":"这是谁画的地图啊?今天画的是哪个国家的地图啊?你真棒啊……"幼儿听到老师的叫喊声会大笑起来,尿床的孩子因为做了错事会低着头不敢说话、会害羞,胆子小的还会哭泣。接着孩子会一起嘲笑尿床的孩子,"尿床大王""地图大王"等绰号会在班里持续很长一段时间,试想那个尿床的孩子会是怎样的心情?本来已经度过了入园焦虑的孩子又开始产生不愿上学的心理,老师疑惑,家长不解,甚至会打骂孩子不好好上学。对于一个心灵受到伤害的孩子来说,我们的做法是不是太残忍了?也许保育员老师当时只是一时生气,但是却严重伤了孩子的自尊,给孩子留下了阴影。当生命得不到尊重时,生命的活力就会减小,生命的潜力和创造性也会大打折扣。类似的教训是沉重的,也是值得我们思考的。

2.不尊重孩子的选择权

从儿童心理发展的角度来说,2岁左右开始出现了人生的第一个叛逆期,孩子开始有了自我意识,会产生自我决断、自我选择等现象,这些现象让家长不理解,总觉得孩子突然变得不听话了。其实这是生命成长过程中的一个正常现象,也是生命发展的重要标志。但是在现实生活中,家长和教师往往会忽略孩子的自主权、选择权等。有这样一个小故事:一位中国妇女带着孩子去法国旅游,一天,她带着孩子到法国的一位朋友家里去做客。一阵寒暄过后,热情的女主人问中国客人喝点儿什么?客人按照中国人的传统习惯回答说:"随便。"转过身来,女主人又问孩子喝点儿什么。还没等孩子做出回答,孩子的妈妈就抢先说:"别管他!我喝什么,他就喝什么。"法国女主人很不理解地说了一句:"孩子可以选择些别的饮料,可以自己选择。"很常见的一个生活情节,对孩子选择权的尊重一目了然。对于中国的父母来说,孩子小,家长替孩子做决定这是很正常也是很有必要的,因此我们经常会看到父母会以"教师"的身份、大人的权威命令孩子必须这样做,不能那样做。其实,让孩子有机会做选择,自主表达自己的意愿,往往能收到更好的效果。

由于现代家庭子女数量比较少,孩子在家庭中的地位是"至高无上"的,所有的事情都是由家长包办代替,孩子就没有自己选择的机会和权利,这样导致的结果是孩子缺乏主见,随波逐流。如果强迫孩子接受他不喜欢的事物,则往往会背道而驰。在爱的光环下,孩子犹如父母的木偶,选择权被无情地剥夺了,同时,也失去了独立思考和承担责任的机会。久而久之,在这样的环境下生活的孩子,当被问到自己的职业取向时,自然只能是回去向父母讨答案;遇到困难时,也只能依靠父母来解决。这样的孩子在未来竞争激烈的社会环境中能否立得住脚,是很让人担心的。

联合国教科文组织在《教育——财富蕴藏其中》[①]中认为未来社会对孩子的要求是学会生存、学会做事、学会与人相处和学会共同生活。选择和责任是一对孪生姐妹,人的责任感是在自我选择中形成的,一个人没有选择的权利,只有被选择权,也就不会承担什么责任。只有愿意承担责任的人才能掌握生存和做事的能力,在与人相处和共同生活中才会游刃有余。因此,多给孩子一些自主选择的权利,让孩子为自己的事做主,对培养孩子的责任心很重要。同时,在选择过程中,又能培养孩子克服困难、战胜困难的顽强意志,形成遇事冷静、有主见的良好心理素质。

三、对幼儿生命的意义扭曲

人之为人,人之高于动物的地方就在于人不仅追求活着,而且还追求有意义地活着。幼儿生命的意义就在于自由自在地、儿童般地活着。幼儿有其生活方式,这种生活方式是大自然赋予他们的,是遵循幼儿生命发展规律的方式,违背或扭曲了这种方式,幼儿生命的意义就被扭曲了,幼儿就跟成人没有什么两样了。但是,目前的幼儿教育扭曲幼儿生命意义的现象还存在着,这对走向生命关怀的幼儿教育是一种挑战。

---

① 联合国教科文组织总部:《教育——财富蕴藏其中》,教育科学出版社2001年版。

(一)儿童观的误区

提到儿童,人们会用"含苞待放的花骨朵""祖国的未来"等词语来形容,以表示人们对儿童的喜爱和希望。好像人人了解儿童,人人对儿童都揣着美妙的看法和想法,但是结合生活中成人对儿童的做法,我们会发现人们的儿童观有着很多的误区,正是这些误区的存在,使我们的教育偏离了轨道,不科学的教育现象比比皆是。因此,树立正确的儿童观是关怀生命的幼儿教育的前提和基础。在树立正确的儿童观之前,首先要找出儿童观存在的误区。

1.把儿童当作"小大人"

"小大人"式的儿童观在中世纪出现,指"儿童"与成年人只在身形上及生理上有所差异,儿童只不过是"缩小版的大人"(miniature adults),这种小孩与大人只有外形上差异的看法,叫作"预先成形论"(preformationist)。[①] 这种儿童观把儿童当成成人的缩小版,也就是说,除了身高、体重等生理的差异,一旦到了可以摆脱父母或其他人经常性的关照而独自行动的年龄时,他们就和成人没有区别,可以参与成年人的各种活动(劳动、玩耍),当然成人可以做到的儿童也必须要做到。这种儿童观忽略了儿童与成人的本质区别,在很长时间里受到质疑,甚至受到摒弃。

随着"儿童是小大人"的儿童观的负面影响越来越多,人们逐渐认识到,儿童就是儿童,成人就是成人,二者有着本质的区别。但是,在当今社会,把儿童看作"小大人"的做法仍然存在。比如很多家长把儿童当作"小大人"来对待,导致越来越多稚气未脱的孩子们,从言行举止到衣食住行,都被过早地被贴上成人化的标签。再比如,近年来,"神童班""兴趣班"在家长和教师的呼唤和希望中逐渐开办起来。孩子的生活变成了"白加黑"和"五加二"的模式,这种强度的生活压力与成人有什么区别?快乐的童年已经成为一种奢侈品,消逝的童年快乐已然成了一个不可回避的话题。在我们的周围,儿童的世界消失了,大人的观点以及大人的世界侵犯了儿童领地,还美其名曰:都是为你好,你长大了就知道了。2019年4月28日,一篇《神童牛不牛,就看家长的心够不够狠》[②]的文章引起大家关注,各种"神童"出现在大家面前,"右脑开发""超强记忆力""过目不忘"……近些年来,各个神童培训机构都打着开发脑潜力的广告,声称可以通过

---

① 转引自宋嘉行:《从魔鬼到天使:西方儿童观的演变》,《台湾立报》,2003年9月29日。
② 《神童牛不牛,就看家长的心够不够狠》,《新周刊》,2019年4月28日。

培训让孩子具备这些"超能力"。无论是节目组"制造"神童,抑或父母一厢情愿"培养"神童,神童自己,似乎都没有任何的话语权,他就像是一个雕塑品,任人摆布与观看。神童,在这个"制造"神童的真人秀里,是一个彻头彻尾的失语者。"神童"固然有着一般儿童没有的本领和特长,有着让父母骄傲、同龄人羡慕的本领,但是本该是和小朋友一起玩耍、一起嬉戏的年纪,却被各种各样的"兴趣班"弄得筋疲力尽,生命的活性也无从展现了。儿童就是儿童,不是成人的缩影,更不是"小大人",否则孩子会承受生命不能承受的重担,就如丰子恺漫画中挑大担的孩子,迟早会被担子压弯了腰,变成卢梭笔下的"老态龙钟的儿童"。

小人挑大担

图片来源:丰子恺:《子恺漫画》,四川少年儿童出版社2004年版,第140页。

2.把儿童当作可以任意涂抹的"白板"

儿童自出生之日起,就受到成人的关照,不仅是生理上需要成人的给予,心理的发展也需要成人的引导和帮助,时间久了,成人就产生一种错觉:孩子什么都不会,成人教什么,孩子学什么,因此"望子成龙、望女成凤"的愿望也被赋予各种积极的色彩。其实这种做法与英国教育家洛克的"白板说"如出一辙。洛克在其著作《人类理解论》中指出:"人的观念不是天赋的,而是后天获得的","是由外物印入的"。[①] 在他看来,儿童不是什么需要修剪的树枝,人心是一张白纸,没有任何特性,没有任何观念。成年人在这纸上写了些什么,便决定儿童日后成为什么样的人。洛克的观点给成人按照自己的意愿教育孩子提供了有力

---

① [英]洛克:《人类理解论》,商务印书馆1959年版,第489页。

的支撑,或者成为成人冠冕堂皇的理由。

模仿在儿童发展的很长时间里是他们习得知识、技能的重要途径,再加上成人把孩子当成什么都不会的白板,因此,成人在教育儿童的过程中会按照自己的意愿去培养孩子,把孩子当成被动接受知识的容器。家庭教育中父母总认为小孩子什么都不懂,教他什么学什么就好了,不考虑孩子的意愿和兴趣。在具有小学化倾向的幼儿园里,幼儿的主观能动性得不到发挥,孩子们被动地听从老师的安排,老师教什么就学什么,问题的答案也是唯一的,幼儿的想象力和创造性得不到发挥,好奇好问被当成"不乖孩子的表现"等等。这些做法的出发点就是把儿童当成了可以任意涂抹的白板,而成人做的一切都是为了孩子。固然,年幼的儿童身心发展都不成熟,需要得到成人的帮助和教育,但是儿童有自我意识,有主观能动性,他们有一种内在的生命力,这种生命力使儿童的发展是积极主动的,不管成人是否意识到或者是否承认,儿童的发展都不是成人单方面作用的结果。

3.把儿童当作光宗耀祖的工具

受传统观念的影响,传宗接代、光宗耀祖深入人心,即便是在今天,虽然男女平等已经是社会文明的重要衡量标准,但在现代大多数成人、家庭眼里,儿童实质上仍然是父母的私有财产,是父母生产的产品,是父母可以随时向他人炫耀的资本,是可以满足父母欲望的机器!鲁迅先生在《狂人日记》中发出过"救救孩子"的呼喊,鲁迅对中国人儿童观的批判,首先是说中国人并不将儿童当作"人"来对待。"中国的孩子……小的时候,不把他当人,大了以后,也做不了人。……中国娶妻早是福气,儿子多也是福气。所有小孩,只是他父母福气的材料,并非将来的'人'的萌芽,所以随便辗转,没人管他,因为无论如何,数目和材料的资格,总还存在。即使偶尔送进学堂,然而社会和家庭的习惯,尊长和伴侣的脾气,却多与教育反背,仍然使他与新时代不合。大了以后,幸而生存,也不过'仍旧贯如之何',照例是制造孩子的家伙,不是'人'的父亲,他生了孩子,便仍然不是'人'的萌芽。"[①]

成人把儿童当作满足自己意愿、虚荣心的工具,为了达成这个目标,成人就必须做出相应的努力和牺牲,因此,现实生活中,"孩奴"现象成为家庭教育中一道亮丽的风景线。"孩奴"是形容父母将自己的期望寄托在孩子的身上,一生都

---

① 董操、陶继新、蔡世连编:《鲁迅论儿童教育》,山东教育出版社1985年版,第3页。

在为子女打拼,为子女忙碌,给予孩子过多关爱,而忽视自我,迷失自我生命价值的生活状态。身为"孩奴"的父母认为,他们的付出和牺牲是值得的,他们深信自己的付出能够让孩子赢在起跑线上,使孩子少走弯路,争取更多的时间学习,能够换来孩子的优异成绩和健康成长,从而在未来的社会竞争中取得主动。但是"孩奴"者往往忽略了自己追求理想、实现自身价值的过程,在孩子成长到一定阶段时还会极力想摆脱父母的这种"爱",造成亲子关系紧张。因此,把孩子当成成人私有品的想法和做法存在着很大的隐患,需要矫正。

有一首歌唱到:父爱母爱,是写不完的爱。

是的,对于父母而言,孩子是自己身上掉下来的肉,每一个做父母的都深爱着自己的孩子,这种爱难以用语言来表达,足可以感天地泣鬼神,孩子应在这如山似海的爱中不断成长。

但是,并不是所有的爱都有利于孩子的成长,如果爱的方式不对,父母的爱还会事与愿违地给孩子带来伤害。只有爱有度,爱有方,这样的爱才是真正的爱;沐浴这样的爱,孩子才能真正健康地茁壮成长。

似爱之虐

图片来源:丰子恺:《子恺漫画》,四川少年儿童出版社2004年版,第128页。

(二)忽略童年期存在的价值

跟动物相比,人类的儿童期是最长的。因为"婴儿出生时并不具备他所需要的一切行为方式,他必须在儿童期内逐步去掌握,这就使儿童较之动物的幼仔具有极大的优越性"[①]。这个漫长的时期是人类从稚嫩走向成熟的重要过渡时期,不可延长,也不可跨越,这是大自然的决定。以这样的眼光来看待儿童期,是科学认识儿童的开始。西塞罗据此精心描绘出一幅儿童的心理图,代表了当时哲学家对儿童的理解和认识:新生儿躺在那儿,仿佛思想一片空白;当他身上有了一点力气,也就有了一点思想和感觉,他使用双手,想要站起来而且感

---

① 侯莉敏:《儿童生活与儿童教育》,南京师范大学博士论文,2006年。

激那些扶他站起来的人;然后他开始喜欢和同龄孩子在一起,他和别的孩子一起玩耍,一起游戏,一起听故事,他有了多余的东西,就和别人分享;他还关心家里发生的事,想知道所有事情;他开始思考,开始学习,努力想要记住自己见到的人的名字;在与同龄人比赛中获胜让他非常高兴,如果失败就会萎靡不振,所有这一切情况都是有原因的。① 西塞罗的描述充分肯定了儿童期存在的价值,儿童期不再是一幅可笑的漫画,也不再是人生中一个应该立即度过的阶段;儿童应该受到精心的培养,儿童是人类的美好希望。

童年期的存在是极富价值和意义的,那我们就要敬畏童年,正确对待儿童的童年,既耐心对待儿童的幼稚和不成熟,又不加速或者缩短童年期。当今世界,童年期的价值仍然被成人忽略或者异化,"儿童世界不再是作为一种纯粹的客观存在,是成人世界的创造物。尤其是在一个商业化的时代,成人世界对儿童世界的建构中义夹杂了商业化的行为,如儿童的消费、儿童产品、儿童智力开发和教育等等,在利益的驱动下,成人不断制造着儿童多样的需求和永不满足的欲望,儿童成了商家的最大客户"②。童年的天真活泼,童年的纯真无邪,童年的无忧无虑,无不彰显着童年的美好和价值,关怀幼儿生命的重要前提是承认童年期存在的价值,保护童年,使每一个孩子都有一个真正的童年。

(三)用成人的生活代替儿童的生活

如果问教师或者家长一个问题:儿童生活和成人生活一样吗?他们会干脆、直接、肯定地回答"不一样"。确实,儿童与成人本是人生中不同的两个时期,他们的生活是截然不同的。挪威奥斯陆大学著名音乐学家让-罗尔·布约克沃尔德教授在《本能的缪斯》中对儿童生活与成人生活作了一番比较。他描述到:一个晴空万里、阳光灿烂的夏日,挪威海岸边的一个岛屿,清澈的海水平静无波……大人们懒洋洋地伸展身体,忘掉了这个世界,半导体收音机播放着轻柔的背景音乐,防晒液已经涂上,冰镇啤酒的第一口已经呷上,哦,这才是生活!

突然,这一片慵懒闲散被打破了。"小家伙们哪里去了?我们只顾自己在这里晒太阳,把他们给忘了。他们刚到这里,不会发生什么事吧?"吓坏了的父

---

① [法]让-皮埃尔·内罗杜著,张鸿、向征译:《古罗马的儿童》,广西师范大学出版社2005年版,第72页。

② 齐学红:《儿童:一个悖论式的存在》,《教育科学研究》,2005年第11期。

母四下张望,然而他们马上听到了,就在这阳廊的下面传来轻嗡嗡的谈话声和唱歌声,吃惊的父母小心翼翼地爬到了木板的边缘,朝下看去,一点不错,三个孩子都在,就待在下面岩缝的暗处,他们挤在峭利的石头和一堆湿漉漉的脏东西之间,躲在他们自己这个小小世界的尽头。这真是又冒傻气又难受,但他们就坐在那儿,几乎是一片漆黑,而且那样拥挤,他们也只有手脚并用才能移动。这环境显然是不舒服的,但孩子们就在他们这个新发现的岩穴中,在这一片阴湿黑暗中,忙着一起玩耍,不舒服,但孩子们高兴。① 在这段描述中,我们看到了两种不同的生活方式,这是成人和孩子真实生活的写照,是成人和儿童生命的最本真状态。试想,如果两者互换,或者小孩子也像大人一样,躺在沙滩上,听着音乐、喝着啤酒,那儿童还是儿童吗?因此,成人的生活与儿童的生活是不同的,不能互相代替。

现实生活中,比较常见的现象就是成人用自己的生活代替儿童的生活,把自己的生活意愿和生活方式强加给孩子,只因为"你还小,你不懂,你这样做太慢了……"除了成人的干预,在儿童的生活世界里,电视、电脑、海报等大众传媒扮演着重要的角色,电视毫无保留地将成人世界的秘密大量地呈现在儿童眼前。儿童边看边模仿,一段孩子跳的广场舞会让大人津津乐道,幼儿园里模拟成人结婚会让很多父母对穿着婚纱的女儿的美貌陶醉不已。儿童提前进入了成人世界,语言、游戏兴趣、饮食皆与成人愈来愈像,我们周围的"小大人"也越来越多。当成人与儿童的生活无异时,儿童的世界正在销毁,儿童的生活正在被异化。因此,"真正的教育并不是把成人的世界简单地灌输到儿童世界之中,而恰恰应该是从儿童世界的既有内涵出发,引导他们逐渐去认识、体验,发现外在的成人世界的内涵,来进一步丰富、拓展儿童世界的内涵"②。因为"儿童不但要生活在成人的世界中,还要生活在自己的世界中,他在成人的世界中接受教育,获得更快的发展,但也要在自己的世界中获得自己的自由,感受生活的乐趣,体验世界的美和人生的美"③。

---

① [挪威]让-罗尔·布约克沃尔德著,王毅、孙小鸿、李明生译:《本能的缪斯:激活潜在的艺术灵性》,上海人民出版社1997年版,第22~23页。
② 刘铁芳:《守望教育》,华东师范大学出版社2004年版,第4页。
③ 王富仁:《把儿童世界还给儿童》,《读书》,2001年第6期。

儿童世界与成人世界

图片来源:丰子恺:《子恺漫画》,四川少年儿童出版社2004年版,第62页。

(四)剥夺幼儿游戏的权利

"望子成龙、望女成凤"是每一个做家长的心愿,为了不让孩子输在"起跑线"上,家长们绞尽脑汁,不惜一切代价为孩子提供最好的生活和学习环境,给孩子买各种学习用品,让孩子上各种兴趣班、辅导班,甚至拔苗助长。我国著名教育家陈鹤琴先生曾撰文《怎样做父母》,告诫父母要让孩子有玩游戏的时间,不要剥夺孩子玩游戏的权利。游戏是儿童的第二生命。小孩子只喜欢两件事,一件是吃,一件是玩,玩比吃还重要。幼儿园里,孩子们游戏的时间被占用了,游戏的空间狭小,游戏的主动性被教师控制。幼儿园里此种情景每天可见:放学了,幼儿园的滑梯那边还有好多的家长在等待着,幼儿一边玩一边与家长讨价还价:"再玩一会儿,我好几天没有机会玩了!"家长问:"天天玩还玩不够?"小朋友说:"受到表扬的小朋友才可以玩。"大人们呕心沥血,孩子们怨声载道,究其原因是孩子的游戏权利被剥夺了,本该游戏、玩耍的年级却被儿童不能承担的学习任务填满了。其结果是我们会造出一些早熟的果实,它们长得既不丰满也不甜美,而且很快就会腐烂,我们将造出一些"年纪轻轻的博士"和"老态龙钟的儿童"。

苏联教育家马卡连柯对游戏与儿童的意义进行了论述:"游戏在儿童的生

活中具有重要意义,其意义与活动、工作、服务对于成人的意义相同。"①我国著名教育家陈鹤琴也说小孩子生来是好动的,以游戏为生命的,所以,游戏是儿童的生活又是儿童这个年龄段所要求的,游戏是儿童心理发展的需要,游戏是儿童存在的方式。

似爱之虐

图片来源:丰子恺:《子恺漫画》,四川少年儿童出版社 2004 年版,第 128 页。

四、对幼儿生命活力的压抑

幼儿的生命是生动活泼的,是富有活力的;幼儿的生命世界是丰富多彩的,幼儿的生活是听任自然的,因而能够天真烂漫、自由自在。也许正因为如此,老子认为最有智慧的圣人的心灵状态宛若儿童。但是,在现实生活中,幼儿的生活被成人干预太多,幼儿的生命活力被压抑,因此,幼儿的生命失去了那种自然、自由的状态,"小大人"式的幼儿越来越多了,这是教育的败笔。

(一)幼儿天性的压抑

卢梭、杜威、陈鹤琴等人都把儿童的自然状态称为天性,提出我们要遵循儿童的天性教学。在陈鹤琴看来,儿童就是儿童,他们有独特的身心特征:"饿则

---

① [苏]马卡连柯著、诸惠芳译:《儿童教育讲座》.河北人民出版社 1997 年版,第 32 页。

哭,喜则笑:见好吃好玩的东西就伸手拿来,见好玩好弄的东西就伸手去玩。"①
陈鹤琴把这些特征当作儿童的天性,主张顺着儿童的天性施以教育,而不是逆着儿童的天性强加"教育"。刘晓东研究员认为"天性是不可教的,教育对天性应保持敬畏"②,"教育应因人的天性而改变自身,而不是人因教育而改变本性"③。这是教育和天性应该表现出的关系,但是,在现实的教育中,教育和天性的关系被扭曲了,人们往往通过改变孩子的天性来适应教育,幼儿的天性被压抑了。

现代社会,人们把对儿童的教育放在了更加重要的位置,提出"不输在起跑线上"的口号,但正是由于爱子心切,由于动机过强,出现了许多违背儿童天性、违背儿童身心发展规律的行为,致使儿童教育走向了误区。众多教师、家长认为早期教育就是超前教育,就是早期的智力开发教育,就是早期的专长培养;媒体迎合家长心理,出版了大量的所谓"素质教育"的书籍;社会上一些早教机构也纷纷崛起,各种类型的"兴趣班""神童"培养方案等层出不穷。家长们"望子成龙、望女成凤"的心情是可以理解的,但是这些所谓"一切为了孩子"的培养计划是幼儿的生命所不能承受的。孩子有他们的世界,有他们自己感兴趣的事情,有属于他们年龄段该学习和接受的知识,家长的做法无异于拔苗助长,就像卢梭所描述的"简直是发了疯"。

(二)幼儿生命创造力的消解

"人是具有创造性的存在。人与其他生命的不同之处在于,人不只是自然、自在的存在,而且还是自为、自由的存在。人的生活不是现成的,而是人参与创造和不断超越的。……对于人来说,生活就意味着创造,创造才是真正人特有的生活。"④由此可见,创造性是人生命的本质,人具有创造性。幼儿是人生命的一个时期,因此,可以这样说,创造性也是幼儿的本质,现实也表明,幼儿是最具有创造力的,幼儿期是生命最富有创造力的时期。

但是,在现实生活中,创造性人才却越来越少,在经济科技日益发达的今天,具有创造性的人才成为社会的宠儿。创造性不是人的本质吗?每个人不是都具有创造性吗?然而现实中创造性人才却是凤毛麟角。社会现实与人的本

---

① 北京市教育科学研究所编:《陈鹤琴全集》(第二卷),江苏教育出版社1989年版,第686页。
② 刘晓东:《论教育与天性》,《南京师范大学学报(社会科学版)》,2003年第4期。
③ 刘晓东:《论教育与天性》,《南京师范大学学报(社会科学版)》,2003年第4期。
④ 刘传广:《实在与选择》,河南人民出版社2002年版,第128页。

质岂不是矛盾了吗？究其原因，是人的创造性被扼杀了，人变成了循规蹈矩、随波逐流的没有个性的个体。其实，人处于幼儿时期时，是具有很强的创造欲望的，每个孩子天生都是一个探索家、科学家，具有自己独特的想法，但是，现实的教育把孩子的创造欲望扼杀在了摇篮里。例如，在幼儿园里，你可以看见孩子们画的太阳都是一样的，苹果都是圆圆的、红红的，偶尔有个小朋友把苹果画成了绿色的，就会被老师批评，说画得不像，最能表现和锻炼幼儿创造力的美术课变成了临摹课。那些具有独特想法的孩子由于老师的"教诲"也变得无比听话，专心地去临摹老师的"杰作"。在和家长、幼儿园老师的交流中，我们经常听到的一些话是"××孩子很乖，是好孩子；××孩子很捣蛋，惹人讨厌……"等等。在他们心目中，听话的孩子是惹人喜欢的，而捣蛋的孩子是令人嫌弃的。且不说这些孩子是否真的惹人喜欢或讨厌，"听话"这个在中国人传统思维中根深蒂固的评价标准本身就是对儿童个性的压制："听话"意味着孩子不可以倾听并表达自己内心的声音，而只能顺从处处充斥着的、权威的成人声音。这使得孩子不得不牺牲自己正常的兴趣和愿望，时时以"成为一个听话的孩子"的成人标准来要求自己，克制自己，压抑自己，这是对儿童个性极大的束缚。当儿童没了个性时，他的创造性也就无从谈起了。

(三)幼儿生命丰富性的干枯

幼儿的生活是丰富多彩的，这是因为"儿童的生活不像成人那样刻意追寻规律，所以不受规律束缚。他的生活是听任自然的，所以是合规律的，因而能够天真烂漫，自由自在"①。儿童世界的美好是成人所羡慕和无法企及的，特别是当成人在社会中打拼的身心疲倦的时候，更是向往能够回归童年生活。丰子恺在有了自己的子女后，发现儿童具有一个令人推崇的精神世界。在散文《给我的孩子们》中，他写道："我的孩子们！我憧憬你们的生活，每天不止一次！"……"你们每天坐火车，做汽车，办酒，请菩萨，堆六面画，唱歌，全是自动的，创造创作的生活。大人们呼号'归自然！''生活的艺术化！''劳动的艺术化！'在你们面前真是出丑得很了！依样画几笔画，写几篇文的人称为艺术家，创作家，对你们更要愧死！"从这些文字中，我们可以看出，儿童的世界是充满活力的，是多姿多彩的，是成人憧憬甚至崇拜的生活。一个初为人母的好友告诉笔者，每天上班

---

① 刘晓东：《儿童精神哲学》，南京师范大学出版社2003年版，第400页。

都很辛苦,但是回到家看到孩子那充满稚气和天真的笑脸,所有的辛苦和忧愁都烟消云散了,一切的不如意都化为乌有。笔者虽不能亲身感受好友那种幸福感,但是也被她感染了,不自觉地感到一切都是那么美好,原来,童心可以治疗异化的成人生活。

我们在感动、欣喜之余不得不把视线放到那些生命活力被压抑的孩子身上。孩子是天真的,孩子的生命是美好的。但是,社会现实和父母的经验告诉他们不能够再过童话般的生活;社会现实是残酷和严峻的,他们要想在社会中立足,要想成为人上人,就必须抛掉一切幻想的东西,回到活生生的现实中来,学习,再学习。因此,在幼儿园里,你可以听到齐刷刷的背书声,孩子会背唐诗宋词也成为家长炫耀的资本。孩子们的游戏被剥夺了,孩子们活动的时间被各种辅导班占据了。幼儿生命的丰富性消失了,取代它的是家长们为他们制订的各种学习计划和方案,丰子恺先生所描绘的那种美好的童年生活只能成为我们想象的素材了。

无价宝车

图片来源:丰子恺:《子恺漫画》,四川少年儿童出版社2004年版,第166页。

五、现实生活中异化幼儿生命现象的原因分析

通过对现实生活中幼儿教育对幼儿生命的异化现象分析,我们或许可以对"幼儿死亡""幼儿没有创造的欲望""幼儿的生命没有活力"等问题有更深刻的认识。幼儿期是人生的一个阶段,一个起着至关重要作用的阶段。在这个阶段里,如果幼儿的生命出现了反常现象,或者幼儿的生命发展规律被忽视了,幼儿

的成长就会走弯路。改变这些现象的重要条件是找出异化幼儿生命的原因,从根源上清除不正确的认识和不良的做法,只有这样,关怀幼儿生命的教育才能实现,幼儿的生命才能真正得到发展,幼儿的生活才能幸福,幼儿才能有一个真正的童年。

(一)社会的发展是教育产生变化的温床

当今社会,信息化发展飞速,人类社会发生着重要的变化,社会大背景的变化成为人们教育价值观改变的重要原因,且不以人的意志为转移。教育的发展受到社会的制约,因此,我们讨论教育,不得不思考社会和环境的变化带来的影响。

随着工业的发展,特别是近代大工业的飞跃前进,城市化成为社会发展进程中的重要标志,随之而来的是人成为劳动力,成为生产流程中的一部分。城市化进程是一个涵盖社会人口流动、经济结构调整、理念和生活方式转变等众多因素的社会生态系统发展变化的过程。[①] 为了适应社会的急剧变化,人类社会也在发生巨变,如鲜明个性的丧失、创造性的被压抑等。正如马克思所说,"在现代制度下,如果弯腰驼背,四肢畸形,某些肌肉的片面发展和加强等,使你更有生产能力(更有劳动能力),那么你的弯腰驼背,你的四肢畸形,你的片面肌肉运动,就是一种生产力。如果你精神空虚比你充沛的精神活动更富有生产能力,那么你的精神空虚就是一种生产力,等等,等等。如果一种职业的单调使你更有能力从事这项职业,那么单调就是一种生产力"[②]。

社会发生剧变,人们的生活方式和价值观也发生着重要变化,为了适应社会的发展,人们不得不改变原有的对教育的认识,教育成为人们适应社会的重要途径和媒介。尽管教育具有反作用,但是社会的影响和人们价值观念的改变是不可忽略的问题,教育被异化也就可以理解了。因此,教育并非解决所有社会弊端的灵丹妙药。认识到这一点,我们就不会对教育盲目地施加压力,教育才会无所负累地发挥自己的作用,教育才可能不会被异化。[③]

(二)过度夸大了教育的功能

教育的目的是什么?教育要培养什么样的人?教育对社会的发展起什么

---

① 张琳琳:《浅析我国城市化对教育的影响》,《大连教育学院学报》,2015年第12期。
② 《马克思恩格斯全集》(第42卷),人民出版社2016年版,第261页。
③ 米玛卓玛:《浅析教育异化对教育的影响》,《新教育时代》,2016年第7期。

样的作用？这些对教育功能的拷问历来是教育研究者探讨的问题。随着社会的发展,随着教育从哲学、社会学等学科中独立出来,教育成为一门独立的学科,教育的价值和作用日益凸显,教育成为培养人和社会发展的重要媒介。于是,为了达成人们的目的,为了促进社会的发展,教育的教育功能和社会功能被不断夸大。然而,教育既然只是社会众多系统中一个独立的系统,那就注定了它发挥的作用也只能是一定的、局部的。教育永远也不可能像一些人期待的那样"万能"。

教育是培养人的一种有目的的活动,在影响儿童发展的因素中,教育成为主要的因素。但是,儿童的发展是能动的,不是被动的,儿童有自身的主观能动性,在接受教育的影响时儿童有自己的规律和特点,这就给教育带来了一定的难题,也制约着教育作用的发挥。因此,教育作用的发挥不是绝对的和灌输式的,而是在一定的合理范围内的影响,如果夸大了教育的作用,其结果只能适得其反。比如社会上出现的各种"神童计划""神童培训班""少年大学生速成班"等,都是夸大教育作用的产物,其结果是儿童生命活力的压抑,童年的缺失,更严重的后果是儿童为此付出了生命的代价。因此,在我们开发教育、运用教育的过程中要按照马克思主义哲学辩证统一的观点合理、科学地对待教育的功能,不仅要看到教育的育人功能,更要注意儿童对教育的反作用。

(三)儿童观对教育观和教育模式的制约

教育观是关于教育现象和问题的基本观念体系,诸如对教育的本质、目的、功能、体制和内容、方法、教师和学生等每一方面的基本看法。[①] 从教育观的概念来看,儿童观是教育观的一部分,并且对教育观有决定性影响,因此,对人有什么看法,就有与其相适应的教育。对儿童的认识、对儿童所持的态度影响着人们对儿童的教育。

在现实生活中,对儿童的认识存在着不合理的地方,比如把儿童当成"小大人",把儿童当成可以任意涂抹的白板,把儿童当成光宗耀祖的工具等等,在这样的认识下产生了相应的教育模式。当人们把儿童当成"小大人"时,人们会以成人的眼光和方式对待儿童,对儿童的教育要求、教育方式等无不打上了成人的烙印,儿童自身的特点和规律荡然无存。尽管这种教育模式不科学,但是由

---

① 胡术恒:《儿童观及其对教育观的制约和影响》,东北师范大学硕士论文,2006年。

于其出发点是把儿童当成了成人,因此也无可厚非,这种教育模式有着坚实的理论基础。当人们把儿童当成了白板时,教育的作用就发挥得淋漓尽致,无所不用其极。成人想学会绘画、会弹琴的愿望后继有人了,培养出一个画家或者钢琴家也未可知。因此,我们看到的是成人得意的面孔,在为自己的杰作感到满意和自豪,尽管躲在大人背后的孩子哭丧着脸,但是这丝毫不妨碍成人的心情。确实,任何人对自己满意的作品表现出的都是难以描述的开心,何况是教育作品呢?

由此可见,儿童观对教育观的制约和影响有多重要,要改变教育的不和谐现象,要使异化生命的教育得到根本的改善,对儿童的认识必须得到改变。

(四)幼儿教育的特殊性使成人忽略了教育的本真

从教育阶段的划分来看,我国的教育分为学前教育、小学教育、中学教育和高等教育几个阶段。之所以这样划分,是因为不同年龄阶段的儿童有着不同的心理特征与发展需要。不同年龄儿童心理特征和发展需要决定了不同阶段教育的内容、创设不同的教育环境、提供不同的教育模式和教育方法等。学前教育作为教育阶段的第一个阶段,有其特殊性。当然这种特殊性是由0~6岁儿童的特殊性决定的。因为0~6岁儿童身体是柔弱的,自我照顾与保护能力不足,所以学前教育必须坚持保教并重的基本原则①,并且以孩子喜欢的游戏活动为基本活动方式。因此,"保教并重""以游戏为基本活动"成为幼儿教育的特殊性之一。根据我国的国情,学前教育不属于义务教育的范畴,因此对幼儿教育的管理和评估机制都存在着随意性,这是幼儿教育的特殊性之二。一方面幼儿是稚嫩的,以游戏为存在方式;另一方面幼儿教育缺乏有效的监控机制,这两个方面影响着幼儿教育的规范性,幼儿教育中存在不合理的现象也就不足为怪了。中国文化有着强大的"学而优则仕"的科举传统,有着深远的"治国齐家平天下"的经世情怀,所以当前我国从学前教育阶段到小学教育、中学教育、高等教育阶段都显示了对孩子成才的强烈渴望,学业竞争不断下移,"不能输在起跑线上"已然成为当前广大家长投入学前教育的最大动力。② 从这个角度看,学前教育与其他阶段的教育是没有差别的。可见,我们对学前教育特殊性的认识存在着偏差。

---

① 赵南:《学前教育"保教并重"基本原则的反思与重构》,《教育研究》,2012年第7期。
② 万作芳:《孩子是不是不能输在起跑线上》,《中国德育》,2012年第23期。

  2015年,赵南从新的视角研究了学前教育的特殊性,他认为[①]:当前我国学前教育真正不同于其他教育阶段的地方是它实现了教育目的与教育目标的完全统一,所以它必然要求教师直面儿童,并切实具备直面儿童的勇气与智慧。这才是学前教育真正不同于其他阶段教育的特殊性。赵南的研究促使我们重新解读学前教育法规,《幼儿园工作规程》、《幼儿园教育指导纲要(试行)》和2012年颁布的《3~6岁儿童学习与发展指南》这三个国家指导性文件也都明确指出幼儿园教育的目的就是促进儿童在原有基础上获得有益于其身心的全面发展,包括身体、情感、态度、社会性、认知、能力等方方面面。可见,幼儿园教育的目的是明确指向儿童个体发展的,直指儿童作为人的存在的本质要求。如果在实际教育实施中,我们能把幼儿园教育的每一条具体目标落实到儿童个体身上,儿童作为个体的人就会得到真正的发展。由此可以看出,对幼儿教育特殊性的认识影响着教育的实施。

  教育是直面人的生命的一种活动,教育的价值是激发学生的生命潜能,而不是扼杀学生的生命活力。"教育便是引导个体去领悟生活的艺术,我所说的生活的艺术,是指人的各种活动的最完美的实现,它表现了充满生命力的个性在面对环境时所具有的潜力。"[②]这是在理论上教育所应该具有的价值和意义。但是,在现实生活中,教育的价值往往偏离了它应有的轨道。当教育偏离了它的轨道时,它所发挥的作用往往是负面的,对人的发展起着阻碍作用。纵观教育异化幼儿生命的现象,要使儿童有一个快乐的童年,要使幼儿教育是促进幼儿和谐发展、全面发展的教育,使幼儿教育成为真正的激发儿童生命潜能的教育,成为化育儿童美好心性的教育,现行的幼儿教育必须从生命的角度来对幼儿进行教育。因此,要在保护好幼儿生命的基础上,尊重幼儿的生命,解放幼儿的身心,使幼儿的个性和创造性充分地展现出来,使每一个幼儿都有一个快乐的童年,"诗意地栖居在大地上"。

---

  ① 赵南:《学前教育特殊性辨析及其对学前教师的必然要求》,《湖南师范大学教育科学学报》,2015年第11期。
  ② [英]怀特海著、徐汝舟译:《教育的目的》,生活·读书·新知三联书店2002年版,第69页。

第七章　回归生命关怀的幼儿教育

生命是教育的对象,是教育存在的前提和基础;教育是完善生命、提升生命的基本途径,二者之间有着密切的联系。因此,要使教育真正成为关怀生命的教育,教育必须回归生命本身,研究生命存在的状态和生命的本质特征。人是社会中的人,社会的发展与人息息相关,社会的变革,人们对生命的认识、对教育的期待等都是关怀生命教育的切入点,也是教育走向生命关怀的必经之路。

一、正确利用社会的发展给幼儿教育带来的契机

20世纪90年代以来,世界进入一个非常重要的时代,信息化、全球化和知识经济成为这个时代的代名词,这个时代也被称为转型的时代。社会转型给人们的生活和教育带来了巨大的变化,这种变化既包含着机遇,也有挑战,很好地利用机遇和应对挑战是人类与社会和谐共处的重要途径。因此,考察社会发展给幼儿教育带来的契机,可以从信息化、全球化和知识经济三个方面入手,重塑幼儿教育的理念、目标和价值,使幼儿教育成为时代发展的助推器,同时也是儿童成长和发展的最佳途径。

(一)信息化要求人们重塑教育观和人才观

信息化代表着先进的生产力,是当今时代发展的大趋势,是信息产生价值的时代。在这种社会背景下,人们的教育观和人才观必将发生变化。人才观是对培养人才的认识和定位,社会需要什么样的人才,教育就会培养什么样的人才,这是教育功能的最大限度的发挥。因此,人才观影响着人们的教育观。

为了适应社会的要求,为了培养社会所需要的人才,在幼儿教育领域出现了以培养"人才"为主的教育,如识字教育和神童教育。究其前提是认识到了幼儿教育是一切教育的基础,培养人才,要从小抓起。在这种观念的影响下,幼儿教育的理念和目标发生了根本的变化,人才培养的速度加快了,许多地区的幼

儿园把本该在小学阶段学习的内容过早地搬到了幼儿园里来,反正早晚都要进入应试教育阶段,早比晚好,因此,很多孩子被过早地拉进了应试教育的苦海之中。这些违背了幼儿生理和心理健康成长规律的做法,给许多孩童带来了过重的身心摧残。因此,人才观和教育观的重塑是解决问题的关键。

信息化时代是着重培养儿童创造思想、创新精神和创造能力的时代,因此,信息化时代的教育是创新教育,注重全面提高儿童的综合素质。信息化时代的教育将彻底革新传统的终结性教育,使创新教育成为新时期教育发展的主旋律[1]。信息化时代对人才的要求将从知识结构单一型人才向复合型、创新型人才转变。信息化社会中,掌握知识的多少不再是衡量人才的唯一标准,是否具有迅速学习掌握新知识的本领,以及是否具有创新能力成为衡量人才的重要标准[2]。基于这样的教育观和人才观,幼儿教育的教育理念和培养方向更清晰了。

幼儿教育作为基础教育的重要组成部分,有其特殊性,这也是幼儿教育与其他阶段教育不同的根本原因。信息化时代的教育观和人才观进一步明确了幼儿教育的培养目标,以培养完整儿童、具有好奇心和想象力为主,儿童的可持续发展是教育的重要任务,这与幼儿园法规文件是相吻合的。在《幼儿园教育指导纲要(试行)》(下称《纲要》)中提出,幼儿园教育是基础教育的重要组成部分,是我国学校教育和终身教育的奠基阶段。城乡各类幼儿园都应从实际出发,因地制宜地实施素质教育,为幼儿一生的发展打好基础。《纲要》在总则部分就提出了幼儿教育的性质和任务,强调了幼儿教育的基础性地位以及为我国学校教育和终身教育服务的宗旨。因此,贯彻《纲要》的这一精神能够保证幼儿教育少走弯路,幼儿教育小学化的现象也会少之又少。《纲要》颁布之后,幼儿教育的发展有了科学的依据,并且在实践中取得了很大的进步,但是不合理的教育现象仍然存在。为了进一步贯彻《纲要》的精神,2012年教育部发布《3~6岁儿童学习与发展指南》(下称《指南》),《指南》继承和发扬了《纲要》提出来的幼儿教育目标,提出以为幼儿后继学习和终身发展奠定良好素质基础为目标,以促进幼儿体、智、德、美各方面的协调发展为核心,通过实施科学的保育和教育,让幼儿度过快乐而有意义的童年。《纲要》和《指南》的精神与信息化时代的教育理念和人才观是保持一致的,都注重培养儿童的能力,都致力于儿童的长远发展和终身教育,都是关注儿童生命快乐和健康的。因此,幼儿教育的指导

---

[1] 冯建军:《教育基本理论研究20年(1990—2010)》,福建教育出版社2012年版,第539页。
[2] 任徽:《信息化教育与创新人才的培养》,《电化教育研究》,2003年第12期。

方向是对的,这为幼儿教育的发展带来了福音和便利,为了使幼儿教育更加的科学、更加的关注儿童生命的特点和规律,认真贯彻《纲要》和《指南》的精神是非常有必要的,也是幼儿教育改革的重要途径。

(二)全球化背景下终身教育思想为幼儿教育指明了方向

20世纪70年代以来,经济全球化成为世界发展的趋势,在这种趋势下,政治、文化、科技、教育等都不同程度地受到影响,如何应对和利用经济全球化带来的机遇和挑战,是教育研究关注的焦点。全球化对教育的影响主要有以下几个方面[①]:第一,人才竞争以及由此引发的教育竞争;第二,教育国际化;第三,全球公民的教育。全球化时代,人才是综合国力竞争中的核心要素,人才竞争引发了越来越突出的教育市场的竞争,因此,人们把教育摆在了前所未有的位置,教育的功能被扩大,教育异化的现象也逐渐增多。现代社会高度的社会分工和市场经济的功利主义逻辑,使人不再关注自身,而关注社会的需要。教育不是成"人"的教育,而是成"材"、成"器"的教育[②]。在教育中,与国家经济竞争力直接相关的部分,是科学技术教育,人文教育可能由于不能直接服务于提高国家竞争力这个目标而受到冷落,造成教育的人文精神的失落。教育的人文精神的失落,将对教育自身的健康发展、受教育者的健康发展,进而对社会的健康发展造成负面的影响。[③]

幼儿教育本来不属于应试教育,但是其基础阶段的特点和地位使人们把目光转向了幼儿教育,因为人才的培养要"从娃娃抓起",所以幼儿教育也成为全球化时代人才培养的工具,这一工具主义的思维方式导致了功利主义教育的盛行,造成了生命的遮蔽。为了使幼儿教育保持本来的教育理想,必须积极应对全球化带来的机遇和挑战。全球化时代,人才培养是关键,什么样的人才才能适应社会的发展呢?实践证明,除了创新精神和创新能力以外,具有终身学习意识和能力的人才也是满足社会要求的人才。终身教育所倡导的把教育贯穿于人的一生之中的思想,不但加强了人们对学前教育的认可和重视,而且也对学前教育工作者为幼儿的可持续发展而进行教育指明了方向。[④]

[①] 冯建军:《教育基本理论研究20年(1990—2010)》,福建教育出版社2012年版,第559页。
[②] 冯建军:《生命与教育》,教育科学出版社2004年版,第4页。
[③] 马凤歧:《经济全球化对教育的消极影响》,《复旦教育论坛》,2003年第3期。
[④] 姚伟、郝苗苗:《终身教育思想对学前教育的影响》,《外国教育研究》,2003年第7期。

终身教育思想问世以来,受到世界各国教育研究者的关注。联合国教科文组织(UNESCO)终身教育科前科长保罗·朗格朗的观点:终身教育是一系列很具体的思想、实验和成就,换言之,是完全意义上的教育,它包括了教育的所有各个方面、各项内容,从一个人出生的那一刻起一直到生命终结时的不间断的发展,包括了教育各发展阶段各个关头之间的有机联系。① 终身教育改变了人们对教育的看法,教育不是某个阶段的事情,而是贯穿一个人全部生命过程的,并且是与个体的生命、活动共始终的。因此,教育在开展的过程中,不能急功近利,不能把儿童学习的兴趣和动机全部扼杀掉,终身教育思想要求挖掘人的发展潜力,培养人进行终身学习的能力,其前提和基础是培养人的学习能力、选择能力、创造能力和协作能力。为了实现终身教育的理念,学前阶段的重要性必须得到重视,学前教育阶段必须成为终身教育的起点和奠基阶段。联合国教科文组织的《教育——财富蕴藏其中》提出了终身教育的四个支柱,即:学会认知、学会做事、学会共同生活和学会生存。《幼儿园教育指导纲要(试行)》中从不同角度有意识地提出了对幼儿在认知、做事、共同生活和生存四个方面兴趣的培养和能力的发展。因此,把终身教育思想作为指导幼儿教育的基本思想是可行和有必要的,也是幼儿教育发展的目标。

(三)知识经济时代要求重塑幼儿知识观

20世纪90年代以来,经济全球化、信息化成为社会发展的显著特征,随之而来的是对知识的渴求和依赖比以往任何时候都要强烈。人类社会逐渐步入了一个以知识资源的占有、生产、分配和使用为最重要因素的知识经济时代。

知识成为生产力的核心要素,知识的创造、传播和技术性转化成为经济发展的主要动力。知识与经济相结合:首先是知识,而且是不断创新的知识;是将知识有效地转化为技术和经济效益的创新能力。从这个意义上说,知识经济的成败取决于教育的成败,取决于教育能否有效地培养全民族的创新意识和创新能力。② 因此,面对知识经济时代的到来,教育应该如何应对成为教育研究和关注的重要话题。关于这个话题,有很多学者进行了研究,他们认为,知识经济时代的到来会对教育观念、教育目的、教育内容和教育手段等产生影响,教育会发

---

① [法]保尔·朗格朗,周南照、陈树清译:《终身教育引论》,中国对外翻译出版公司1985年版,第15~16页。
② 袁振国:《知识经济呼唤教育创新体系》,《江苏教育》,2001年第3期。

生相应的改变。具体说来,首先是教育理念的转变,以终身学习为背景,以开发儿童的潜能和创新能力培养为目标,最终形成有助于人的发展的教育体制;其次是教育内容的转变,知识经济时代要对陈旧的知识内容进行改造,把现代科学技术的最新成果反映到教育内容中,同时还要打破传统的学科之间独立、"泾渭分明"的现象,实现课程内容的融合,因为知识本身不是割裂开来的;最后要构建新的人才培养模式,知识经济时代要求教育从幼儿园开始就重视创新型人才培养,要建构可持续发展和终身教育体系。

纵观知识经济时代对人才培养的要求,越来越注重对人长远发展的教育和创新能力的教育,在这样的教育模式下,幼儿教育传授的知识内容也将有新的内涵,不仅要传授现成的间接知识,更要注重幼儿直接知识的获取。根据幼儿具体形象思维的特点,让幼儿在直接感知、实际操作和亲身体验中获取直接知识,这是符合幼儿生命发展规律和特点的教育。纵观知识经济时代对人才培养的要求,越来越注重对人长远发展的教育和创新能力的教育,在这样的教育模式下,幼儿教育传授的知识内容也将有新的内涵,不仅要传授现成的间接知识,更要注重幼儿直接知识的获取。因为根据幼儿具体形象思维的特点,让幼儿在直接感知、实际操作和亲身体验中获取直接知识,这是符合幼儿生命发展规律和特点的教育。儿童在探索新知的过程中,会遇到困惑或者问题,这些问题的出现能够进一步激发儿童探究的欲望和兴趣。因此,仅仅传授现成知识的教育是不可取的,因为"问题大量滋生远远快于我们做出回答的时代,仅注重传授知识是一种有严重缺陷的教育"。[①] 与此同时,我们在让幼儿认识事物时要着眼于形成他们"万事万物都在变化"的认知模式。这就要求改变过去那种只让幼儿认识事物的现状,即静止地认识事物的局面,而要动态地为幼儿呈现学习内容,即让他们认识事物的过去、现在,并展开想象的翅膀构想未来。[②] 在新的知识观背景下,幼儿成为教育活动的主体,幼儿的主动性被激发出来,他们在学习过程中的身心发展的特点和规律真正成为教育依据的对象,传统的忽视儿童、看不见儿童的教育现象也能够得到改观。

总之,社会的发展无时无刻不在影响教育,教育在应对社会剧变带来冲突的同时也在以自己的方式影响着社会的发展,这是教育的独立性所在。幼儿教育作为教育的一部分,既要顺应社会的发展,又要承担起基础阶段的任务,为幼

---

① [美]卡尔·罗杰斯著、王烨晖译:《自由学习》,人民邮电出版社 2015 年版,第 103 页。
② 袁爱玲:《知识经济时代幼儿教育目标的新取向》,《华南师范大学学报》,2000 年第 1 期。

儿的终身发展服务。因此,教育理念、知识观和人才观的转变是非常有必要的。教育理念以及对人才的需求发生改变了,人们才会重新审视幼儿生命的特点,幼儿教育才会关注幼儿生命的美好与完满。

二、合理看待幼儿教育的功能

在给教育下定义时,教育的作用和功能就是关注的焦点,联合国教科文组织教育统计局于1976年编定的《国际教育标准分类》,确定了适用于国际教育标准分类的"教育"范围,给教育下了一个便于操作的定义:教育是有组织地和持续不断地传授知识的工作。从这个定义可以看出教育的作用即传授知识,这给教育的存在提供了强有力的依据。在社会转型期,对人才的需求达到了前所未有的高度,因此,教育培养人才的功能也更加受到重视,并被不断地挖掘和拓展。

(一)教育功能的新内涵

1.教育功能的相关研究

最早的对教育功能的研究集中于教育功能的类型,教育功能有个体功能和社会功能。由于教育价值观有个体取向和集体取向,教育到底是为个人服务还是为社会服务在一段时间里成了争论的焦点。理论和实践研究发现,夸大教育的个体功能会使教育脱离社会发展的要求,培养的人才也不能适应社会需要;夸大教育的社会功能会忽略个体的需求,人自身的需要和个性会被忽略。因此,教育的个体功能和社会功能是辩证统一的关系,南京师范大学冯建军教授认为"教育社会功能的实现是以个体功能的实现为前提的,教育个体功能是以社会功能的发挥为目标的,任何割裂个体功能与社会功能的做法都是不可取的"[①]。关于教育个体功能和社会功能的争论使教育的功能有了更加明确的定位,在满足个体发展的基础上实现社会的发展。

2.教育功能的新内涵

马克思主义认为,教育与社会的政治、经济、文化、人口等是互相影响、互相制约的,教育对社会其他子系统的影响,表现为教育的政治功能、经济功能、文

---

① 冯建军:《教育基本理论研究20年(1990—2010)》,福建教育出版社2012年版,第270页。

化功能、人口功能等,这些功能指的是教育的社会功能。因此,关于教育功能内容的研究与教育功能类型的研究是一致的,都认为教育既能促进社会的发展,又能促进个体的发展。在社会发展的转型期,信息化、全球化和知识经济赋予了教育新内涵,教育功能也要随之发生变化。

教育功能的研究是整个教育工作实践的出发点,它对于教育制度的建立、教育任务的确定、教育内容的选择以及整个教育过程的组织实施都具有重要的导向作用。[①] 因此,在社会日益关注人,社会发展日益需要人才的时期,教育功能就要被赋予新的内涵,在"培养人和促进社会发展"这个宗旨不变的基础上关注个体的全面发展和可持续发展,关注个体生命状态的完满,要促进每个人的全面发展,就是要促使每个人"能够形成一种独立自主的、富有批判精神的思想意识,以及培养自己的判断能力"。[②] 教育关注个体发展的功能即教育的本体功能,教育本体功能的回归——注重人的培养为课程改革提供了一个导向,从而改变在我国课程改革发展史上曾经出现过"重智轻德""重教轻学""重知识传授轻能力培养""以教师、书本、课堂为中心"等现象。[③] 教育的个体发展功能是教育功能的最新内涵,教育的观念在这个导向下不断更新,传统的学生学习方式、教师教学行为等逐渐消退,并日益出现多样化、个性化的特点,课堂变得更加生机勃勃。原有的课堂中只见老师不见学生、只见内容不见学生的状态得到了改变,使教学中真正做到以学生为本,使教师在教学中充分挖掘学生潜力,关注学生的全面发展和学生的主体性精神。

(二)幼儿教育功能的发展及重新界定

1.重新审视幼儿教育功能的必要性

幼儿教育作为基础教育的起始阶段,同样具有促进个体和社会发展的功能,不仅能够促进幼儿身心发展,而且关系着国家的未来。社会的发展促使幼儿教育的个体与社会功能也要随之进行拓展和延伸。从国家发展的层面看:幼儿教育有助于提高国民素质,推进人力资源建设;促进妇女就业和家庭幸福;减少社会分层,促进社会公平;维持社会稳定和国家安全,并能够带来巨大的社会

---

① 孙倩:《教育功能的研究综述》,《天津师范大学学报》,2010年第1期。
② 石鸥:《课程改革:教育本体功能的回归》,《教育测量与评价(理论版)》,2009年第7期。
③ 闫凤玉:《浅析教育本质与教育功能》,《西北成人教育学院学报》,2014年第6期。

经济效益。① 从个体的层面看:幼儿教育不仅能促进儿童现实的发展,更能为个体未来的发展打下坚实的基础。当然,不论是对幼儿教育的社会功能还是个体功能的描述,都是应然的状态,这个目标性的界定和描述为幼儿教育的发展指明了方向,成为幼儿教育发展的航标。但是在实际生活中,幼儿教育的功能在发展的过程中,不断被拓展和演变,出现了异化幼儿教育功能的现象。因此,幼儿教育要改变阻碍儿童发展的现象,必须从根本上重新认识和厘清幼儿教育的目标和定位。因为影响我国幼儿教育发展的一个重要因素"是人们对个体早期发展规律和幼儿教育的价值与重要性缺乏科学认识,特别是不少地方政府、行政人员尚未能从国家社会发展全局的战略高度认识幼儿教育的重要性。因而在政策制定与事业管理中没有充分承担起保障和促进幼儿教育发展的应有职责"。②

从学者的研究可以看出对幼儿教育功能的定位是多么重要,是学前教育发展的根本影响因素。

2.幼儿教育功能异化现象分析

对幼儿教育功能的重新界定很重要,影响着幼儿社会价值和个体发展价值的发挥,这种影响既有积极的,又有消极的。因此,在肯定学前教育对社会及个人发展具有正向功能的同时,也要看到学前教育在某种程度上对个人和社会的发展具有一定的阻碍作用,即学前教育具有负向的功能。③ 也就是说,学前教育的期望功能与实际功能是否一致是至关重要的,如果出现了不一致的现象,就能判断出教育功能出现了异化现象。

社会在进步,人们的思想观念也在不断发生改变,人们对孩子的期望值也在随着社会的发展而逐渐提高,我们经常会听到一些感慨:现代的孩子太累了,比我们小时候辛苦多了等等,可见成人对孩子的生活状态是同情和担忧的,但是如果让他们放松对孩子的要求,又是不愿意且做不到的,理由就是社会如此,没办法不努力。不管是时代的召唤还是父母的意愿,儿童早早就被迫站在了起跑线上,随时准备起跑。有需求就有市场,为了满足家长的需求,为了幼儿园的生存,很多幼儿园开始迎合家长,不顾幼儿身心发展的特点和规律,用小学教育

---

① 韩小雨、庞丽娟、李琳:《从国家发展的战略视角论幼儿教育的价值》,《学前教育研究》,2010年第7期。
② 韩小雨、庞丽娟、李琳:《从国家发展的战略视角论幼儿教育的价值》,《学前教育研究》,2010年第7期。
③ 周燕:《论学前教育功能之特性》,《教育导刊(下半月)》,2013年第2期。

的模式进行幼儿园教育活动的设计和组织,3~6岁的孩子便面临着巨大的课程压力,这与西方社会儿童在轻松的环境中把学习看作幸福的体验相反,我国的儿童"游戏权利"被剥夺,童年与成年无异。试想在种种压力下,无忧无虑、天真烂漫的童年何处可寻?学前教育的"小学化"倾向,片面强调知识与技能的超前学习,短期来看孩子学会了很多东西,但是从长远来看对儿童身心发展是有害无益的,比如孩子学习的兴趣被抹杀了,养成了不良的学习习惯,提前写字让孩子的手指关节变畸形等等。

教育思想家卢梭认为,"儿童教育不能在今天预支明天的需要,必须把儿童当作儿童看待,尊重儿童特有的观察、思考和感觉的特殊性"[1]。同时诸多研究表明:许多影响人一生的精神潜质是在童年生活中形成和定型的。我们苛求童年的东西越少,给孩子留下自由的心理空间越大,我们就越有希望看到童年超功利的审美的生活,能在他未来的成人世界构筑一片心灵的净土,并在人生的反刍中,不断释放出热爱生活、创造生活的动力[2]。由此我们可以看出,当幼儿教育的实施出现危害儿童生命发展、阻碍儿童生命向完满方向发展的时候,教育的负向功能便居于主导地位,教育的正向功能会呈现递减趋势。幼儿教育功能的异化是必须改变的,改变的根本途径是对幼儿教育功能有一个明确的认识。

3.幼儿教育功能的特点

幼儿教育具有不同于其他教育阶段的特点,因此幼儿教育功能也有其自身的特殊性,这个特殊性是我们重新界定幼儿教育功能的参考和依据。因此,要重申幼儿教育的功能,首先要了解幼儿教育功能的特点。

第一,幼儿教育功能具有不可弥补的特点。人与动物相比,是未完成的状态,人类近乎全开放的基因编码系统和童年期的存在,为个体特别是儿童接受教育提供了生物学前提。[3] 人类比较长的童年期有其特殊的作用和价值,大量心理学和脑科学的研究表明:学龄前期是人的大脑发育最为迅速的时期,具体表现在脑重量的变化、神经元的构造、突触的形成等方面,到6岁时幼儿脑重量已达到成人脑重的90%。研究发现:2~3岁是个体口头语言发展的关键期;4~6岁是个体对图像的视觉辨认、形状知觉形成的最佳期;5~5岁半是掌握数

---

[1] [法]卢梭、李平沤译:《爱弥尔》,商务印书馆1978年版,第351页。
[2] 罗卜等:《人造神童:危险的投机》,《新华文摘》,1995年第9期。
[3] 刘晓东:《儿童教育新论》,江苏教育出版社1998年版,第55页。

概念的最佳年龄;5~6岁是个体掌握词汇能力发展最快的时期。同时,学前期还是人的好奇心、求知欲、想象力、创造性等重要的非智力品质形成的关键时期。① 因此,学前期是人类生命发展过程中一个重要且不能逾越的时期,这个时期儿童的发展也影响着人一生的发展。假如这个时期儿童接受的教育是不科学的,造成的结果也将无法弥补。因为幼儿极易受到伤害:缺少照顾、营养不良、受到忽视和暴力,均会对幼儿产生负面影响以及危害幼儿。② 我国幼教工作者发出急切的呼声:"我们比以往任何时候都更加清晰地认识到,我们的教育对象是处在多么重要的人生发展阶段。错过了这一阶段,即使日后进行弥补教育,对其发展所造成的巨大损失是一辈子也追不回来的。"③

第二,幼儿教育功能具有长期性的特点。幼儿教育不仅对当前儿童的发展来说是不可或缺的,更是影响着儿童一生的发展,从这个角度讲,幼儿教育具有长期性的特点。美国学前教育被称为"开端计划",更是说明了学前教育起始阶段的重要意义。对美国"开端计划"已有的研究表明,良好的学前教育能使接受学前教育计划的社会处境不利儿童和非处境不利儿童比未接受的儿童,在认知、语言和思维等各方面能力发展得更好;并且,良好的学前教育对这些儿童的认知、学习发展能产生持续到其成年期的长期、积极的影响。④ 瑞典心理学家拜-艾里克·安德森对几组儿童由婴儿时期一直到高中阶段进行了多年追踪,并根据大量的测验和教师的观察、评价,对从很小(9~12个月)就开始由日托中心、家庭日护所照料的儿童,很晚才开始日托的孩子以及习惯于不停转换照料机构的儿童,进行互相比较。结果发现,很小就开始日托的孩子在8岁时就已表现出明显的优势,且这种优势随后会持续维持,主要表现在语言以及除体育之外的许多学校科目上。⑤ 我国学者的相关研究也提出了学前教育对人后期持续性发展的影响,如它影响并决定着儿童以后社会性、人格发展的方向、性质和水平,幼儿期良好社会性的培养有利于儿童长大以后很好地适应社会,适应环境变化,利于成年后更好地适应社会生活。而早期行为、性格发展不良的儿童,

---

① 庞丽娟、胡娟、洪秀敏:《论学前教育的价值》,《学前教育研究》,2003年第1期。
② 联合国教科文组织首届世界幼儿保育和教育大会(WCECCE)意见书:《构筑国家财富》,莫斯科,2010年9月,第27页。
③ 史慧中:《开拓新百年》,《幼儿教育》,2004年第1期。
④ The Advisory Committee on Head Start Research, Evaluating Head Start: A Recommended Framework for Studying the Impact of the Head Start Program, http://www.acf.hhs.gov.
⑤ S.B. Kamerman, Early Childhood Education and Care: An Overview of Developments in the OECD Countries, *International Journal of Educational Research*, 2000, Vol.33, pp.7-29.

上了小学后就开始出现各种问题,比如厌学、逃学等,少年犯罪率更高;这些儿童成年后更容易出现情绪、交往障碍和行为问题,有的甚至出现人格障碍,给人的一生带来不可弥补的影响。

总之,从近期和长远发展两个角度看,幼儿教育不仅影响着个体儿童时期的发展状况,而且影响着个体学龄期乃至其一生的发展,其重要性不言而喻。正如有学者指出,可能正是学前教育这种"根"的特点,使得它不如叶子那样生机盎然,不如花那样烂漫芬芳,更不如果实那样让人感到丰收在望,虽极其重要却又容易被忽略。[①]

4. 幼儿教育功能的新取向

幼儿教育功能的特性决定了幼儿教育功能的独特性,社会发展使幼儿教育必须重新审视其功能。因此,解决幼儿教育异化的重要途径之一即厘清幼儿教育功能的新取向。个人与社会的发展息息相关,个人发展了,社会的发展就是顺其自然的事情,因此,这里对幼儿教育功能的厘定是基于个体发展功能的角度,对幼儿教育的社会功能不作论述。关于幼儿教育的育人功能,可以从个体的个性化和个体的社会化两个角度进行分析。

第一,促进幼儿个性化和社会化发展。

个体的发展指个体的社会化过程和个体的个性化的过程。教育的个体发展功能就是教育活动对个体发展所产生的影响,主要表现在两个方面,一方面教育发挥促进个体社会化的功能;另一方面,教育又具有促进个体个性化的功能。[②]

首先,幼儿教育的个体功能是促进幼儿的个性化发展。关注个性、呼唤个性成为素质教育的最强音,也是教育改革的响亮口号,呼唤人性化的教育声音越来越强烈,关注个体生命成为教育的重要追求。每一个孩子都有其自身的个性,幼儿时期的教育即保护孩子的个性化发展,挖掘每一个孩子发展的潜力。加德纳多元智能理论倡导:每一个孩子的智能都有着差异性,都有自身擅长的领域,教育的根本作用就是挖掘孩子的闪光点,使孩子在自身原有的水平上得到发展,而不是进行横向比较,或者一刀切,把孩子当零件进行加工,最后培养

---

① 冯晓霞:《幼教工作者任重而道远:在"中国幼教百年纪念大会"上的发言》,《早期教育》,2003年第12期。

② 姚满团:《教育的个体发展功能对可持续发展的应答》,《江西金融职工大学学报》,2010年第5期。

的结果是一模一样的产品。

其次,幼儿教育的功能是促进个体的社会化发展。在保证幼儿个性发展的同时还要看到,幼儿的发展离不开社会,幼儿的个性是社会价值观许可下的个性化。因此,幼儿的社会化能够保证他们实现个性化,又能保证其适应社会的发展。受传统教育思想的影响,在早期教育中存在重孩子智能发展、忽视社会性发展的倾向,而社会性的培养在现代社会里具有重要的地位,这就要求学前教育必须重视儿童社会的、情感的、人格的培养。① 同时,学前期也是儿童良好的社会行为和品格发展的重要时期,这个时期的发展状况奠定了以后发展的基础。1988年,当75名诺贝尔奖获得者聚集一堂,记者问获奖者"您在哪所大学,哪个实验室学到了您认为最重要的东西"时,一位白发苍苍的学者沉思片刻后回答道:"在幼儿园。"并说自己在幼儿园学到了最重要的东西:把自己的东西分一半给小伙伴;不是自己的东西不拿;东西要放整齐;吃饭前要洗手;做错了事情要表示歉意……相反,如果儿童在学前期没有形成良好的社会性及人格品质,后继阶段的社会化就会出现困难。② 因此,幼儿时期良好社会性的发展有利于幼儿人格的形成,有利于幼儿的可持续发展。

从幼儿个性发展和社会发展的角度看,现代幼儿教育功能既要能促进个体的个性化发展,又要能使幼儿的社会性得到发展,为了达到这两个方面的要求,幼儿教育功能应具备以下要点:(1)促进儿童身体安康,以建立起健全的生理的我;(2)保持幼儿的情感健康,以树立其健全的情感的我;(3)增进幼儿社会发展与道德判断力,以建立起健全的社会的我;(4)发挥幼儿创造力,以确立起健全的创造的我;(5)发展幼儿语言技能与心理能力,以稳固其健全的认知的我。③

第二,促进幼儿的可持续发展。

1980年《世界自然资源保护大纲》中,可持续发展(sustainable development)作为一个全新概念被提出,认为可持续发展是既能满足当代人的需要,又不会对后代人满足其需要的能力构成危害的发展。④ 此后,世界环境发展委员会和第15届联合国环境署理事会都陆续提出了"可持续发展"发展的概念。"可持续发展"是在人类无限发展的需要与自然资源的有限性这一尖锐矛

---

① 焦彩丽:《我国当代学前教育功能探微》,《天中学刊》,2005年第12期。
② 庞丽娟、胡娟、洪秀敏:《论学前教育的价值》,《学前教育研究》,2003年第1期。
③ 王连生:《亲职与幼教》,台湾师大书苑有限公司印行1992年版。
④ 马香莲、姚满团:《当代教育与社会的可持续发展》,《当代教育论坛》,2006年第6期。

盾的基础上提出来的。可持续发展的核心理念和内涵就是：我们不能为一时之需而对自然界进行掠夺性开发，必须认真考虑人类实际社会的未来发展。这就要求我们必须在经济发展的同时，注意生存环境的保护和建设，注重环境与经济协调发展；要考虑全人类的发展，不能通过牺牲他人利益，换取自身所谓的可持续发展；要求人类充分发挥自身的创新能力，创设人类可持续发展的良好条件。[①] 为了社会的可持续发展，人类肩负起了责任，生产、科研、生活等各方面都在进行改革和反思，但是，最快和最有效的手段就是教育，因此，探究教育的可持续发展功能是教育研究的重要话题。幼儿教育是基础教育的起始阶段，既影响着儿童当下的发展，更是对儿童一生的发展都能产生重要影响。因此，幼儿教育的可持续发展功能至关重要，尤其是当前幼儿教育异化现象频发的时期，更应该关注幼儿教育功能的可持续。

首先，幼儿教育功能的可持续性指幼儿教育要促进幼儿的全面发展，2001年《幼儿园教育指导纲要(试行)》提出："对幼儿实施全面发展的教育，促进幼儿身心和谐良好的发展作为幼儿教育的基本功能和首要任务。"幼儿教育要为幼儿一生的发展打好基础，要使幼儿在快乐的童年中获得有益于身心发展的经验，要尊重幼儿的人格和权利，并促进每个幼儿富有个性地发展。《纲要》中对于幼儿全面发展的论述是基于幼儿的长远发展提出的目标和任务，这改变了以智力发展为唯一目标的教育现象，在全面发展的基础上，幼儿的认知、情感、社会性等都能够得到长足的发展。其次，幼儿教育功能的可持续性指向不违背幼儿身心发展的特点和规律。幼儿教育在实施的过程中，只有不违背幼儿发展规律的教育才是有效的教育，才能实现幼儿教育的应然功能。因为"我们苛求童年的东西越少，给孩子留下自由的心理空间越大，我们就越有希望看到童年超功利的审美的生活，能在他未来的成人世界构筑一片心灵的净土，并在人生的反刍中，不断释放出热爱生活、创造生活的动力"[②]。

三、树立生态学的幼儿教育观

教育观是人们对教育的认识和看法，随着社会的发展以及人们对儿童的看

[①] 姚满团：《教育的个体发展功能对可持续发展的应答》，《江西金融职工大学学报》，2010年第5期。

[②] 罗卜等：《人造神童：危险的投机》，《新华文摘》，1995年第9期。

法改变而改变。20世纪以来,社会发生了重要变化,知识经济、信息化、全球化等成为社会发展的重要标志,为了适应社会的发展,人们对人才的需求发生改变,对儿童的要求也日益增多。通过对教育的研究和反思我们发现,"现行的教育本身越来越缺乏爱心,以至于不是以爱的活动,而是以机械的、冷冰冰的、僵化的方式去从事教育工作。爱的理解是师生双方价值升华的一个因素,但实现它的途径如今似乎已不是教育,因为现行教育的运用恰恰阻碍了爱的交流。"① 要改变教育只见内容不见学生的现状,必须树立科学的教育观,"教育也必须站在更广阔的视野来审视自身以寻求健康可持续的发展。生态学以其深邃的生存智慧为教育提供了这样的视野"②。

(一)生态教育学思想解析

生态学思想是20世纪以来人类与自然和谐共生背景下产生的一种理念,在这种理念的指导下,现代人们已经充分认识到教育与自然、教育与人类生活及社会发展的深刻的互动联系,于是在教育领域出现了一种新的教育理念,即生态教育学。生态教育学是基于生态整体主义的思想,以人的价值、自然价值和社会价值的整体性价值规范为根据,确立生态教育目的,设计生态教育制度,开发与组织凸显生态价值的生态教育课程,创设生态教育情境,运用生态教育的基本模式与方法,以培养人的生态认知、生态情感、生态行动意志与生态行动能力,并不断提升人的生态智慧,进而实现人作为价值生命在"自然生命、社会生命和精神生命方面的辩证整体性和谐建构,凸显教育的生命本性,不断走进人的全面的生活关系,实现'生态人'培养的教育目的和生态价值全面生成"③。生态教育学关注人的生命,关注生命三种样态的和谐建构,这是现代教育缺乏和追求的,为教育改革提供了新的思路。具体来说包括以下三个方面:

1.完整生命的教育

生命是完整的,是自然生命、精神生命和社会生命的统一体,这是生命的最基本状态。教育的目的是完善生命,使生命逐渐趋向完满和谐。但是,在实际教育中,由于社会环境、时代变化等多种因素的影响,教育中出现了忽略甚至割

---

① [德]雅斯贝尔斯著、邹进译:《什么是教育》,生活·读书·新知三联书店1991年版,第1页。
② 许静:《论生态学视野中的教育观》,《现代农业科学》,2009年第1期。
③ 程从柱、王全林:《生态教育学:当代教育学建构的一个重要视域》,《皖西学院学报》,2010年第2期。

裂人的生命的现象,生命的三种存在方式只见其一不见其二。生命被割裂了,哪里还谈得上生命的完美和谐?完整生命教育关注人的生命,要"顾及生命整体的各个层次与方面,不仅仅培养人的道德品质,也不仅仅传授知识、训练技艺或强健体魄,而且要全面完整地培养健全的人格,塑造理想的人性,使教育成为整个人的教育,而不是只关注某一方面发展的畸形教育"。①

值得注意的是,教育在保护和完善人的生命完整性的时候,不是对人的生命的各个维度平均分配教育资源,因为"人虽然是一个多因素、多层次的平衡体,但具体到特定的生活时空,他又有某种占主导地位的优势属性,把人的'和谐'发展等同于'平均'发展是一种错误的理解"②。完整生命教育包含自然生命教育、精神生命教育和社会生命教育,这三个方面相互独立,每个方面又有其独特的发展任务,是其他维度的生命教育不能取代的;同时,这三个方面的教育又是一个相互联系的整体,完整生命教育要看到三者之间的联系性,在实施教育过程中发挥这种联系积极的一面,从而实现生命三个方面的和谐共生,实现人与自然、人与自我和人与社会的协调。

2.生活化教育

美国教育家杜威主张"教育即生活",以儿童的直接经验为起点,让儿童通过直接生活进行学习。陶行知提出"生活即教育"的思想,主张把教育和学习的内容扩大到整个社会和大自然中去。杜威和陶行知都主张教育与生活之间的联系性,把脱离儿童发展实际的教育拉回儿童的生活中,使教育更"接地气",更具实用性和有效性。

现代教育是在崇尚科学和理性的社会大背景下产生的教育,这种教育以"知识""科学"为核心,是崇尚理性的教育,而作为有血有肉、有着丰富情感的人的生活却退居到了教育之外。在这种教育模式下,教育变成了"工厂",人成为"代加工的零件",在工具理性的教育加工下,人成了没有情感的产品。

"受工具理性的支配,现代教育以传授知识,训练技能,发展人的理性为己任,而遗忘了人的情感、意志、直觉等非理性方面的发展,教育远离了人的生活世界,而另外营造了一个'科学世界'。"③知识理性教育模式下,生活的五彩缤纷是不存在的,人们的生活也是索然无味的,人们只有理性,情感、意志、社会性等

---

① 许静:《论生态学视野中的教育观》,《现代农业科学》,2009年第1期。
② 许静:《论生态学视野中的教育观》,《现代农业科学》,2009年第1期。
③ 许静:《论生态学视野中的教育观》,《现代农业科学》,2009年第1期。

非理性因素在教育中是缺失的,培养的人也似机器一样没有感情,这样的教育是畸形的。因此,教育必须回归人们的生活,既关注理性知识的传授,也要注重人们非理性素养的提升。

教育源于生活,又高于生活,这种生活化教育把教育从单纯的理性工具变成了丰富人们生活和素养的工具,这种生活化教育模式下人们的发展是完善的,是具备生活能力和生活素养的。因此,教育必须回归生活,生活必须与教育相联系。

3.无为教育

教育是培养人的活动,这种对教育的界定明确了教育的目的性和功利性,在工具理性的目的下,教育变成了人才的"加工厂"。在教育的过程中,儿童自身的特点和情感被忽略了。生态学视野下的教育主张关注人,关注生命的特点和规律,为了达到这样的状态,教育的工具性目的就必须弱化。老子的"无为"教育思想就是摒弃了工具性目的的教育,当然这里的"无为"不是无所作为,不是否定教育的目的性,而是强调教育要"顺其自然,顺势而为",遵循规律行事,这样无为就不会没有作为,而是大有作为。"用老子的观点来看,以儒家为代表的运用礼乐来教化、教育民众的方式,'尚贤''尚能'的教育理念以及伦理化、功利化的教育目的,都是有为、强为、妄为,是对人之自然本性的过度雕琢和强制性约束,而不符合道的'自然无为'本性。"[1]从老子的"无为"教育思想可以看出,这种无为教育不是无所作为的教育,反而在个体成人、成才的过程中发挥着重要作用,无为教育的方式、方法起着关键的作用。

无为教育与理性教育不同的地方就是要关注教育对象,关注儿童的特点和规律,依据儿童的成长规律进行教育,使儿童的个性、潜能自然地得到和谐发展,趋于完美。

(二)生态学幼儿教育观

幼儿教育观是人们对幼儿教育的看法和认识,影响着幼儿教育的实施过程。生态学为我们树立了一种新的研究教育的视野,立足于儿童的完美、完整和完善发展。基于这种理论基础的幼儿教育观是科学的,是关注提升儿童生命质量的教育观。

---

[1] 程军:《老子"自然无为"教育思想刍议》,《宿州学院学报》,2015年第4期。

1.树立培养完整儿童的教育目的

教育目的是一定社会培养人的总要求,"它反映一定社会对受教育者的要求,是教育工作的出发点和最终目标,也是制定教育目标、确定教育内容、选择教育方法、评价教育效果的根本依据"①。由此可见,教育目的制约着教育过程的开展。当今社会,对人的关注成为社会学、人文学科和教育学等关注的焦点,呼吁人的主体性、人的主动性成为影响教育效果的关键因素,因此,树立幼儿教育观的首要任务是树立正确的幼儿教育目的。

"完整儿童"的指导思想源于全人教育(holistic education)理论,其核心理念是人的全面发展,指基于儿童的发展需要与学习顺序,以各类儿童适宜的教育活动为途径,培养全面均衡发展的"完整儿童"。② 要理解"完整儿童"的内涵,就要对儿童的发展进行梳理和总结,儿童的发展包括身体发展、人格发展,情感、意志、想象、道德等方面的发展,这几个方面的均衡发展是对儿童全面发展、和谐发展的要求,不能偏废任何一个方面。"完整儿童是培养完整人的第一阶段,凸显出人的完整性延续终身的特质"③,因此,培养"完整儿童"是幼儿教育的最终目的。

完整儿童教育就是要培养具有一定认知能力、学习能力、生存能力和共同生活能力的儿童,这几个方面是构成完整儿童的重要因素,它们之间有着内在的一致性和联系性,牵一发而动全身,一个方面的发展会影响其他要素的发展。因此,在幼儿教育实施的过程中,几个方面的发展是全面的,不可偏废任何一个方面。但是,几个方面的发展又不是齐头并进的,不能用"一刀切"式的判断标准。在学前教育观念系统中,应树立全面和谐的学前教育目的观,在保证体、智、德、美等诸方面目标实现的同时,还要维持内部子系统的和谐。④

2.幼儿教育要生活化

处于幼儿阶段的孩子,其生理和心理发展特点决定了幼儿教育的启蒙性和基础性。因此,幼儿教育的实施不能脱离幼儿的生活,应该以幼儿的和谐和长远发展为目的,根据幼儿的身心发展特点和规律进行教学,只有这样的教育才是适合的教育,也才能达到幼儿教育应有的目标。因此,《3~6岁儿童学习与发

---

① 《辞海:教育学·心理学分册》,上海辞书出版社1987年版,第1页。
② 陈群峰:《指向"完整儿童"养成的"乐"课程体系建设》,《山西教育(幼教)》,2019年第11期。
③ 朱静晶:《完整儿童:30年幼儿园综合课程的续进研究》,《江苏教育研究》,2017年第S1期。
④ 李玉杰、康耀华:《教育生态学视野下学前教育观念的变革》,《教育探索》,2011年第11期。

展指南》中指出:要理解幼儿的学习方式和特点,幼儿的学习是以直接经验为基础,在游戏和日常生活中进行的。要珍视游戏和生活的独特价值,创设丰富的教育环境,合理安排一日生活,最大限度地支持和满足幼儿通过直接感知、实际操作和亲身体验获取经验的需要,严禁"拔苗助长"式的超前教育和强化训练。为了达到指南的要求,幼儿教育必须按照幼儿的特点来实施,其中一个重要的原则就是幼儿教育不能脱离幼儿的生活,主要表现在以下方面:

幼儿教育内容的生活化。教育内容是幼儿教育开展的重要媒介和载体,内容的选择在一定程度上决定着效果。因此,幼儿教育实施的过程中必须选择启蒙性、生活化的内容,让幼儿在具备相关的知识经验的基础上开展教育,这也是避免幼儿教育小学化、抽象化的关键环节。因此,我们在实施幼儿教育的过程中,要重视从实际生活中采撷教育资源,从幼儿每天的生活中进行德育、智育、美育等教育渗透,将对幼儿实施的教育同幼儿的生活紧密地联系起来,帮助幼儿在丰富、多样的生活情景中,获得和体验更多的教育,促进幼儿智慧的不断发展。[①]

幼儿教育的实施方式要生活化。幼儿教育的实施把实现幼儿教育目的的直接过程,幼儿教师开展和组织活动的方式直接影响着教育效果。幼儿教育要生活化强调教育过程的实施要以生活和游戏的方式进行,关注幼儿的活动性、主体性和自主性的发挥,就像《幼儿园教育指导纲要(试行)》中提到的"幼儿园应为幼儿提供健康、丰富的生活和活动环境,满足他们多方面发展的需要,使他们在快乐童年生活中获得有益于心发展的经验"。因此,作为幼儿教师,要从幼儿生活环境出发,采取生活化的施教方式,提高幼儿教育生活化的程度,使幼儿在生活中获得有益的经验,在感受生活中实现生命的发展和完善。

3.建立对话式的师幼关系

在幼儿的发展过程中,除了亲子关系和同伴关系,师幼关系是影响幼儿发展的重要因素。习近平总书记在2018年的教师节时说"一个人遇到好老师是人生的幸运",可见老师对学生的重要性。好老师的评判标准里有一条就是与学生建立良好的师生关系。3~6岁的孩子离开家庭走进幼儿园,面对陌生的环境和面孔,老师的引导和关爱是幼儿尽快适应幼儿园生活的重要因素。在传统的观念中,老师总是权威的化身,在幼儿眼里老师总是对的。幼儿对教师的无

[①] 邢春香:《试论幼儿教育生活化的意义与实施》,《黑河学刊》,2012年第4期。

限信赖和依赖使教师也觉得自己高高在上,自己是主导,因此教师与幼儿之间的沟通是建立在不平等的基础上的,难以实现真正有效的沟通。这种不平等的师幼关系在一定程度上影响着幼儿的发展,也不利于幼儿教师教育素养的提升。从本质上看,教师与幼儿都是独立的人,都有人格的尊严,有物质和精神的需要,都有生存、学习、游戏、娱乐、自我发展和自我实现的权利,教师应当以朋友的身份与幼儿交流情感和看法,虚心征求和倾听幼儿的意见,赏识幼儿的优点和进步。[1]

为了幼儿的发展,为了完善幼儿园教育教学活动的开展,为了提升幼儿教师的职业素养和职业幸福感,改变原有的不平等的师幼关系是急需解决的问题。要改变教师权威性的地位,幼儿教师必须"蹲下来与幼儿对话",形成一种"对话式"的师幼关系,这种关系"强调建立民主、平等的师幼关系,要求幼儿教师'蹲下来与幼儿说话'——当然这种'蹲下来'的主张并非只是形式上的蹲下来,实际上这要求幼儿教师彻底转变自己的幼儿观和师幼观,把幼儿当成真正具有自己的思想和见解的人,尊重幼儿的观念和选择。建构积极的师幼互动,真正实现教师与幼儿人格上的平等"[2]。具体来说,在幼儿园教育活动的实施中,教师是教育活动的指导者、组织者、参与者和帮助者,儿童是活动的主体,二者之间只一种平等的"人与人"之间的交流和互动,教师在尊重和满足儿童活动意愿的前提下与儿童对话,不断挖掘和发展儿童的主观能动性,从而达到师生的共同认识。教师与儿童之间在教育活动中的"对话",不仅能够为每一个儿童提供充分发展的机会,而且能够使儿童生动活泼、主动地发展。[3]

对话式的师幼关系改变了关于"教师中心"和"儿童中心"两极分化的局面,把教师和儿童的地位都摆在一个正确的地位,"在教师与儿童的'对话'中,逐渐形成了他们之间的理解、沟通、互信、尊重、融洽、互惠的情势,包含着他们之间的信息的传递、思想的互启、观点的更迭、情感的激发、智慧的提升"[4]。

4.依据儿童生命发展特点建立合理的评价方式

"教育评价是幼儿园教育工作的重要组成部分,是了解教育的适宜性、有效性,调整和改进工作,促进每一个幼儿发展,提高教育质量的必要手段。"[5]在幼

---

[1] 赵今霞:《浅谈现代幼儿教育观》,《基础教育》,2014年第2期.
[2] 赵今霞:《浅谈现代幼儿教育观》,《基础教育》,2014年第2期。
[3] 张博:《走向对话的幼儿教育:后现代幼儿教育观》,《学前教育研究》,2003年第12期。
[4] 张博:《走向对话的幼儿教育:后现代幼儿教育观》,《学前教育研究》,2003年第12期。
[5] 中华人民共和国教育部制定:《幼儿园教育指导纲要(试行)》,2001年。

儿教育评价中,教师拥有得天独厚的权利,教师的教育评价理念及其实施方式影响着幼儿的发展。因此,教师要实施合理的评价,就要树立正确的评价观,基于幼儿生命完整性、发展性和个别化的特点,教师对幼儿的评价也应该多一点赞赏,少一点否定,用多元的、发展性的方法评价幼儿。首先,评价内容要多样化。多元智力理论认为:每个儿童都不同程度地拥有八种智能,都拥有相对于自己或是相对于他人的智力强项,因此,教师对幼儿的评价要遵循个别化的原则。针对不同的孩子,尽量不要采取横向比较的方法进行评价,而要挖掘每一个孩子擅长的领域,进行正面评价,也就是进行赏识教育,既要看到这个幼儿在人际交往中的优势,又要看到另一个孩子在建构活动中的认真和专注;针对同一个孩子,既要看到他在区域活动中的大显身手,也要看到他在同伴交往中的退缩和胆怯,从而采取合理的干预手段,使他能全面发展,以达到培养"完整儿童"的目标。也就是说,教师对幼儿任何一个问题,哪怕是看似很小的一个问题的评价与处理,都应该注意保护其积极性,都应该根据他们不同的个性,朝着积极的方向去评价、去处理。[①] 其次,评价标准和方法要多元化。每一个儿童都是一个独立的个体,都有其特殊性,因此,"一刀切"式的教育评价不仅不能促进孩子的发展,还可能适得其反。例如幼儿园最典型的"小红花评价",很多孩子很期待受到老师的表扬并获得"小红花",当你问他为什么老师奖励他小红花时,他会回答"我表现好",再问他"你哪里表现好?",孩子就哑口无言了。而一些所谓表现不好的孩子,因为没有得到小红花会失落,会自卑等等。因此,教师的评价方法应该多元化,不能简单地用"好或者不好"来进行单一的评价。有的老师则用"七色花"来代表孩子多个方面的能力,并随时根据孩子发展的情况给他贴上相应颜色的花。每当孩子得到一朵花,他就会自豪地说:"我在××方面又进步了。"有的老师用孩子喜欢的"孙悟空"形象进行奖励,如果回答问题声音响亮、清晰完整,就奖励孙悟空的嘴巴;如果听课认真就奖励孙悟空的耳朵,如果操作能力强就奖励孙悟空的手等等,这样的方法使孩子明白了自己的长处和短处,这样的评价是有效和合理的,不是形同虚设的,因此,这样的方法可以借鉴。最后,评价主体要多元。幼儿教育评价的主体一般以教师为主,幼儿教师其自身的专业素养和与幼儿密切接触等因素决定了教师作为评价主体的优越性。因此,教师的评价水平和能力直接影响着幼儿的发展。《纲要》指出:"评价的过

[①] 何颖:《幼儿教育评价值中的原则》,《教育教学论文》,2012年第37B期。

程,是教师运用专业知识审视教育实践,发现、分析、研究、解决问题的过程,也是其自我成长的重要途径。"除了教师,幼儿也可以成为评价的主体。同伴交往,同伴的交流和合作是幼儿园活动的重要特点。例如关于亲社会行为的评价,只有教师单方面的评价是不全面的。亲社会行为主要体现在幼儿与同伴之间的分享、合作上,但是,在传统的评价中,只强调幼儿与教师互动的层面,教师给予表扬,幼儿获得满足感。作为亲社会行为主体的幼儿,在教师评价的过程中没有发言权,这会造成评价的不合理或者误评等。幼儿作为评价主体之一,对评价的内容和标准有所了解和理解的同时,也会促进幼儿各个方面的发展。

评价既是幼儿教育活动的起点,也是教育活动的终点,在教育过程中起着重要的作用。如何进行合理评价是幼儿教育研究的重要话题,也是常研究常新的话题。评价就像一门艺术,其艺术力量在于达到对幼儿的激励作用。这就需要师幼之间真诚的交流,通过交流,增强幼儿的荣誉感和自尊心,并在此基础上激发他们的成功欲望,进而产生获取成功的动力,否则就会适得其反。①

四、科学利用幼儿教育的特殊性

幼儿教育的特殊性是幼儿教育实施的依据,脱离或违背了幼儿教育的特殊性,幼儿教育就会出现偏差或者异化现象,幼儿教育的最终目标难以达到。幼儿教育作为基础教育的功能也不能得到发挥,更严重的是幼儿的发展会受到不可弥补的影响。因此,厘清幼儿教育的特殊性并加以科学利用是重要的内容。

(一) 幼儿教育的本质性规定

我国教育阶段划分为学前教育、小学教育、中学教育和高等教育,这些阶段的划分不是随意的,而是有科学依据,也就是说每个阶段都有其质的规定性,这个规定性是限定每个阶段的范围、制定每个阶段的目标、探究每个阶段教育方法等内容的重要依据。因此,要了解幼儿教育的特殊性,一要找出幼儿教育的本质。幼儿教育本质的规定性是指幼儿教育内在要素之间的根本联系以及幼儿教育作为一种教育活动区别于其他阶段教育活动的根本特征。② 因此,要对幼儿教育的本质进行界定,一要找出幼儿教育内在要素之间的联系;二要找到

---

① 王辉:《从小红花看幼儿教育评价》,《教育导刊(下半月)》,2007年第4期。
② 程秀兰:《幼儿教育本质的规定性及其意义》,《学前教育研究》,2014年第9期。

幼儿教育区别于中小学等其他教育阶段的、能够反映幼儿教育自身特点的东西。

1. 幼儿教育内在各要素之间的关系

幼儿教育的要素包括教师、幼儿、环境和活动,这四个要素之间有着内在的联系性和质的统一性,教师和幼儿之间通过环境和活动进行互动。教师是环境的创设者、活动的支持者和引导者,幼儿是活动的主体,教师的作用在于为幼儿创造条件,支持和鼓励幼儿积极地参与活动,在此过程中激发幼儿的好奇心和求知欲,让幼儿在自主、自愿的活动中获得发展,获得童年的快乐,获得一定的生活经验和知识。相反,如果教师和幼儿的地位弄反了,教师变成活动的主体,教师成了活动的组织者和控制者,幼儿的主体性得不到发挥,幼儿教育活动的性质就变了,幼儿教育的目标也难以实现。因此,幼儿教育各个要素之间的关系必须弄清楚,幼儿教师和幼儿也必须摆正自己的地位。

2. 幼儿教育区别于其他阶段教育的特点

《幼儿园教育指导纲要(试行)》对幼儿教育的性质和地位进行了规定,认为幼儿园教育是基础教育的重要组成部分,是我国学校教育和终身教育的奠基阶段。这个规定明确了幼儿教育的地位和任务,作为学校教育和终身教育的奠基阶段,其任务与其他阶段截然不同,这就把幼儿教育与其他阶段的教育进行了区分。从幼儿教育的过程与目的来看,幼儿教育所追求的应是幼儿当下的快乐和幸福,关注的应是幼儿成长的过程和一生的发展,而不仅仅是某个阶段的所谓成功。[①] 因此,幼儿教育的根本任务是让幼儿获得身心健康、养成良好习惯、心智得到启蒙,成就其一生的成长与发展。总体来说,幼儿教育是启蒙教育,是行为习惯和学习习惯的养成教育,是情感教育的启蒙阶段。这个阶段是打基础的阶段,基础的牢固与否,直接影响着下一阶段甚至人一生的发展。因此,幼儿教育既有与其他阶段教育不同的特点,又与其他阶段教育有着密切联系,这个联系性也说明了幼儿教育的重要性和不可逆性。

(二)幼儿教育的特殊性

幼儿教育既有自身内在各个要素之间的联系性,又与其他阶段的教育密切联系,这两个方面决定了幼儿教育的特殊性。刘晓东教授从生物学角度出发,

---

① 程秀兰:《幼儿教育本质的规定性及其意义》,《学前教育研究》,2014年第9期。

认为"人类基因编码系统几乎全开放的性质是儿童期之所以存在和儿童教育之所以产生的生物学依据"①。这为幼儿教育的存在和儿童期的价值提供了理论依据。心理学家鲁道夫·史坦纳从心理特点出发,认为幼儿教育的本质是幼儿的自我教育。他认为家长和教师为幼儿提供一个充满爱和温暖的环境,在这个前提下,幼儿的认知、情感和自我意识就能得到充分的发展。②鲁道夫·史坦纳的观点看到了儿童成长过程中自我教育存在的合理性和价值。家长和教师的作用在于为幼儿营造一种有利于成长的环境就可以了,这与我们前面提到的幼儿教育的本质特点是吻合的。幼儿教育的内在四要素之间的关系也强调了教师在幼儿成长中的作用。由此可见,不论是基于生物学的还是心理学的研究,都认为幼儿的教育有其特殊性,总体来说表现在两个方面:其一是幼儿的生理和心理还不成熟,需要成人(教师和父母)的支持和引导;其二幼儿又有自我生长的力量,我们首先要承认和肯定幼儿的自我成长,给幼儿提供环境的支持,同时还要适时地提供合适的、科学的引导和帮助,以促进幼儿的自我成长。这两个方面都不可偏废,它们有着内在的联系性,正是这种联系性使幼儿教育具有特殊性。

(三)科学利用幼儿教育的特殊性

幼儿教育是教育过程的其中一个阶段,有其特殊性,幼儿教育走上科学化、和谐发展的唯一准则就是遵循幼儿教育的特殊性。幼儿教育的特殊性表现在两个方面,这两个方面就是实施幼儿教育的依据。

1.智力因素与非智力因素的培养并重

教育内容是"人类积累起来的各种丰富的经验,是符合教育目的、最有价值和适合受教育者身心发展水平的影响物"③。教育内容是实现教育目的的载体,并随着时代的要求不断发生变化。当今社会对幼儿的综合素质提出了要求,因此,教育内容也要随之发生变化。幼儿教育的内容按照《指南》对3~6岁儿童提出的学习目标要求,相应地被划分为健康、语言、社会、科学、艺术五个方面,每一个方面内容的实施都应紧紧围绕幼儿的身心发展水平与学习特点,满足幼

---

① 刘晓东:《论儿童教育的本质》,《学前教育研究》,1998年第4期。
② 鲁道夫·史坦纳著,柯胜文译:《人智学启迪下的儿童教育》,光佑文化事业股份有限公司2002年版,第11页。
③ 程秀兰:《基于实证视角的幼儿教育本质特征研究》,陕西师范大学博士论文,2013年。

儿学习的需要与愿望,做到以幼儿发展为本。五个方面的内容涵盖了智力因素与非智力因素,智力教育作为教育的内容毋庸置疑,非智力因素是社会对人的素质的新要求,也是"完整儿童"的重要特征,因此,非智力因素也成为当今教育的重要内容。所谓非智力因素,包括幼儿的身体素质、生活能力、情感体验、个性特征等,这几个方面的要求是新时期考察人才的重要指标。良好的身体素质是幼儿接受教育和成长的生理基础;生活能力是幼儿适应能力的重要内容;情感体验是幼儿生命完整性、趣味性的体现;个性特征是幼儿生命独特性的最佳体现,这几个方面的发展使幼儿的生命是完整的、丰富多彩的。因此,只有智力教育下的幼儿生命的多样性会被覆盖,"拔苗助长"式的智力教育还会造成幼儿生命的枯竭,幼儿发展的持续性被中断等。智力教育与非智力因素的综合培养才能使幼儿得到全面和长远发展,才能达到联合国教科文组织提到的"四个学会"。

2.用对话与互动实施幼儿教育

幼儿有着强大的自我生长的能力,又有着稚嫩的一面,因此,在教育的过程中需要成人的引导和帮助,但是需要说明的是这种帮助不是告诉、不是命令,更不是控制,而是对话与互动。对话与互动式的教育首先要承认幼儿是有独立人格的个体,1989年第四十四届联合国大会第5号决议协商一致通过的《儿童权利公约》(简称《公约》)中充分地证明了这个观点,《公约》中明确规定:"每个儿童均有固有的生命权,均有权享有足以促进其生理、心理、精神、道德和社会发展的权利,均有受教育的权利,有休息和闲暇的权利,有受保护的权利",等等。法律上所规定的这一系列权利足以证明儿童是有独立人格尊严的个体。这就要求家长和教师不能无视幼儿的人格、伤害幼儿的尊严、剥夺幼儿的权利,正确的做法是尊重幼儿、听取幼儿的想法、支持幼儿的做法、引导幼儿的不成熟和不当之处。然后,对话与互动式的幼儿教育要求家长和教师放下自己的权威,站在儿童的视角看待问题,平等地与儿童进行交流和对话,而不是让幼儿永远以一种仰视的姿态与成人交流。蹲下来,耐心倾听孩子的心声,你会发现不同的崭新的世界,在这个世界里充满着好奇和探索,充满着天真和淳朴,在这个世界里成人也会得到成长。

3.幼儿、家长及教师都是教育的对象

幼儿教育的对象是幼儿,这是毋庸置疑的,也是人们普遍认可和接受的。但是,教育是一项系统的工程,要求作为教育者的幼儿教师及家长,不断更新观

点,提高水平和认识①,那种认为"孩子就要成绩好"的家长更是首先要接受教育的对象。在现实生活中,一些家长存在"教育孩子是老师的任务"这样的想法,把孩子的教育大权完全交给教师,美其名曰"信任老师",其实这是逃避责任的做法。无论教师自身的教学素养和水平有多高,都无法取代幼儿成长过程中家长的地位。即使家长不刻意施教,家长自身的言行举止也会不知不觉地影响幼儿,因此,家长的责任是不可替代的,家长必须承担起教育孩子的任务。当然,在教育的过程中,家长要不断学习,不断更新自己的教育理念和教育方法,时刻与社会保持同步,只有这样才能给孩子带来积极的、正面的影响。

除了家长,幼儿教师也要不断接受教育。幼儿教师作为专业人才,固然具有专业的知识和素养,是幼儿成长过程中的重要引路人。但是,社会在发展,作为社会子系统的教育也要不断革新,这样才能在社会的各个系统运转中保持优势或者不拖后腿。现实生活中,幼儿园课程改革无时无刻不在进行,2012年《3~6岁儿童学习与发展指南》的问世更是给幼儿园活动的开展提出了强有力的指导,如何贯彻《指南》的精神,如何以《指南》的要求促进3~6岁儿童的学习和发展,是所有幼儿教师要学习和领会的。因此,对于《指南》的学习就是幼儿教师接受教育的典型现象。如果没有相关的学习,幼儿教师根据职前阶段习得的知识实施教育,就会出现偏差教育、不科学教育和有害教育等。只有不断接受教育,幼儿教师的专业素养才能跟上社会的步伐,他们开展的教育才是有效的和科学的。否则,作为教育对象的幼儿,会被动地接受不科学的教育,从而影响幼儿的长远发展。

因此,应该通过各种渠道,使幼儿教师及家长端正认识,使幼儿教师和家长了解幼儿身心发展规律,尊重这种发展规律,不把自身的竞争压力和"恐慌"的情绪转嫁给幼儿。允许孩子做回孩子,陪伴他们慢慢成长。②

五、回归幼儿生命的本真

(一)保护幼儿的生命

生命是教育之本,是教育存在的根本性依据,离开了生命,再完善、再美好、

---

① 王开琳:《从龙应台的〈孩子你慢慢来〉看幼儿教育的本质》,《小说评论》,2012年第S2期。
② 王开琳:《从龙应台的〈孩子你慢慢来〉看幼儿教育的本质》,《小说评论》,2012年第S2期。

再重要的教育,都因为失去了根本,而丧失教育的本真。① 因此,我们首先应该保护生命,使生命存在并得以健康快乐地成长。

生命是脆弱的,尤其是儿童的生命,更容易受到威胁。因为幼儿还很弱小,自我保护能力差,在很多情况下不会保全自己的生命。"保护幼儿的生命"是由幼儿身心发展的特点所决定的。保护生命对于任何个体都具有重要意义,对于幼儿来说尤为必要。幼儿的生长发育十分迅速但远未完善,幼儿的可塑性很强但知识经验匮乏,幼儿的活动欲望强烈但自我保护意识薄弱,幼儿的心灵稚嫩纯洁但特别容易遭到伤害,生命的健康存在又是从事其他一切学习活动的必要前提。② 为此,保护幼儿的生命理所当然地成为幼儿园和家庭的首要任务,也是积极贯彻《幼儿园教育指导纲要(试行)》中有利于幼儿生命健康发展的教育宗旨,体现以幼儿发展为本的教育理念,积极关注幼儿的生命状态,充分尊重满足幼儿生命健康成长的需求。

家长和教师对幼儿进行生命安全教育,主要目的是要让孩子获取安全与生存的金钥匙。孩子生性活泼、好奇、爱模仿,但缺乏活动经验,自我保护意识薄弱。因此,我们让孩子在共同的活动中生成礼仪、规则和秩序,在尝试使用危险物品(刀、针)中丰富幼儿的安全经验,在充满野趣的活动中提高幼儿的自护能力,在模拟危险的情景中寻找自救的方法。通过一系列的活动,特别是人文关爱的教育,提高了幼儿自我保护和自我防范能力,增强了幼儿保护生命、关爱生命的意识。同时,幼儿园和家长应该为幼儿创造安全的生活和学习环境。幼儿园的设施、活动器材、活动场地等应该定期检查,防患于未然。在家里,家长也要注意孩子的安全问题,特别是水电安全;家里用的一些化学物品,要放在孩子够不着的地方,以免孩子误食或误用,等等。

另外,幼儿大部分时间都是在幼儿园度过的,因此,幼儿园还要建立完善的安全保障制度,从制度上保障幼儿生命的安全:"各级各类幼儿园,特别是民办幼儿园要建立健全的安全防护等各种规章制度,强化常规管理,并建立幼儿园、学前班安全工作的行政人员责任制,要具体落实到岗位和人员。幼儿园的教师和工作人员必须符合国家规定的任职要求,幼儿园的园舍和设施必须符合国家的卫生标准和安全标准。幼儿园应建立严格的卫生保健制度,严格执行定期健

---

① 冯建军:《生命与教育》,教育科学出版社2004年版,第170页。
② 黄娟娟:《哈贝马斯的交往行为理论对幼儿园体育教育改革的启示》,《家庭与家教(现代幼教)》,2007年第9期。

康检查、卫生消毒、预防接种、传染病管理、饮食卫生管理、食品采购索证制度及卫生保健登记统计制度。依照国家的有关规定,配备保健室和食堂的设备设施,落实各项卫生防病与食品卫生管理措施。要加强对接送幼儿校车的管理,用于接送幼儿的校车应定期到公安车管部门进行安全检查,驾驶人员应执有车管部门颁发的驾驶执照,在教育部门备案后,才能准许接送幼儿。"[1]

总之,幼教工作者及家长应该把保护孩子的生命放在工作的首要位置。

(二)尊重幼儿的生命

儿童相对于成人来说,身体和心理的发展都处于劣势,这使成人在无形中形成了一种优越感,正是这种优越感使成人与儿童处于不平等的地位,成人高高在上,儿童屈居于下。成人的优越感使成人在很多时候忽视了儿童,忽视了儿童生命的独特性和完整性,成人对儿童的认识产生了偏差。例如在古代把儿童当成"小大人";中世纪的儿童观认为儿童生而有罪等等,直到现在,一些成人(教师和家长)还把孩子当成自己的附属品或私有品。但是,儿童有儿童的世界,成人忽视儿童生命的特点和过于溺爱孩子的做法都会使儿童的发展受到影响。"在未能用儿童的乐趣吸引住孩子之前,在他眼里还未唤起并非虚假的喜悦之前,在孩子还没有迷恋于幼童嬉戏之前,我便无权谈论给他施加什么教育影响。孩子就该是个孩子……如果当他听童话故事的时候不为善与恶的搏斗所激动,如果他眼睛里闪现的并不是欢喜之情,而是轻蔑的目光的话,这就是说,孩子的心灵有所损伤,需要花费许多力量才能把孩子的心灵矫正过来。"[2]因此,为了孩子的健康成长,成人必须学会尊重儿童,尊重儿童的生命,尊重儿童的世界。

怎样尊重幼儿的生命?自然主义教育思想给我们提供了参考:就是把儿童当作儿童看待。自然主义代表人物卢梭"发现了儿童",他从一个崭新的角度来审视儿童、研究儿童,把儿童从传统的种种偏见和歧视中解放出来。因为儿童首先是人,儿童与成人不同,因而应把儿童当作儿童看待。我们只有把儿童看作儿童,儿童才能成为有意义的存在,儿童的生命才能得到张扬。把儿童看作

---

[1] 《教育部紧急通知:加强幼儿园安全工作,确保幼儿健康成长和生命安全》,《早期教育》,2004年第11期。

[2] [苏]B.A.苏霍姆林斯基著,唐其慈、毕淑芝、赵玮译:《把整个心灵献给孩子》,天津人民出版社1981年版,第42页。

儿童,与儿童建立平等的对话关系,要求我们的家长、教师能经常与孩子换换位,多想一想"如果我是孩子,我会怎么办"之类的问题,这有利于我们放下架子,与孩子形成融洽的关系,也有利于孩子的成长。把儿童看作儿童,还要求我们尊重儿童的世界。儿童的世界与成人的世界不同,儿童的发展水平处于主客体互渗状态。儿童的世界是泛灵性的、诗的、艺术的、游戏的、梦想的、童话的……而成人的发展水平则已处于主客体相分离状态,世界在成人的眼中是客观的。因此,我们不能用成人的眼光去看待儿童的世界,更不能试图用成人的世界去替代儿童的世界。否则,儿童与成人就没什么两样了,儿童成了身体矮小、心理畸形成熟的"小大人",以往的"快乐天使"没有了,世界就会少很多欢声笑语,而成了单调乏味的、成人为了生计不断打拼的世界。

尊重儿童的生命,把儿童看作儿童,首先要尊重儿童的独立人格。儿童不是容器,不是可以简单加工、塑造的原料,我们不能忽视儿童的主体性和独立性。必须尊重儿童的人格尊严、儿童的合理要求、儿童的情绪和情感需要、儿童的选择和判断,这里需要指出的是,教师要理解儿童的世界,对儿童真实感情的表露要给予尊重。① 这样儿童就会因为受到尊重而乐意进行感情上的交流,从而提高教育效果。同时,教师不能代替儿童做出选择,要引导儿童、鼓励儿童自己做出选择和判断,鼓励儿童讲出自己的道理。

其次,要尊重儿童的个体差异性。儿童是有着很大自我发展潜力的个体,每一个个体都有自身的特点:每个儿童都有不同的个性,有的文静,有的好动;有的反应敏捷,有的迟缓;有的语言表达能力强,有的不善言辞……就像世界上没有两片完全相同的树叶一样,世界上也没有两个完全相同的儿童。儿童天然存在着差异,教师要在充分尊重儿童个体差异的基础上,对他们进行有效的引导。尊重的教育就是要平等地对待每一个儿童,就是要以一种"向孩子学习"的心态去对待儿童。

(三)解放幼儿的身心

幼儿是一个完整的人,而且是具有自己特点的人,我们应该把儿童当"人"看,使儿童从成人的阴影中走出来,儿童不是所谓的"小大人"。幼儿教育要达到促进儿童发展的目的,一个重要的前提是遵循儿童生命发展的内在逻辑,若

---

① 杜晓利:《儿童:需要尊重的生命》,《学前教育研究》,2002年第1期。

教育违背儿童的发展顺序、特性,不仅不能促进儿童的发展,反而还会贻害生命的发展,出现反生命的现象。在现实生活中出现的"神童培养计划"和"兴趣班"现象正是违背了儿童生命发展的规律,没有考虑儿童的接受能力和发展水平,才导致了不良后果。"正如紧口瓶子不能容受一下子大量流进的液体,却能为慢慢地甚至一滴一滴地灌进的液体所填满,所以我们也必须仔细考察学生的接受能力。他们远远不能理解的东西是不能进入他们的头脑的,因为头脑还没有成熟到能容受它们。"①

所谓解放儿童,就是要在教育中树立正确的儿童观,一方面把儿童当"人"看,教育过程中尊重人的特性,另一方面,把儿童当"儿童"看待,承认童年生活的独特价值,让他们的生活充满童真、童趣和童稚。陶行知先生提出的"六大解放"为我们今天的教育提供了借鉴。在今天,要解放儿童的身心,首先要把儿童从沉重的负担中解放出来。其次,要把儿童从规训的课堂中解放出来,使他们能说、能笑、能思、能动,达到了陶先生的"六大解放"就是充满生机和活力的课堂。当然,课堂中的对儿童的解放,"说""笑""动"只是浅层次的,深层次的在于"赋予儿童精神发展的自主权"。当然,解放课堂,并不是否定纪律,不要约束,不是无限度的自由。纪律是为儿童的发展服务的,我们反对的是无视儿童、压抑儿童成长的外在纪律。"教育上的重大问题之一就是如何把服从必要的约束与孩子的自由发挥的能力结合起来",教育要让儿童"习惯于一种对他自由的约束,同时又指导他正确地使用自己的自由。做不到这点,教育便成为一种机械的教育,并且在孩子结束自己的教育时,他不可能恰当地使用自己的自由。完全满足孩子意愿的教育是糟糕的教育,完全与孩子意愿和希望背道而驰的教育只能使孩子受到违心的教育"②。最后,解放儿童,还要使儿童从成人的"阴影"中走出来,把儿童当作儿童。西方教育家从亚里士多德开始,经夸美纽斯,到卢梭、裴斯泰洛奇、福禄贝尔以及现代教育家杜威,尊重儿童,尊重他们身心发展的自然规律,是他们的一贯主张。日本现代教育家小原国芳也认为,按照"成人"的方式来约束儿童,是对儿童的最大犯罪,是对人性的最大犯罪。如果一个人没有经过儿童时代,没有天真烂漫的童年生活,他就没有一个完整的人生,便不能完成人的生活。"实际上只有在真正伟大的丰富多彩的儿童生活中生活过

---

① [古罗马]昆体良著、任钟印译:《昆体良教育论著选》,人民教育出版社2001年版,第11页。
② 转引自[英]伊丽莎白·劳伦斯著、纪晓林译:《现代教育的起源和发展》,北京语言学院出版社1992年版,第154页。

的孩子,才能很快成为真正的大人。"①儿童就是儿童,他不是成人的预备役,也不是成人的缩影,更不是成人的工具。教育以儿童为对象,就要反映儿童的特征和需要,不能把成人的意志强加于儿童。正视我们的教育,我们的老师、我们的家长都怀着"为了你(学生、孩子)好"的关切中,给儿童套上了层层枷锁,剥夺了儿童的自由,儿童难道幸福吗?

因此,成人应该把儿童从课堂、从各种培训班中解放出来,把儿童放回到大自然中,让儿童自由自在地成长,让儿童的生命充满活力,因为"儿童作为自然之子,保存着天赋的与鸟儿对话,与群山、田野、万物交流的能力。儿童与大自然一样是纯朴的,儿童是大自然娇宠的孩子,儿童与大自然可以水乳交融,儿童在大自然的怀抱中可以如鱼得水"②。幼小的生命应该无拘无束、自由自在,他们应该在东奔西跑中,在手舞足蹈中感受自然、亲历生命,体验生活的本真,享受童年的乐趣。把孩子解放出来,从错误的教育方式和教育观念中解放出来,遵循大自然给儿童安排的一切,那么,每一个孩子都会有一个快乐的、充满童趣的童年。因此,为了保护儿童的天性,为了使每一个孩子都有一个快乐的童年,就必须解放孩子,解放孩子的手和脑,解放孩子的眼睛,解放解放孩子的双脚,解放孩子的时间和空间,把孩子放到大自然中,让儿童在感受自然、感受生命的美好中健康快乐地成长。

(四)彰显幼儿的个性

幼儿教育关怀儿童的生命就要珍视儿童的个性,个性是儿童创造幸福的源泉。将儿童的个性视为"他自己独有的、谁也代替不了的,连宇宙也代替不了的独立世界",将孩子视为真善美的真正创造者,并在此基础上帮助儿童发展他们的独立世界,使他们对人类、对世界、对宇宙做出独一无二的贡献。

个性的千差万别令人吃惊。每个人都有自己与生俱来的不同的天赋,也都有各自存在的权利和使命,无法相互代替。"没有个性就没有万物。生命存在于特殊性、个性、独特性之中,而不存在于普遍性和模仿、摹写和重复之中。神决不无意义地制造无限的特殊性。在这种不能代替的独特性中有着吾人的使

---

① [日]小原国芳著、刘剑乔等译:《小原国芳教育论著选》(上卷),人民教育出版社1993年版,第351页。
② 刘晓东:《论儿童是自然之子:兼论自然界对儿童的教育功能》,《教育导刊》,2005年第9期。

命。这是他人不能为,唯有自己能为的尊贵使命。"①如果把这些个性完全不同的人都混同在一起,放入同一模具里铸造,我们的教育将会得到什么样的结果呢?——个性消失了,作为人的尊严性和独立性也全被抹杀了,人们成了可以互相代替的人。"自然界用尽所有的心力,尽可能使我们的一群孩子秉性各异,自然界不遗余力地把无限的可能性隐藏其中,没有人能够确定或预言这些可能性。但有时我们做父母(教师)的,在对孩子教育的过程中,却要根除这种多样性,把我们的一群未来是多样的孩子变成性格一律的整体。……在这种企图中,能够取得进步的唯一方法是消除、阻碍、防止个体特殊的以及与众不同的个性的发展……而这种过程恰好可以和杀人相比。"②所以说,教育在为自己创造的"在同一时间、同一地点、把同一内容传授给多个人知识"的丰功伟绩而自鸣得意的同时,并没有意识到一种世上最尊贵的东西——个性,已经在这种批量生产中被泯灭了,而抹杀了个性这个人格的核心,实际上等于置之死地。

每个儿童都是一个独特的世界。世界上最宝贵的财富是个性。如果没有个性,万物将归于无。个性是无论用什么东西都不能换的独有天地,在这个天地中蕴藏着语言所无法表达的和谐与美。世界上最丑的东西就是失去独创个性的模仿品,而教育的目的就在于把甲或乙独有的世界延伸开去。当然,尊重个性并不是说要造就不可通融世界和不能调和的非社会的人。人本身是一个要求完成的动力因素,我们所说的尊重个性,就是指的这个独特之点,它将启发和培养生命的萌芽,努力使他获得他独具的、和谐的完美天地。

(五)激发幼儿的创造性

创造性是人的一种内在趋向,"它作为一种必然性根植于人的结构中"③。创造力是人人具有的"基因",与生俱来,按其自然状态随着生命的生长而生长,但为什么在芸芸众生中,只有少数人能表现出创造才能,而绝大多数人因循守旧、墨守成规? 这是因为创造力生长时需要经历种种磨难:④第一,正如日本心理学家多辉湖所说,创造力萌动时,首先掐灭这个幼芽的是孩子的父辈(父母

---

① [日]小原国芳著、刘剑乔等译:《小原国芳教育论著选》(下卷),人民教育出版社1993年版,第124页。
② 转引自[美]威廉·托马斯著,钱军、白璐译:《不适应的少女》,山东人民出版社1988年版,第207页。
③ [德]马克思舍勒:《人在宇宙中的地位》,上海文化出版社1989年版,第43页。
④ 熊生贵、刘从华、姚红编:《新课程:生命课堂的诞生》,四川大学出版社2003年版,第192页。

等);第二,学校教育,这把"双刃剑"造就人的同时也在扼杀人,求知欲、探索精神、创造性、个性等因素往往难逃厄运;如果这两关都侥幸闯过的话,"精疲力竭"的"创造力"还要面临更严峻的考验,如社会生活,"木秀于林,风必摧之""枪打出头鸟""领导说了算"等。正是由于这两个方面的原因,人的创造力随着年龄的增长而消失了。因此,我们要培养人的创造性,就要从幼儿开始。

幼儿是一个完整的"人",创造性是幼儿的本质,是幼儿的天性。幼儿是无法忍受没有创造的生活和生命的,因为幼儿的生命拒绝重复,幼儿的生命本身就是一个不断成长、发展,生生不息的绵延之流。正是由于幼儿生命的这种创造性,才证明了幼儿的存在,才能使幼儿的生命感到快乐和满足。儿童不是一个事事依赖我们的呆滞的生命,也不是一个需要我们去填充的空容器。儿童是天生的学习者,他们对周围的一切都充满了浓厚的兴趣,他们的学习精神体现了人类最本源、最和谐的天性。幼儿总是运用所有感官、能力、思想、情绪等毫无顾忌地吸取一切信息,随时随地向周围的一切学习,不怕疼痛和失败而反复地练习。但是,教育现实活生生把幼儿的创造性潜能扼杀了,无数儿童成了没有自己的想法、没有创造欲望的、听话的、循规蹈矩的"好孩子"。

创造力是幼儿天生就有的,要使幼儿的这种能力得到良好的、持续的发展,首先,家长和教师要鼓励幼儿去创造,保护和灌溉幼儿创造力的幼芽,从思想观念上认识到创造能力的培养对孩子发展的作用,因为思想是行动的指南。然后,在行动上支持幼儿去创造。每一个孩子都是小小探索家,他们喜欢自己动手、动脑去观察世界、认识世界。在这个过程中,教师和家长要看到每一个孩子的长处和闪光点,"要力戒用答案是否正确这一传统的标准衡量孩子,只要幼儿勇敢地回答问题了,积极地思索了,就必须及时地给予表扬。换言之,对于幼儿的表现欲,必须坚定不移地予以保护。这样做,意味着保护了他们的自尊心,也无疑会培养他们主动思考、热情参与的积极性,使孩子在不知不觉中变得自信、自强、自尊、自立"[①]。当家长和教师为幼儿营造了适合创造的环境时,幼儿的创造力就会惊人地表现出来;在幼儿园的美术活动中,我们会看到各种各样美丽的太阳。孩子的世界是丰富多彩的,他们对世界的感知也有自己的特色,这个特色就是创造,正是有了孩子的创造,他们的生活才是美好的,他们的生命才是绚丽多彩的。

---

① 汪刘生:《创造教育论》,人民教育出版社2000年版,第128~129页。

人的生命是一个丰富、复杂的系统。其构成要素位于不同层级，相互关联且完整。生命的需求是多方面的：物质的、心理的、社会的、精神的等等。只有在满足这些需求的基础上，人才能健康发展。教育是培养人生命的过程，关怀人的生命，使生命得以提升和完善是教育的出发点和最终归宿。幼儿教育旨在关注幼儿生命的成长，使幼儿的生命健康、快乐、和谐发展是幼儿教育的出发点和归宿，也是幼儿教育的目标所在。

第八章　幼儿园关怀幼儿生命的教育实践

幼儿园作为3~6岁孩子生活和受教育的主要场所,对儿童的发展起着重要作用。幼儿园的办园理念、管理结构、教育教学活动的开展、师资队伍建设、家园合作情况等都是影响幼儿园办园质量的重要因素,进而影响儿童的发展和完善。因此,在"人"作为研究对象被更多的学者和专家关注的背景下,幼儿园作为实施教育的机构,关怀生命的责任是不可回避的。因此,要培养"完整儿童",幼儿园应该发挥主要作用,践行关怀幼儿生命的理念,在实践中切实回归幼儿的生命,使幼儿有一个快乐的幼儿园生活,并习得相应的知识、养成良好的生活和学习习惯,为小学教育和终身教育打下良好的基础。

一、幼儿园的性质与任务解读

幼儿园的性质与任务决定着幼儿园的发展方向,指引着幼儿园教育的实施过程,对幼儿园性质与任务的解读能够为幼儿园树立正确的办园理念、实施科学的教育提供理论前提和依据,也能够为异化幼儿生命的教育提供有力的反驳。因此,幼儿园教育在发展的过程中,其性质与任务必须明确,幼儿教育工作者必须在坚持正确办园方向的前提下开展教育教学活动,只有这样,幼儿园才能发挥其应有的功能和价值,幼儿教育工作者才能产生职业幸福感。

(一)《幼儿园工作规程》对幼儿园性质与任务的规定

2016年1月5日,中华人民共和国教育部公布了新版《幼儿园工作规程》(以下简称《规程》),目的是建立严格的常态化管理和监督机制,对各级各类幼儿园进行跟踪监督,引导和促进幼儿园不断提升办园行为规范和保育教育质量。在新版《规程》中,也对幼儿园的性质与任务进行了说明和完善,这为我们理解幼儿园的性质与任务提供了理论依据。

《规程》总则第二条指出:幼儿园是对3周岁以上学龄前幼儿实施保育和教育的机构。幼儿园教育是基础教育的重要组成部分,是学校教育制度的基础阶段。《规程》对幼儿园性质的描述提升了幼儿园教育在基础教育中的地位,"强调了幼儿园与小学和中学教育不仅是相互连接不可分割的统一整体,而且在其中发挥着扎根蓄势的重要作用"[①]。另外,幼儿园是实施保育和教育的机构,这与中小学以教育为主有着截然不同的地方,从性质上把幼儿园与中小学区别开来了。幼儿园保教相结合的教育性质使我们去关注儿童的生命状态,承认儿童稚嫩的一面,在幼儿园里继续对孩子实施生活的照料,生活活动是幼儿园活动的组成部分。因此,仅仅以教育为主的幼儿园就忽视了儿童生命的本源,无疑是违背儿童生命发展规律的教育,当然达不到预期的效果。

幼儿园是基础教育的重要组成部分,与中小学有着密切的联系,同时幼儿园又与中小学有着很大的区别,这个区别是幼儿园教育教学活动开展的依据。如果忽略了这个区别,那幼儿园与中小学就无异了,异化幼儿生命的教育比比皆是也不难理解了。因此,要避免出现异化幼儿生命的现象,从根本上认识幼儿园教育的性质是解决问题的关键。

《规程》总则第三条指出幼儿园的任务是:贯彻国家的教育方针,按照保育与教育相结合的原则,遵循幼儿身心发展特点和规律,实施德、智、体、美等方面全面发展的教育,促进幼儿身心和谐发展。幼儿园同时面向幼儿家长提供科学育儿指导。《规程》对幼儿园任务的规定明确了幼儿园教育实施时应该遵循的原则和最终目标。保教结合的原则是幼儿园教育活动开展的依据,幼儿园的性质决定了幼儿园是保教合一的整体,缺一不可,这是由幼儿本身的特点决定的,幼儿年龄小,幼儿的心智远未成熟,自我控制能力、自我保护能力较差,容易发生意外。因此幼儿园的教育活动应坚持保教结合与并重的原则,任何把保育和教育分开的做法都是错误的,违背了幼儿生命发展的特点和规律。《规程》指出幼儿园的任务是促进幼儿的全面发展和身心和谐发展,这里的"全面"和"身心和谐"就是幼儿教育的最终方向,任何只注重幼儿某一方面发展的做法都是不对的,也不能实现"完整儿童"的培养目标。

因此,《规程》对幼儿园性质和任务的规定是遵循幼儿身心发展特点的,是科学的,与关怀幼儿生命的教育是一致的。所以,幼儿园教育关怀幼儿生命是

---

① 刘占兰:《新"幼儿园工作规程解读"》,《今日教育(幼教金刊)》,2016年第4期。

可以实现的,因为其理论基础是关注生命的,是力求生命的和谐和完美的。

(二)《幼儿园教育指导纲要(试行)》对幼儿园性质与任务的规定

2001年9月,《幼儿园教育指导纲要(试行)》(以下简称《纲要》)正式颁布实施,《纲要》是根据党的教育方针和《幼儿园工作规程》(1996年)制定的,是指导广大幼儿教师把《规程》(1996年)的教育思想和观念转化为教育行为的指导性文件。因此,《纲要》与《规程》(1996年)相比,在幼儿园教育教学活动的实施中更具操作性指导意义,当然二者对幼儿园性质和任务的界定是保持一致的,也就是说对幼儿园的认识是一样的。

《纲要》总则的第二条指出了幼儿园的性质与任务:幼儿园教育是基础教育的重要组成部分,是我国学校教育和终身教育的奠基阶段。城乡各类幼儿园都应从实际出发,因地制宜地实施素质教育,为幼儿一生的发展打好基础。与《规程》(1996年)相比,《纲要》提高了幼儿园的基础地位,认为幼儿园教育是学校教育和终身教育的奠基阶段,"奠基"和"终身教育"等字眼强调了幼儿园教育的重要性。在素质教育和终身教育日益深入的形势下,幼儿园教育显得尤其重要,儿童在幼儿园阶段所受的教育是影响人一生发展的教育,必须引起足够的重视。由于幼儿园教育的性质和地位很重要,因此,其任务的明确更是要慎之又慎。《纲要》在《规程》(1996年)的基础上,进一步将幼儿园教育任务的终极目的突显出来,以体现富于时代精神的终身教育理念和以儿童可持续发展为本的教育追求。①

终身教育是联合国教科文组织提出的观点,它大大加深了我们对教育、对教育的子系统——幼儿园教育的认识。"终身教育观念使我们获得了审视幼儿教育的新的更加广阔的视野,获得了思考幼儿教育的更加全面的、整体的、深远的、人本的方式。"②无疑,终身教育背景下的幼儿教育是关注生命的整体性和完整性的,是以人的终身发展为目的而教育,这样的教育是关怀幼儿生命的一种体现。因此,根据《纲要》的精神,重塑幼儿教育质量观,开展符合这一理念的幼儿教育,是贯彻《纲要》的最高行动,也是实现儿童生命和谐发展的唯一途径。

---

① 教育部基础教育司:《幼儿园教育指导纲要(试行)解读》,江苏教育出版社2002年版,第42页。
② 教育部基础教育司:《幼儿园教育指导纲要(试行)解读》,江苏教育出版社2002年版,第42页。

(三)《3～6岁儿童学习与发展指南》对幼儿园性质与任务的规定

《纲要》颁布以来,幼儿教育的变化有目共睹,以"幼儿为本"的理念日益深入人心,但是幼儿教育存在的问题仍然很多,如小学化问题、幼儿教师专业素养偏低、城乡差异严重、家长的教育观念落后等,严重损害了幼儿的健康,终身教育理念的贯彻和落实也不到位,因此,幼儿园教育的开展需要一个更具指导性和操作性的文件指引。为了深入贯彻《国家中长期教育改革和发展规划纲要(2010—2020)》和《国务院关于当前发展学前教育的若干意见》(国发〔2010〕41号),指导幼儿园和家庭实施科学的保育和教育,进一步推进学前教育的科学发展,2012年10月教育部正式印发《3～6岁儿童学习与发展指南》(以下简称《指南》)。《指南》在《规程》(2016年)和《纲要》的基础上,提出了更具操作性和实践性的内容,对幼儿园教育的性质与任务的规定更加具体化和富有操作性。

《指南》以为幼儿后继学习和终身发展奠定良好素质基础为目标,以促进幼儿体、智、德、美各方面的协调发展为核心,通过提出3～6岁各年龄段儿童学习与发展目标和相应的教育建议,帮助幼儿园教师和家长了解3～6岁幼儿学习与发展的基本规律和特点,建立对幼儿发展的合理期望,实施科学的保育和教育,让幼儿度过快乐而有意义的童年。根据《指南》的精神,以幼儿的发展为最终目标,并强调幼儿的发展不仅仅是现实的、全面的、协调的发展,而且是未来的、可持续的、终身的发展。《指南》对幼儿园教育目标的界定充实和完善了《规程》(2016年)和《纲要》的精神,把终身教育理念和"以人为本"思想发挥到最大化,这就规定了幼儿园教育的性质和地位,进一步强调了幼儿园教育的奠基作用,幼儿的发展不是片面的、短期的三年的发展,而是全面的、协调的和终身的,这种对幼儿发展的追求也是关怀生命教育思想的最终诉求,既认可和接受儿童生命的未完成性,也关注儿童生命蕴含着巨大发展潜力的特点。

(四)小结

首先,三个文件指出了幼儿园教育与其他阶段教育的关系。从《规程》到《纲要》再到《指南》,三个文件对幼儿园教育性质的统一认识是把幼儿园当作基础教育的基础部分,对后续教育和终身教育起着奠基作用,这是幼儿园教育与其他阶段教育的关联性。同时,又指出幼儿园教育不同于其他阶段的教育,不是以知识的传授为主的教育,但是幼儿园教育又不是没有计划性和目的性的随意的教育,而是依据幼儿的身心发展规律和特点实施的保育与教育相结合的教育。保教结合是幼儿园教育的特点,更是幼儿园教育走向科学化的重要依据。

其次,三个文件都从根本上厘清了幼儿园教育的性质和地位。尽管幼儿园教育不属于义务教育范畴,但是有其独特的价值和作用,因此不能忽略或者忽视幼儿教育这个阶段。幼儿园教育把幼儿的终身发展作为终极目标和任务,这给幼儿园教育教学活动的开展指明了发展的道路和前进的方向,也是避免幼儿教育出现异化现象的有力支撑。

最后,三个文件对幼儿园性质与任务的认识越来越清晰明确,越来越具操作性,这也是幼儿园教育改革与实践的结果。终身教育、和谐发展是提到的最多的词汇,也是关怀幼儿生命教育的核心思想,因此,幼儿园教育要真正关怀幼儿的生命,以促进幼儿的终身发展和和谐发展,对幼儿园性质与任务的解读也是必要的。

二、幼儿园异化幼儿生命的现象分析

(一)安全问题频发导致儿童生命受到伤害

学前阶段的儿童自我保护意识缺乏,自我保护能力比较薄弱,因此幼儿园教育的性质和任务里明确提出幼儿园教育要遵循保育和教育相结合的原则。幼儿自我保护能力缺乏,需要成人的悉心照顾,这也给幼儿园保育和教育工作的开展带来了难度,安全问题成为幼儿园最重要的问题。这里的安全指幼儿的身体和心理安全,"身体安全主要是指幼儿没有遇到危险,身体没受到伤害。幼儿心理安全是指幼儿的内心是平静的、愉快的、没有受到威胁,内心感到自己是安全的"[1]。身体不安全会导致儿童的实体生命受到伤害甚至消失,心理不安全会使儿童的精神生命和社会生命受到影响,如孩子们会出现厌园、惧园情绪,社会交往障碍、自闭等等,这些都是儿童发展过程中不应该出现的问题。但是因为幼儿自身、幼儿园环境和教师等因素的影响,可能会造成年幼的生命受到伤害,甚至是不可弥补的不良影响,所以安全问题是幼儿园教育的重中之重。

提到安全问题,幼儿园管理者和教师都心存敬畏,为了不出现安全问题,有些幼儿园在教育过程中变得小心翼翼,每天最大的任务就是保证孩子们不出意

---

① 刘天真:《浅论幼儿教育安全问题现状及对策》,《内蒙古教育》,2019 年第 9 期。

外、平平安安的。为了达到平安的目的,很多幼儿园的活动开始变得简单,至于幼儿的游戏活动、户外活动则能不开展就不开展。充满活力和朝气的儿童变得目光呆滞、毫无精神活力。安全问题导致儿童实体生命受到伤害,安全问题的规避又带来了新的教育异化的现象,"完整儿童""全面发展的儿童""和谐发展的儿童"等教育目标也无从谈起了,幼儿园保育与教育并重的任务变成了单纯的以保育为主的模式,这种模式显然与《幼儿园教育指导纲要(试行)》和《3~6岁儿童学习与发展指南》的精神是不吻合的。因此,安全问题的积极应对是幼儿园教育中应该深入研究的话题。

(二)幼儿教育小学化忽略了儿童生命的特点

幼儿教育是教育的基础阶段,是学校教育制度的重要组成部分。在《3~6岁儿童学习与发展指南》中更是提出要"视幼儿生活和游戏的独特价值,充分尊重和保护其好奇心和学习兴趣,创设丰富的教育环境,合理安排一日生活,最大限度地支持和满足幼儿通过直接感知、实际操作和亲身体验获取经验的需要,严禁'拔苗助长'式的超前教育和强化训练"。根据《指南》的精神,幼儿园教育要根据3~6岁儿童的特点和规律实施教育,禁止超前教育和强化训练。但是,在实际生活中,由于幼儿教育制度的缺失、幼儿教育督导和监管力度不强、家长"望子成龙望女成凤"的需求、幼儿教师专业素养低下等原因,幼儿教育小学化仍然是比较普遍的问题。具体表现在:用小学的管理制度来对待幼儿;教育内容上重视智力因素,轻非智力因素;教育方法上重视知识传授,轻幼儿的自主学习;教育评价上重视结果评价,忽视过程性评价等。这些小学化的做法表面上满足了家长的需求,也达到了智力培养的目的,但是从儿童生命发展的特点看,是无效且有害的。

儿童期有其存在的价值和意义,忽略了或者提前助力儿童跨过儿童期,会造成不可弥补的错误和遗憾。从幼儿的生理生命角度看,幼儿期是幼儿身体发育最快的时期,尤其是大脑和骨骼肌肉的发育,如果学前儿童像小学生一样,"每天长时间地静坐,使心肺功能没有得到应有的锻炼,严重制约了身体各机能的迅速发育,还有让幼儿长时间地看图书会导致幼儿近视、驼背等"[①]。从幼儿的精神生命看,小学化的教育使儿童失去了童年的快乐,本该玩耍、做游戏的年

---

① 商梅:《浅谈幼儿教育小学化的危害及解决措施》,《教育界:基础教育研究(中)》,2016年第6期。

纪却被语文、数学题占去了大量时间,儿童本该在幼儿期养成良好的生活习惯和行为习惯却没时间培养,这些会给儿童以后的发展带来不良的影响。从幼儿的社会生命看,幼儿期是培养孩子们良好的社会适应能力和交往能力、学会共同生活和共同做事的重要时期,小学化教育忽略了孩子社会性的培养,只重视知识教学的教育模式,培养的是没有社会适应能力和人际交往能力的"书呆子","在小学化的幼儿教育方式下,儿童在与同伴交往中形成的儿童文化和生活体验被忽视"①。因此,小学化的教育是违背儿童生命发展规律的教育,与终身教育理念和培养"完整儿童"的目标是相背离的,幼儿园教育要走关怀生命的道路,首先必须改变"小学化"的教育模式。

(三)幼儿园教育忽略生命个体的独特性

生命是独特的,每个生命都有其发展的顺序和规律,幼儿园教育的任务就是遵循每一个孩子发展的规律,尊重儿童之间的个体差异性,促进每一个儿童的全面发展。《指南》指出:尊重幼儿发展的个体差异。既要准确把握幼儿发展的阶段性特征,又要充分尊重幼儿发展连续性进程上的个别差异,支持和引导每个幼儿从原有水平向更高水平发展,按照自身的速度和方式到达《指南》呈现的发展"阶梯",切忌用一把"尺子"衡量所有幼儿。因此,在幼儿园教育教学的过程中,要采取科学的教育模式,关注到孩子的个体差异性。但是,在实际教育实施的过程中,要关注到每一个孩子是教育中最大的难题。目前,大部分幼儿园仍然采用统一的教学模式、统一的教材、统一的培养目标、统一的教学方法和评价标准,"这种整齐划一的教学模式让天真烂漫的孩子接受了'一刀切'的教育,不利于幼儿的个性发展,不利于幼儿的闪光点和潜质的发现,也不利于知识经济时代所需要的充满个性的多样化人才的培养"②。

《指南》公布后,很多幼儿园都在积极进行教学改革,目的是增加教学活动中儿童的积极性,更多地关注到幼儿的个体差异性,幼儿园课程改革中加大了区域活动的比重,以小组为单位的游戏形式使教师对幼儿行为的观察和分析成为可能。因为区域活动"是集体教育的有益补充,是实施个别化教育,促进幼儿个性和谐发展的有效途径"③。区域活动的开展弥补了集体教育难以关注到儿

---

① 高雪莲:《失落的童年:乡村幼儿教育之殇》,《北京社会科学》,2013年第6期。
② 朱青娥:《幼儿教育呼唤个别化教育》,《小学科学(教师)》,2014年第6期。
③ 黄俐:《当前幼儿园区域活动开展中存在的问题及解决策略》,《学前教育研究》,2014年第4期。

童个体差异性的缺憾,这是幼儿教育向好的方向发展的一面,也是关注幼儿个体差异性的开始。然而,区域活动的设计、材料的投放、组织与指导等与教师的专业素养有着密切联系,教师区域活动设计和指导能力影响到区域活动应然功能的发挥。目前,幼儿园教师准入制度不完善,幼儿园教师流动性比较大,为了正常开园,一些幼儿园在招聘教师时存在不严谨的问题,这就给幼儿园教育教学活动的有效开展带来了隐患。因此,幼儿园教育忽略幼儿生命个体的特点和规律问题仍然是幼儿园教育改革的重要问题,必须加大研究的力度,从而真正促进幼儿生命个性的发展和完善。

(四)教师主导下的教育模式忽略了儿童生命的主体性

主体性指人的自主性、主动性和创造性,是生命积极性的表现,也是生命价值的体现。幼儿的主体性是幼儿自主、自愿、积极主动参与活动的表现,也是幼儿获得知识经验、实现身心和谐发展的重要条件。实践证明,幼儿的主体性只有在适合幼儿的学习体验中通过幼儿的亲身感知、亲自操作、自主探究才能得到发展,这与《指南》的精神是吻合的。《指南》指出幼儿获得的经验是直接经验,获取直接经验的方式是直接感知、实际操作和亲身体验。因此,在幼儿园的教育教学活动中,需要给幼儿创设环境,在幼儿在与环境、材料和同伴的互动中获取直接经验。同时,幼儿主体性的发展还需要教师在正确的儿童观、课程观的引领下,给幼儿提供充分体验的时间和空间,并运用适宜的支持性策略与幼儿互动。① 由此可以看出,不管是幼儿园活动环境的创设还是活动的组织与实施,都离不开教师的指导。

幼儿生理、心理的不成熟,给幼儿园教育教学活动的开展带来了一定的难度。尽管教师从理论层面也明白要让孩子动起来,要发挥幼儿的主观能动性等,但是为了达到学习目标,为了使课堂教学看起来井然有序,教师还是成了教学活动的主导,幼儿被动听从教师的安排。课堂教学中整齐划一的操作活动、没有老师的允许不许离开座位、不许私自操作材料的现象仍然存在,这种"教师中心"的教学模式仍然是目前幼儿园课程改革中的重要难题。究其原因,幼儿教师对幼儿主体性的理解不到位,对幼儿园教育目标与任务的理解出现偏差,太注重教学目标的完成,在教育过程中忽略了幼儿才是活动的主体,忽略了幼

---

① 刘徐湘、陈健:《教育生活体验研究及其理论价值Ⅲ》,《湖南师范大学教育科学学报》,2011年第3期。

儿获取直接经验的方式等等。

梳理有关幼儿园区域活动的相关文献发现,教师基本从自身角度考虑区角的创设问题,如材料投放、环境创设、活动指导介入等。这些研究在一定程度上给一线教师指导区域活动提供了有益的借鉴,然而区域活动这种本该最大限度发挥幼儿主体性的活动也存在教师主导的现象。现实中教师对自身在区域活动中应该扮演的角色的认识存在两种极端,一种是教师职责意识的缺失,另一种则是过度干预。原因之一在于只关注区角活动主体中的单一主体,缺少对区角活动中师幼主体角色地位关系的研究。①

只有关注了幼儿是否获得体验,追求什么样的体验,如何表达自己的体验,教师才会真正理解幼儿的学习,参与幼儿的学习过程,由此才能充分发挥幼儿学习的主动性、能动性和创造性。② 因此,发挥幼儿的主体性需要幼儿教师关注幼儿,关注幼儿在活动中的状态,关注幼儿知识经验的扩充和完善,从单纯的实现教学目标的思路中解放出来。

(五)儿童游戏活动形同虚设

鲁迅先生认为游戏是儿童最正当的行为,蒙台梭利用游戏是儿童的生命来论述游戏在儿童生活中的重要性。由此可见,游戏是符合儿童年龄特点的活动形式。在《幼儿园工作规程》和《幼儿园教育指导纲要(试行)》中都用"游戏是幼儿园的基本活动"来界定游戏的地位。《3~6岁儿童学习与发展指南》更是强调了游戏的价值,"珍视幼儿生活和游戏的独特价值,充分尊重和保护其好奇心和学习兴趣,创设丰富的教育环境,合理安排一日生活,最大限度地支持和满足幼儿通过直接感知、实际操作和亲身体验获取经验的需要,严禁'拔苗助长'式的超前教育和强化训练"。游戏中儿童可以获取直接经验,游戏活动能够满足儿童通过直接感知、实际操作和亲身体验获取经验的需要。在游戏中儿童是快乐的,儿童是积极主动的,儿童的主观能动性可以得到最大限度的发挥。游戏的不确定性经常给孩子带来问题;游戏降低了对成功的期望和对失败的担忧的压力;游戏使儿童获得大量尝试在不同条件下使用物体的机会等等,游戏对儿童

---

① 李姗泽、朱萌萌:《幼儿园区角活动中师幼双主体性关系探究》,《现代中小学教育》,2016年第7期。

② 唐惠一、庞燕萍:《如何在体验学习活动中培养幼儿的主体性》,《学前教育研究》,2017年第7期。

发展的价值使游戏成为幼儿园的基本活动。

在具体的实践中,游戏的价值和重要性越来越被广大教师和家长接受,家长认为"幼儿在园是否快乐"和"良好行为习惯的培养"等比"知识的学习"更加重要,家长们的这种教育观念无疑为幼儿园游戏活动的开展提供了社会支持保障。幼教工作者在观念上也重视游戏,强调游戏对幼儿发展有着不可替代的作用和价值,但在实践上又或多或少地轻视游戏。幼儿园游戏活动的开展仍然存在一定问题:游戏时间比较短;游戏材料不够丰富,不能满足幼儿游戏的需要;游戏的组织与指导不够科学等。这种轻视游戏的做法既来自教师自身专业素养的缺乏,造成教师后继发展的无力,同时也来自教育主管部门的评价导向,"幼儿园上级主管部门在对幼儿园年终考核、评价,甚至评级的过程中较为注重集体教学活动的考核,较少或基本不关注游戏活动的开展状况,导致游戏活动的开展在过去一直受到忽视,甚至在一定程度上与教学对立,各幼儿园游戏活动的开展不像教学活动的开展那般成熟与频繁"[①]。因此,在主流价值的影响下,幼儿园必须正视游戏的地位和价值,有所取舍和侧重。只有这样,幼儿在游戏活动中的知识经验和能力才能得到提升,游戏的应然价值和作用才能真正实现。

三、幼儿园教育关怀幼儿生命的必要性和可行性分析

幼儿园教育是基础教育的奠基阶段,既影响着儿童幼儿时期的发展,也影响着儿童一生的发展。因此,幼儿园教育必须走一条科学发展的道路,关注儿童生命的和谐、完善发展。理论和实践研究证明,幼儿园教育关怀幼儿生命既是有必要的,也是可行的。

(一)幼儿园教育关怀幼儿生命的必要性

1.幼儿园是3～6岁儿童生活和学习的重要场所

19世纪德国教育家福禄贝尔创办了世界上第一所称为"幼儿园"的学前教育机构。由于自身经历,以及夸美纽斯和裴斯泰洛奇的影响,他认为家庭和母亲在早期教育中占重要地位,当家庭和母亲的教育作用受到影响时,儿童的成

---

① 肖圆:《幼儿园游戏活动开展现状的调查研究以H省S市为例》,《教师》,2016年第1期。

长就会受到影响，因此他主张有必要建立公共的幼儿教育机构来弥补家庭教育的缺陷，在1840年他正式将招收3～7岁儿童的幼儿学校命名为"幼儿园"。在福禄贝尔的影响下，世界各地的学前教育机构陆续开展起来，幼儿园成为儿童生活和学习的重要场所，在儿童的发展中起着重要作用。

我国从古代到现代，学前教育机构的作用日益凸显，成为儿童生活和学习的重要场所。郭云红对我国从古至今学前教育机构的发展进行了归纳和总结[1]，发现我国从古代开始，学前教育机构就一直存在，发挥着育儿和解放母亲的作用。我国古代并没有出现专门的社会化的学前教育机构，家庭成了学前教育的主要承担者，但是各种形式的幼儿教育场所是一直存在的，比如公育模式的"明堂"和"庠"是学前教育的最初形态。成人在做事情的时候，幼儿随之在此"游戏"并接受生活规范教育。春秋战国以后，学术和教育开始下移，走向民间，人们开始较为广泛地关注幼儿成长，这种关注也惠及孤儿和弃婴。为此，社会产生了专门收养这些孩子的机构：慈幼局和育婴堂。到了清朝末年，蒙养院盛行，发挥启蒙和抚养孩子的作用，蒙养院的产生是我国借鉴西方学前教育的结果。新中国成立后，受"东学西渐"和国外教育思想传入的影响，学前教育机构的作用日益凸显，不同类型的学前教育机构日益兴盛，如新中国成立后的托儿所和幼儿园等。

纵观我国从古至今的学前教育，学前教育机构从家庭走向社会，从宫廷走到民间，从借鉴到适宜，从小众到大众，这一系列变化都体现了学前教育机构的逐步发展和完善。[2] 由此可以看出，幼儿园成为儿童生活和学习的重要场所，其作用是不可或缺，也是不可替代的。3～6岁是儿童成长的关键时期，这一时期受到的影响、所接受的教育都会对孩子的一生产生重要的影响。一名记者采访一位诺贝尔奖获得者，问："您在哪所大学学到了您认为最重要的东西？"那位诺贝尔奖获得者平静地回答："在幼儿园，我学到把自己的东西分一半给小伙伴；不是自己的东西不要拿；东西要放整齐；饭前便后要洗手；要诚实，不撒谎；打扰了别人要道歉；做错了事情要改正；大自然很美，要仔细观察大自然。"这位诺贝尔奖获得者的感悟告诉我们：好的行为习惯是人事业成功的基本条件，而好的行为习惯是在小时候养成的。因此，幼儿园教育必须关注儿童生命的成长，关注儿童三维生命的完善和谐。

---

[1] 郭云红：《我国学前教育机构发展的历史逻辑》，《教师教育论坛》，2017年第6期。
[2] 郭云红：《我国学前教育机构发展的历史逻辑》，《教师教育论坛》，2017年第6期。

2. 幼儿的生命不能承受病理性教育之重

幼儿园是3～6岁儿童生活和学习的重要场所,是儿童生活能力、行为习惯、生活经验、探究兴趣、好奇心和创造力培养的关键时期。如果幼儿园教育出现了违背儿童生命发展特点和规律的现象,会给幼儿带来不可弥补的后果,必须引起重视。童年本该是快乐的,是自由、挥洒天性、释放天性的年纪,不科学的幼儿园教育把孩子快速地拉进了成人式的"快节奏"生活,学习、课外兴趣班、"神童培养班"等充斥孩子每天的生活,这样的孩子看不到春天蝴蝶花间飞舞、蜜蜂采蜜忙的情形;感受不到夏天雨后光着脚丫踩水坑的惬意;不知道为什么秋天的颜色是金色的;也没玩过堆雪人、打雪仗,这些童年特有的色彩和欢乐在童年期被剥夺了,将成为无法弥补的遗憾。成人化教育、小学化教育培养出来的是"年纪轻轻的博士和老态龙钟的儿童",在他们身上看不到儿童的影子,他们的眼睛是不会发亮的。"少年大学生"的例子比比皆是,他们的发展就是异化儿童生命最好的见证。

从理论上来讲,幼儿园教育的性质和任务是培养德、智、体、美、劳全面发展的儿童,是培养完整儿童,是为儿童的终身发展打基础的教育。从实践的角度看,幼儿园的性质和任务没有得到很好的贯彻和执行,对幼儿生命的异化是幼儿不能承受的,必须加以改变,否则,幼儿园教育的功能就没办法实现,其奠基作用也将成为空话。

(二)幼儿园教育关怀幼儿生命的可行性

1. 学前教育理论和实践研究是幼儿园教育日益科学化的助推器

随着学前教育重要性的日益凸显,关于学前教育的理论和实践研究也逐渐增多,学前教育研究的内容也日益丰富。周菁菁通过对2004—2014年十年来我国学前教育文献资料的梳理发现[①],学前教育研究主要集中在学前教育史、学前教育内容、价值取向、评价标准四个方面,为我们研究学前教育理论既提供了发展脉络,也勾勒了清晰的发展趋势。学前教育在未来发展方向上,应该要充分发挥三项功能:首先要充分发挥国家的作用,确保政策与制度的完善;其次要充分发挥社会的监督、舆论作用,保证政策的实施,确立制度的完备;然后要积极发挥个人的作用,学者可以从事理论研究,一线工作者可以从工作经验中发现存在的问题等。周菁菁的研究使我们看到了学前教育发展过程中国家和社

---

① 周菁菁:《十年来我国学前教育理论研究文献综述》,《当代教育理论与实践》,2015年第2期。

会的巨大作用,幼儿园教育不是孤立的办教育,会受到也必须受到国家和社会的帮助和监督,这也是学前教育走向科学的重要保证。

王巧英对2006—2016年十年间学前教育的研究进行了综述,研究发现:①十年间,我国学前教育研究领域进一步扩展,研究方向更加关注儿童的心理发展和部分儿童的艰难处境,如儿童入学准备、留守儿童、流动儿童等研究,更加关注当前教育实践中出现的问题,如超前的教育方式(幼儿教育小学化)、幼儿园建设与管理的不足(普惠性幼儿园少、入园难入园贵、虐童、师德低下和转岗培训问题多)、家庭教育的不当("虎妈"、父亲参与程度低、单独和二孩的教育方式等)。另外,城乡差异、农村教师、教育教学、困境与策略、管理体制、财政投入等此前较少被关注的主题陆续受到我国研究者的关注。王巧英的研究使我们看到了我国学前教育研究从理论向实践层面转化的一面,幼儿园教育的具体实施逐渐成为学前教育研究的重要内容,包括农村幼儿园教育的实施情况亦成为专家、学者关注的焦点,这些研究为幼儿园教育教学活动的科学开展提供了理论支持,是幼儿园教育走向健康发展的助推器。

对比周菁菁和王巧英的研究,我们发现,学前教育研究的内容日益具体化,不断从抽象的理论研究向具体的实践研究倾斜,幼儿园教育的具体实施、儿童的发展成为研究的重要内容。儿童成为教育研究的重点,如何促进儿童生命的发展是学前教育研究关注的焦点,在这样的背景下,幼儿园教育关怀幼儿生命也不是无源之水、无本之木了。

2.幼儿园教师作为专业人才是践行关怀幼儿生命教育的重要媒介

幼儿教师是幼儿园教育的实施者,是除了父母以外与幼儿关系最亲密的人。幼儿教师的专业素养影响着幼儿的发展,更关系着幼儿园教育的质量。因此,对幼儿教师专业素养的提升是学前教育研究的重要话题。为促进幼儿园教师专业发展,建设高素质幼儿园教师队伍,根据《中华人民共和国教师法》,2011年教育部特制定《幼儿园教师专业标准(试行)》(以下简称《专业标准》)。《专业标准》指出:"教师是履行幼儿园教育工作职责的专业人员,需要经过严格的培养与培训,具有良好的职业道德,掌握系统的专业知识和专业技能。"因此,从理论层面讲,幼儿教师是实施教育的专业人才,能够给幼儿带来科学的教育。

我国学前教育不属于义务教育范畴,这给幼儿园教育的开展带来了一定的

---

① 王巧英:《2006—2016年我国学前教育研究进展综述》,《河南教育》,2018年第5期。

局限性,比如幼儿园数量的短缺、班级人数的超额、师资力量的薄弱等。尤其是幼儿教师准入制度的不规范使幼儿教师的质量参差不齐,这是幼儿园教育改革中的重要问题。但是,对幼儿教师专业性的要求是毋庸置疑的,《专业标准》从四个层面为幼儿教师的专业性提供了保障。

首先,《专业标准》给幼儿教师的专业性提供了制度保障:指出各级各类幼儿园要将《专业标准》作为幼儿园队伍建设基本依据,制定幼儿园教师准入标准,严把幼儿园教师入口关;制定幼儿园教师聘任(聘用)、考核、退出等管理制度,保障教师合法权益,形成科学有效的幼儿园教师队伍管理和督导机制。《专业标准》提出的规范幼儿教师准入制度的制定能够从根源上解决幼儿教师专业性的问题。其次,《专业标准》给幼儿教师职前教育阶段的培养和教育提出了要求:高校在培养人才时要加强学前教育学科和专业建设。完善幼儿园教师培养培训方案,科学设置教师教育课程,改革教育教学方式;重视社会实践和教育实习等。职前教育阶段准幼儿教师专业性知识的获得是保障幼儿教师专业性的前提和基础。再次,《专业标准》对幼儿园管理教师提出了要求,在实践上保障幼儿教师的专业性。幼儿园制定幼儿园教师专业发展规划,开展园本教研,促进教师专业发展。幼儿教师教学中的专业发展是保障幼儿教师专业性与时俱进的体现。最后,《专业标准》对幼儿教师提出了专业性发展的要求,指出幼儿教师要将《专业标准》作为自身专业发展的基本依据。制定自我专业发展规划,大胆开展保教实践,不断创新;积极进行自我评价,主动参加教师培训和自主研修,逐步提升专业发展水平。幼儿教师自身的学习和发展是保障幼儿教师专业性的内在原因。

幼儿教师的专业性是社会发展的要求,幼儿教师的专业发展也有着清晰的路线和途径。因此,作为专业的幼儿园教育的实施者,能够用科学的理论指导自己的教育实践,能够使幼儿教育渐趋科学和完善,关怀幼儿生命的幼儿园教育也就有了可能。

四、幼儿园教育关怀幼儿生命的实践路径

(一)树立关怀生命的办园理念

1.办园理念的概念和作用

理念指导着行动,理念是行动的先导。办园理念指的是幼儿园举办者和经

营者办园所秉持的教育理想和教育信念,办园理念指导着幼儿园运行与发展的基本方向。① 办园理念的内核是儿童观和教育观,其实质是幼儿园的办园理想和信念。办园理念不是管理者独自的构思和想法,"凝聚着幼儿园全体员工的聪明才智"②,是从实践出发的对办园的看法和期待,它要解决的根本问题是幼儿园的定位问题。办园理念具有全局性、前瞻性、导向性、激励性与凝聚性,对幼儿园管理产生巨大的影响和调控作用。③ 从办园理念的概念可以看出,办园理念是幼儿园发展的向导,指引着幼儿园的发展。

2.幼儿园办园理念存在的误区

正是由于办园理念的引领作用,几乎所有的幼儿园都形成了自己的办园理念,并以此作为自己办园的指导思想和招生的宣传口号。比如"以人为本、服务发展""以国家视野培养完整儿童"等,这样的办园理念看起来高大上,是以儿童为中心的,关注的是儿童的发展,但是仔细推敲,会发现这样的办园理念存在一定的问题。"以人为本、服务发展"这种办园理念是放之四海而皆准的,对于中小学也是适用的,没有体现幼儿教育的本质和幼儿生命的发展特点;"以国家视野培养完整儿童"这样的理念表述缺乏逻辑性和严谨性,经不起推敲,在实践中更是无法操作,起不到引领的作用。因此,诸如此类的办园理念成了口号,形同虚设。

幼儿园办园理念存在误区的原因在于幼儿园园长对办园理念的概念和核心不够了解,幼儿园教师对办园理念的设计不够上心,认为办园理念的设计是园长的事情,是喊口号或者吸人眼球的文字游戏。先进理念的指导和正确践行,能使幼儿园、教师和幼儿均获得可持续发展;反之,办园实践为办园理念的生成提供了源泉,赋予办园理念以实在、新鲜的内涵。④ 由此可见,办园理念的形成不是一蹴而就的,不是园长或者某一个教师的事情,也不是单纯的概念的提升,而是在幼儿园教育实践和理论研究中形成的,是幼儿园办园理念的灵魂和愿景,必须严格、认真对待。

3.关怀生命的幼儿园办园理念的形成

办园理念是幼儿园教育观、儿童观、教育理念、教育实践等的结晶,办园理

---

① 吴振东:《如何确立幼儿园的办园理念》,《福建教育》,2019 年第 3 期。
② 陈世联、王纬虹、申毅:《幼儿园办园理念的内涵与生成》,《教育导刊》,2009 年第 1 期。
③ 陈世联、王纬虹、申毅:《幼儿园办园理念的内涵与生成》,《教育导刊》,2009 年第 1 期。
④ 陈世联、王纬虹、申毅:《幼儿园办园理念的内涵与生成》,《教育导刊》,2009 年第 1 期。

念的确定受到幼儿园管理者、教师的教育观、儿童观及幼儿园教育实践的影响，因此，要树立科学的办园理念，就要对儿童和幼儿园的办园思想有清晰的认识。随着对儿童的认识越来越深入，促进儿童的全面和谐发展、培养"完整儿童"成为幼儿园的共识。儿童的全面发展指儿童生命三维的全面和谐发展，教育要基于儿童的生理生命、精神生命和社会生命的完善展开，并且力求三维生命的和谐统一。在这样的思想指引下的幼儿园，其办园理念是关注儿童的，是与当今社会对幼儿园教育的要求相吻合的，也便于幼儿园在实践中完成其应该完成的培养儿童和为家长提供便利的任务。

江苏省金湖县机关幼儿园的办园理念是"循于爱，臻于品"。循于爱意指一切教育思想以爱为起点，一切教育行为以爱为原则。该园提出"教育的本质就是爱"，就是倡导以"爱"作为一切教育活动的精神图腾，倡导以"爱"连接幼儿园、教师、幼儿、家长、社会、自然，创造爱，传递爱，共享爱。臻于品意指不断追求提升品质与提高品位，不断自我优化与自我完善。[1] 金湖县机关幼儿园的办园理念是以儿童为本的，通过爱来实现儿童生命的健康发展，儿童在体验被爱和爱别人、爱自然的过程中成长。儿童的生命里不仅有人与人的关系，还有人与自然的关系，这是儿童生命全面发展的基本内容。"爱"的教育理念落实的情况有"品"的把握、检验与追求，来反思、评价所坚持的"爱"是否是智慧的、理性的、卓越的，是否有益于幼儿身心发展与教师的自身发展，是否能横亘延续、生生不息。"爱"与"品"是互相影响的，美育"爱"的教育，品质就得不到保证；没有"品"的监督，"爱"的理念在各种外界因素的感染下就可能会出现异化。金湖县机关幼儿园的教育理念给幼儿园办园理念的形成提供了思路和借鉴。关注儿童生命是幼儿园办园理念形成的出发点也是落脚点，离开儿童发展的办园理念是不科学的，也不能起到引领幼儿园发展的作用。

（二）幼儿园生活活动中关注幼儿生命发展的教育实践

1.生活活动的概念和意义解析

生活活动是指"来园、离园、进餐、睡眠、盥洗、晨间锻炼、自由活动等，是培养幼儿生活习惯和自理能力的主要途径，也是渗透社会性教育、行为练习以及发展认知能力和扩展知识经验的机会"[2]。通过生活活动的概念可以看出，生活

---

[1] 朱骏：《幼儿园办园理念设计：以江苏省金湖县机关幼儿园为例》，《早期教育》，2019年第9期。
[2] 贾晶晶：《幼儿园一日生活各环节时间利用的个案调查》，沈阳师范大学硕士论文，2014年。

活动是幼儿园一日生活的重要组成部分,对幼儿的成长有着重要意义。具体来说,生活活动可以增强幼儿的自理和自我服务能力;提升幼儿自我保护的意识和能力;还能培养幼儿的独立生活、口语表达、社会交往能力;同时,生活活动能够使幼儿养成良好的生活习惯和行为习惯;有利于幼儿全面健康发展,最终形成良好的个性品质。因此,《3~6岁儿童学习与发展指南》中强调要珍视游戏和生活的独特价值。生活活动是幼儿园教育的重要组成部分,幼儿生活能力、认知能力、交往能力、社会性等生命发展的内容和要素都是在生活活动中进行的。

2.生活活动的特殊性

生活活动与教育活动的区别是随机性和随意性比较突出,计划性和目的性不够明确,因此造成一些幼儿园教师不重视生活活动中的教育,以为只有教学活动才能给孩子有价值的东西。著名教育家陶行知先生指出:"全部的课程包括全部的生活,一切课程都是生活,一切生活都是课程。"因此,幼儿园教育在实践中也要发挥生活活动对幼儿的教育价值。生活活动教育价值的发挥主要是通过渗透性的教育开展的,不像集中教育活动那样有目的、有计划,对幼儿园教师的专业素养要求比较高。但正是由于这个随机性,使得关注幼儿生命的教育可以随时进行,关注幼儿生命的发展和完善才能成为一种常态,而不是刻意为之的行为。

3.生活活动对幼儿生命的关注

(1)来园、离园环节渗透礼仪教育,培养幼儿的主动性和社会性。来园和离园环节是幼儿园一日生活的开始和结束。好的开始能让幼儿带着愉快的情绪开始一天的生活;好的结束能够激发幼儿的积极情绪,对幼儿园产生喜爱和依恋之情。因此,教师在来园环节应关注幼儿的情绪,亲近幼儿,并提醒幼儿主动打招呼、问好,渗透礼仪教育,使幼儿感受生命尊重和被尊重的美好体验;逐渐习得人与人之间交往的礼仪,促进幼儿社会性的发展。

(2)晨间锻炼、自由活动环节渗透生活常规教育,使幼儿学会共同生活。晨间锻炼和自由活动环节是集体活动,集体活动的规则是幼儿在幼儿园愉快生活和学习所必需的,因此可以在晨间锻炼和自由活动时渗透常规教育,使幼儿认识规则、理解规则、遵守规则,在此过程中体验和学习共同生活的方法、技巧,增强幼儿的社会适应能力,这是幼儿生命发展的重要内容。人是社会的动物,人与人之间是密不可分的,在幼儿园阶段习得人际交往和共同生活的方法是儿童在幼儿园教育阶段的重要任务。尽管幼儿园集中教育活动也有关于社会环境和社会规范的教育内容,但是真正对规范、规则的理解和遵守要放到一日生活中。

(3)进餐、睡眠和盥洗环节渗透生活技能和自我服务能力教育,培养幼儿的生活自主能力。进餐、睡眠和盥洗是生理生命的基本需求,除了让幼儿健康饮食、睡觉和大小便外,培养幼儿的生活技能和自我服务能力更是有利于幼儿长远发展的重要内容。因此,在这一环节,幼儿园教师和保育员的任务不是单纯的让孩子吃好、睡好等,更多的是对幼儿进行生活技能和自我服务意识的教育,使幼儿明白学会生活技能、技巧的重要性。学前阶段的儿童由于身体各项生理功能的不完善,很多的生活基本能力处在学习和养成中,这也是幼儿园教育要保教并重的原因,但是切不可把教育凌驾于保育之上,为了教育忽略保育的作用,应该保中有教,教中有保,真正实现保教的有机结合。

幼儿园生活活动是一日生活的重要组成部分,关怀幼儿生命的教育应该渗透到幼儿园的生活活动的各个环节中去,在生活教育中遵循幼儿生命的特点,关注幼儿生命的需求,从而实现幼儿生命的完善和全面发展。

(三)幼儿园课程教学活动中的生命关怀实践

1.生活化的幼儿园课程教学使儿童生命的发展有了根基

生命自诞生之日起便处在生活中,在生活中人类生命不断成长和发展,这本是一件很自然的事情。但是现实社会对人才的需要和急功近利式的教育使生命脱离了生活,生命的发展成了无源之水、无本之木,人类生命出现各种异化现象也就不足为怪了。因此,作为人生活的一部分——教育,也必须回归生活,在生活中实现培养人的目的。近年来,"教育回归生活""课程源于生活"等理念日益深入人心,幼儿身心发展的特性决定了幼儿时期的教育要比其他任何年龄阶段的教育更加迫切需要与生活相融合。幼儿园课程是实现幼儿园教育目的的手段,只有将幼儿园课程与生活相融合,才能使幼儿获得更加适宜和有效的发展。[1]

所谓幼儿园课程生活化,指的是在设计、组织、实施幼儿园课程时,主张把幼儿园课程与幼儿的日常生活、感性经验联系起来,把富有教育价值的生活内容纳入课程领域,增加教育的人文精神,使幼儿园课程具有生活的色彩和意义

---

[1] 印小青、李娟:《幼儿园课程生活化的意蕴、误区与实施策略》,《学前教育研究》,2016年第2期。

的教育理念。① 从幼儿园课程生活化的概念可以看出,儿童的生活经验可以纳入课程教学中,同时生活化也是课程实施的途径,只有承认课程与生活二者之间的密切联系,才能真正使课程源于生活又高于生活,使儿童真正回到自己的生活世界,而不是挣扎在成人营造的世界中。

教师是课程实施的关键因素,教师的课程观影响着课程内容的选择和课程的实施过程。课程的来源有两种:预设的课程和生成课程,即有目的、有计划地精心设计的课程和在生活和教育中随机生成的课程。这两种课程都需要与幼儿的生活相联系,使课程真正做到源于生活又高于生活。前者在实践操作中比较容易忽略生活化的问题,要做到课程生活化,首先教师要改变课程观念,树立生活化的课程观。因此,教师要树立生活化的课程观,从课程目标的制定、课程内容的选择、课程的具体开展过程和课程评价几个方面入手,把幼儿的生活经验和兴趣放在第一位,考虑儿童已有的经验在课程学习中的衔接和基础作用,从幼儿的生活出发选择课程内容,避免课程内容脱离生活,变成抽象的文本式的知识的传授。课程教学中关注幼儿的亲身体验和实际操作,使幼儿在获得直接经验的过程中拓展和提升对生活的认识。生成课程强调了儿童学习方式的生成性和不确定性。华爱华教授在"育儿加油站"活动上阐释"入学准备"时也明确指出,儿童的学习方式是生成性的学习,儿童是从游戏和生活中获得直接、感性的经验以达到学习的目的,儿童的学习方式具有渗透性和潜移默化的特点。② 因此,幼儿教师要有敏锐的洞察力和观察力,善于捕捉并利用幼儿在生活、游戏和课程学习中感兴趣的内容、遇到的问题、突发事件、同伴交往的交流和讨论等,并分析和挖掘其中隐含的教育资源,随机生成新的课程内容,然后采用有利于幼儿获取经验的有效方式引导幼儿学习,既提升了幼儿的认识,解决了幼儿的困惑,又做到了以"儿童为中心",还让幼儿感受到了老师对自己的关注和教导,感受到自己在活动探究中的价值。

总之,课程教学生活化是一种以儿童为中心的教学模式,从课程目标的制定、课程内容的选择、课程的组织和评价等,都把儿童、儿童的生活、儿童的兴趣、儿童的发展放在第一位,这样的课程教学模式才能真正提升儿童的发展,才是真正关注儿童、关注儿童生活质量的提升的。因此,幼儿园教育要关注幼儿生命的发展,首先必须回归幼儿的生活,把儿童从单调的、抽象的文本知识学习

---

① 张丽莉:《对教师"幼儿园课程生活化"观念的调查研究》,《教育导刊》,2003 年第 4 期。
② 华爱华:《入学准备要杜绝"学前教育小学化"!》,《上海教育》,2018 年第 5 期。

中解放出来。

2.游戏化教学激发幼儿生命的主动性

幼儿园课程教学生活化的理念使课程内容回归了幼儿的生活,那么生活化的课程如何实施才能真正调动幼儿学习的兴趣,满足幼儿探究的需要呢？回答这个问题我们首先要研究幼儿学习方式的特点。《3~6岁儿童学习与发展指南》指出幼儿的学习是以直接经验为基础,在游戏和日常生活中进行的。要珍视游戏和生活的独特价值,创设丰富的教育环境,合理安排一日生活,最大限度地支持和满足幼儿通过直接感知、实际操作和亲身体验获取经验的需要,严禁"拔苗助长"式的超前教育和强化训练。《指南》对幼儿学习方式的界定告诉我们幼儿是在生活中通过游戏的方式学习的,因此,幼儿园课程生活化的组织与实施要用游戏的方式进行。游戏化教学既满足了幼儿探究和学习的需要,又能真正把幼儿园课程生活化贯彻到底。

《幼儿园工作规程》和《幼儿园教育指导纲要(试行)》中都提出游戏是幼儿园的基本活动。所谓基本活动,有以下两个方面的含义：一是在一日生活中满足基本生存需要的活动,二是对活动主体的生活或生长发展具有重要影响的活动。① 从游戏的特征和价值来看,游戏是满足这两个条件的活动,因此,可以把游戏作为幼儿园的基本活动。华东师范大学李季湄教授认为:《纲要》之所以强调游戏是幼儿园的基本活动,重视幼儿的兴趣和需要,理由是视幼儿为独立的人,是有不同于成人的生存状态、生命特征和生活方式的人。② 由此可见,幼儿园以游戏为基本活动是符合幼儿生命发展特点和规律的,并且指向幼儿生命的健康和谐发展的。因此,幼儿园教育中要践行游戏是幼儿园基本活动的理念。

幼儿园课程教学是幼儿园教育的主要实施途径,为了达到教学的目标,实现幼儿园教育的任务,幼儿园教学必须以儿童的方式进行,即游戏的方式进行课程的设计和组织。在实践当中,很多幼儿园都在解读和贯彻"游戏是幼儿园基本活动"的理念,增加游戏活动的时间,用游戏的方法开展教学等,很大程度上改变了幼儿园教育小学化、知识化的现状。但是仍然存在问题,比如：游戏中过于注重游戏结果,轻视游戏过程,导致游戏又变成了教师主导下的教学活动；游戏活动类型单一,不能满足幼儿的需要；游戏材料不够丰富、材料的投放不能

---

① 刘焱:《我国幼儿教育领域中的游戏理论与实践》,《北京师范大学学报(社会科学版)》,1997年第2期。

② 教育部出教育司组织编写:《幼儿园教育指导纲要(试行)解读》,江苏教育出版社2002年版。

提升幼儿的游戏水平,导致游戏"看上去很热闹";游戏中教师的指导或者没有,或者以命令和控制为主,幼儿自主游戏的权利不大,由此成了虚设等等。幼儿园教育中游戏的运用和探索必须改变,这样才能真正贯彻和执行《指南》关注儿童学习方式的目标。

幼儿园课程教学游戏化的具体实施是要把游戏和幼儿园课程与教学融合起来,既关注幼儿游戏化的学习方式,又满足了课程教学的需求,即课程游戏化和游戏课程化。虞永平指出,课程游戏化是把游戏的理念、精神渗透到课程中,使幼儿园课程更贴近幼儿的发展水平、学习特点、生活及兴趣与需要,促进幼儿健康快乐成长,并提升幼儿园教师的课程实践与建设能力,形成鼓励游戏、服务游戏,教师学会观察游戏及合理指导游戏的课程文化。[①] 丁海东认为游戏课程化的实质是将儿童自己自由自发的游戏转化为幼儿园的课程。[②] 在具体实践当中,有两种操作路径:其一是课程生成游戏,即在设计预成性课程方案时,按照课程的目标与要求,为幼儿创设与课程内容相关的游戏环境,精心选择、设计与组织专门的游戏活动,在游戏中支持、促进和引导幼儿的学习与发展。也就是说,可以用游戏的情境和方式开展教学,使抽象的教学内容具体化、游戏化;同时还可以把课程内容渗透到游戏中,例如幼儿园的区域游戏就是课程内容与区角游戏的结合,这样既延伸了课程内容的学习,又丰富了区角活动的创设。其二是游戏生成课程,即指关注、追随、支持和引导幼儿在游戏活动中表现出来的学习兴趣和需要,在游戏活动以外丰富和扩展幼儿游戏所需要的生活经验,形成新的课程。这种游戏与幼儿园课程结合的方式对教师的要求比较高,需要教师关注、观察、捕捉幼儿游戏中的兴趣、经验和问题,并上升到课程层面,通过具体的课程教学丰富幼儿的游戏经验,扩展幼儿的游戏兴趣,解决幼儿游戏中的问题,使游戏真正促进幼儿的发展。

总之,幼儿园课程教学游戏化就是把游戏和课程融合起来,做到用游戏的形式开展教学,同时又关注幼儿游戏中的经验和问题,并把它变成课程教学,课程教学中继续采用游戏的方法进行,二者之间是一个不断循环、上升的一个过程。课程教学中有游戏,游戏中有课程,既保证了课程的趣味性,又提升了幼儿浅显的生活经验和游戏经验,从而促进幼儿的发展,实现生命的完善和成长。

---

① 虞永平:《课程游戏化的意义和实施路径》,《早期教育(教师版)》,2015 年第 3 期。
② 丁海东:《游戏的教育价值及其在幼儿园课程中的实现路径》,《学前教育研究》,2006 年第 12 期。

3.整合化幼儿园课程指向儿童生命的完整性

根据培养"全面发展儿童""完整儿童"的理念,幼儿园教育应该注重整体性和全面性。幼儿园课程是实现幼儿园教育目标的核心环节,因此幼儿园课程也应该是整合的。综合的、统整的学习不仅与我国基础教育改革步调一致,也是现代教育发展的趋势,因为"教育内容正在由单一知识向跨学科知识、由学问知识向体验性知识、由内容知识向方法学知识转化。新的发展分段研究表明,低幼阶段儿童应当学习体验性知识、生活性知识,教育应当密切贴近生活,综合化、多样化和具体化"。① 根据日本学者安彦忠彦的观点,幼儿园阶段的孩子学习的知识应该是体验性的、生活性的,这与我国《纲要》中对幼儿园内容的规定是吻合的。《纲要》提出:幼儿园的教育内容是全面的、启蒙性的,可以相对划分为健康、语言、社会、科学、艺术等五个领域,也可作其他不同的划分;各领域的内容相互渗透,从不同的角度促进幼儿情感、态度、能力、知识、技能等方面的发展。虞永平教授更是从幼儿心理发展水平的角度论述了幼儿教育整体性的必要,他认为幼儿心理发展水平决定了幼儿对事物的理解往往是粗浅的、表面的,幼儿概括能力还很低,对幼儿进行的教育不能过于分化。② 既然幼儿教育必须是整体性的教育,幼儿园课程也必须是整合性的,只有这样,幼儿园教育才能贯彻《纲要》的精神,并真正促进幼儿全面的、整体性的发展。

幼儿园课程是需要整合的,如何整合,如何给幼儿提供整合的知识和整合的教育是幼儿园教育中需要重点研究的话题。研究幼儿园课程整合,首先要弄清楚课程整合的概念。从课程发展的历史来看,课程整合的概念并非一个新生事物,对于课程整合的概念有很多研究,但是一个共同的地方是都肯定了课程整合的必要性和可行性,都从课程目标、内容、资源、课程实施手段等几个方面进行整合。幼儿园课程的整合也要遵循这个原则,所谓幼儿园整合课程,是以幼儿发展为本。基于幼儿的学习特点,基于教育的适宜性和有效性,将各领域发展目标和教育资源进行有机整合,从幼儿生活的核心经验出发选择内容、设计活动、创设环境,在综合的、生活的、趣味的整合活动效应之下,促进幼儿整体

---

① [日]安彦忠彦:《学校知识的转换》,日本株式公司1998年版,第150~155页。
② 教育部基础教育司组织编写:《幼儿园教育指导纲要(试行)解读》,江苏教育出版社2002年版,第87页。

经验的建构和能力的发展,其出发点和归宿应是让幼儿获得全面、有效的发展。① 从整合课程的概念可以看出,整合课程区别于以往的分科课程,以幼儿的生活经验为核心,把不同领域的知识和资源有机地联系了起来,以使幼儿在建构整体经验的基础上获得整体的、全面的发展。这种课程整合的理念是目前幼儿园教育关注幼儿生命发展的指导理念,也是实现幼儿园课程应有价值的重要途径。

  幼儿园课程的整合是幼儿园课程改革的结果,是实现幼儿园教育目的的重要途径,整合哪些内容和资源、如何整合是幼儿园课程整合化的关键问题。幼儿园课程教学整合首先是目标的整合,目标决定着课程内容的选择和课程的具体实施。根据全面发展的儿童这个培养目标,幼儿园课程也要树立整合化的课程目标,从不同的角度促进幼儿情感、态度、能力、知识、技能等方面的发展。在具体实践中,课程目标还要与幼儿的发展目标和实际发展水平相整合,课程预设目标实现的过程中还要关注课程中的生成性知识,这与幼儿的实际发展水平密切相关。也就是说,预设目标与生成目标相结合,既保证课程教学的顺利开展,又关注了儿童的实际发展水平,这样的课程目标才是关注儿童实际发展的,才能在活动的具体实施中调动儿童的主观能动性,使儿童成为活动的主体。相反,只有课程目标的课程教学,一旦教师组织的内容和活动孩子不感兴趣,课程教学就流于形式,甚至会成为儿童的负担。因此,幼儿园课程预设目标是以促进儿童全面发展为导向的,在实现预设目标的过程中要考虑幼儿的实际发展目标和水平,不断调整预设目标,最终促进幼儿的全面发展。其次是课程内容的整合,"教育内容的整合是幼儿教育整合的主要表现,也是一直最基本的整合"②。《纲要》指出幼儿园的教育内容是全面的、启蒙性的,可以相对划分为健康、语言、社会、科学、艺术等五个领域,各领域的内容相互渗透。领域内容的整合包括各领域间的横向整合和一个领域内不同内容之间的纵向联系。不同领域的整合弥补了分领域教学带来的知识的分割,给幼儿一种知识是整体的、有着内在联系的经验的感觉;同一领域内不同知识的整合使前后知识之间建立联系。目前幼儿园的整合课程教学以主题活动的形式开展,同一个主题活动,涉

---

  ① 罗颖琳:《以幼儿发展为本 有效促进幼儿园课程整合》,《教育导刊(幼儿教育)》,2008年第11期。
  ② 教育部基础教育司组织编写:《幼儿园教育指导纲要(试行)解读》,江苏教育出版社2002年版,第80页。

及五个领域的教学,可以把幼儿的认知、语言、社会性、心理等各个方面的发展整合起来,有利于避免出现以认知和数理逻辑为主要内容的偏差,从而实现幼儿的全面发展。当然,在具体操作中,需要注意的是,整合不是拼凑或者拼盘,而是从幼儿的生活经验出发,以一个具体的主题活动为载体,以幼儿为中心,探究儿童在活动中可以获得的发展;以幼儿可以获得的经验为线索展开,从五个领域的角度设计具体的课程内容,这样的课程内容是有一条主线的,不是散的、拼凑和堆砌的。在幼儿园整合化课程的具体实施中,为了调动幼儿的主动性,让幼儿成为活动的主体,使幼儿能够通过直接感知、实际操作和亲身体验获取直接经验,幼儿园课程还要与幼儿园游戏整合起来。将课程内容赋予游戏背景、游戏规则或是游戏材料当中,幼儿在进行游戏的时候,就可以从背景、规则与材料中来间接地吸收知识,这对于幼儿而言是毫无压迫感与约束感的,而且他们会非常乐于参与这样的游戏活动。① 幼儿园课程与游戏的整合是课程走向幼儿、关注幼儿生命、实现幼儿园教育目标的重要途径。

总之,整合化的幼儿园课程是整合知识、整合儿童的生活经验、整合儿童的活动方式的集中体现,是指向培养"完整儿童",为了幼儿的终身教育服务的课程理念和课程实施方式。

4.幼儿园教学中关注儿童生命的个体差异性

幼儿生命发展有共同的特点和规律,但是个体差异性也是客观存在的,或者可以说生命的独特性是幼儿生命绽放光彩的核心。有大量研究已经表明幼儿个体差异性的存在,比如个性结构的差异性:我国幼儿的个性结构可以由智能特征、认真自控、情绪性、亲社会性四个维度11种特质构成,并与西方幼儿相比表现出一定文化差异。② 再比如幼儿能力发展的个体差异,有的幼儿记忆能力较强,有的幼儿理解能力较好,有的幼儿动手能力较强,有的幼儿语言表达能力较好。③ 幼儿个体差异性还表现在智能结构的差异上,有研究证实,不同智能结构的幼儿解决同一问题的方式存在差异,同一种智能在不同幼儿身上也有着不同的呈现方式,而同一种智能水平的幼儿在该能力各要素的水平上仍然有可能存在较大差异。④ 总之,幼儿的个体差异性是客观存在的,幼儿园的教育教学

---

① 孔仪:《浅析游戏在幼儿教育中的实践作用与价值》,《吉林教育》,2015年第28期。
② 张野:《我国幼儿的个性结构及其文化差异研究》,《学前教育研究》,2005年第6期。
③ 李季湄、方钧君、刘晓燕:《关于幼儿学习的个体差异的初步研究:从多元智能的视角》,《学前教育研究》,2004年第5期。
④ 王保林、窦广采:《幼儿心理学》,郑州大学出版社2007年版,第146页。

活动的开展必须承认和尊重幼儿的个体差异性,并依据不同个性和智能特征的幼儿实施教育,做到因材施教,才能促进幼儿的发展,才能使不同的生命得到发展,成为完善生命、丰富生命、实现生命的科学的教育。

幼儿园课程教学中,教师首先要善于观察,了解幼儿的个体差异,这是因材施教的前提和基础。《幼儿园教师专业标准(试行)》中,明确要求幼儿教师"在教育活动中观察幼儿,根据幼儿的表现和需要,调整活动,给予适宜的指导"。幼儿园课程改革中也强化了对教师观察能力的要求,因此,幼儿教师要不断培养观察能力,做到有效观察。有效观察在于运用多种观察方法,捕捉幼儿活动的瞬间,并且对观察进行记录和分析,在此基础上形成对幼儿的评价。这样的评价是个性化的,是基于幼儿的最本真状态的分析,因此也是教师投放材料、提供科学指导的重要依据。其次,关注个体差异的幼儿园课程教学在教师预设课程内容、准备活动材料、选择活动形式、干预指导以及评价幼儿的整个过程中都要结合不同发展层次和水平的幼儿进行,做到分层教学、有效指导和个性评价。表面看来好像教师的责任更重了,其实这是保障活动有效开展和顺利开展的重要因素。否则,统一化的教育内容和活动材料,一样的指导方式和评价标准不但不能促进幼儿的发展,还会给老师带来更多的教学压力。最后,增加幼儿园区域活动的比重,提升教师区域活动指导的能力。区域活动有其独特的价值和作用,"区域活动不同于集中教育,区域活动是集体教育的有益补充,是实施个别化教育,促进幼儿个性和谐发展的有效途径"[①]。区域活动是教师从儿童的需要、年龄特点、兴趣出发,融合教育目标和正在进行的各种教育活动的要求,将活动场地划分为若干不同的区域,如角色区、表演区、自然角、阅读区、数学区等,在其中投放各种活动材料,制定相应的活动规则,让幼儿自由选择活动;幼儿在不同的区域内通过与材料、环境及同伴的相互作用,进行个性化的学习并获得发展的一类教育活动。[②] 在区域活动中,幼儿在与环境、材料和同伴的相互作用中获取直接经验,获得游戏的快乐,与同伴的交流和互动又增加了幼儿解决问题能力和同伴交往能力的提升。因此,幼儿园教育中,可以把区域活动和集中教育活动结合起来,既保证了课程教学的顺利开展,又增加了以小组和个别活动的比重,使幼儿既有集体学习、遵守集体教育规则的体验,又解放了幼儿

---

① 黄俐:《当前幼儿园区域活动开展中存在的问题及解决策略》,《学前教育研究》,2014 年第 4 期。
② 沈娟:《"玩中学、做中乐":幼儿园区域活动的特点和价值》,《湖北科技学院学报》,2013 年第 11 期。

的天性,保证了幼儿的自主探索。

5.生成性课程是教师对儿童生命关注的积极形式

生成课程的"生",意味着只有在生命主体双方的交流与互动中,才会有新的事物产出,并反过来促进生命的生长。在幼儿园课程的场域中,这就意味着幼儿园"生"的课程必须有教师和儿童双方生命主体的参与,在此过程中,既要实现教师和儿童的生长与发展,还要实现课程的生长。① 因此可以说,生成课程是幼儿园课程回应和关注幼儿生命、回应儿童学习本质的一种课程形态。幼儿园课程教学改革对生成课程的研究正是关注课程实施有效性、关注儿童生命完善发展的举措。如何生成课程是幼儿教师需要深入思考和研究的话题。

在具体实践中,很多幼儿园都在积极探索生成课程的模式,但是并未探索出适合我国幼儿园的生成课程模式;教师生成课程的主导作用也没有很好地发挥出来,生成课程变成了教师的负担,幼儿教师苦不堪言;没有处理好生成与预设的关系;生成课程脱离幼儿的实际等等,造成了为了"生成"而生成的局面。因此,要找到恰当的生成课程的方法,发挥生成课程的应然作用,幼儿教师需要认识生成课程的特点,从生成课程的本质出发,探寻科学的生成课程的实施路径。

首先,生成课程具有动态生成性的特点,幼儿的特点、个体差异性、学习方式等决定了幼儿园的教学不可能完全按照预设的内容进行,教学中存在丰富的、潜在的生成资源。因此,幼儿教师需要保持敏感性,善于发现幼儿感兴趣的事物、游戏和偶发事件中所隐含的生成课程资源,积极捕捉这些资源并加以利用。② 其次,生成课程具有主体性,生成课程以儿童在活动中出现的新的兴趣或者活动中出现的问题为资源。因此,生成课程的出发点是关注儿童的主体性的,是以儿童为中心的。在生成课程的实施中,仍然需要以儿童为中心,从儿童的现有水平出发,寻找幼儿的最近发展区,创造条件使儿童"跳一跳,摘桃子",满足儿童的探究兴趣以及解决儿童出现的困惑,以促进幼儿获得更高水平的发展。相反,生成课程后,如果教师的主导性太强,把生成的课程变成预设的内容,按照自己的教学节奏和预设的教学方法来实施的话,生成课程无疑又变成

---

① 李静、孙亚娟、井小凤:《回归与升维:幼儿园生成课程的趋向、内涵与路径》,《教育导刊(下半月)》,2020年第1期。

② 李静、孙亚娟、井小凤:《回归与升维:幼儿园生成课程的趋向、内涵与路径》,《教育导刊(下半月)》,2020年第1期。

了预设的课程,唯一不同的是课程的来源;教师又变成了活动的主导,控制着整个活动的开展的节奏,幼儿的主体性也无从谈起,这也是目前幼儿园生成课程存在的比较大的问题。因此,生成课程的主体性特点受教师专业素养的影响,需要教师具备关于生成课程的理论和实践的能力。最后,生成课程具有创新性的特点。生成课程与预设课程相比,具有显著的创造性,这是因为"'生'出的课程绝不是已有课程的重复与展开,在这一过程中会有'新'的元素被创造,而且无法准确预料生成课程出现的准确时间,更多时候它会突现出来,让主体感到意外与惊喜"[①]。生成课程的不确定性和意外性与幼儿生命发展的特点是吻合的,或者说正是由于幼儿生命的不确定性使幼儿园的活动也充满惊喜和意外,只是如果没有善于发现的眼睛的话,幼儿园课程中的这份惊喜和意外会随时溜走。生成课程充满着不确定,这种不确定给孩子带来了刺激和挑战,因此也更受幼儿欢迎。

生成课程的动态生成性、主体性和创造性的特点使其具有无限的魅力,如何生成课程,又如何实施生成的课程是幼儿教师需要不断思考和研究的话题。幼儿教师是课程的实施者,其专业素养影响着生成课程的实施效果,因此,作为幼儿园教师,要具备生成课程的理论和实践能力。从理论层面来讲,教师要树立正确的儿童观和教育观以及课程观,对幼儿的特点有明确的认识,承认和尊重儿童在活动中的突发状况,愿意做生成课程的践行者,并从生成课程的来源、含义、特点等各方面加深对生成课程的认识和理解,在课程准备、开展、评价等方面具备足够的理论支持。从实践层面来讲,幼儿教师要主动去研究和挖掘具体教育情景中的实际问题,并在实践中不断尝试、反思和改进,同时总结实践过程中的经验教训,将有关知识内化,在实践经验和理论知识相结合的基础上,实现真正的生成。

(四)师幼互动中对幼儿生命的关怀

师幼关系是幼儿教育中最重要、最基本的人际关系,是除了亲子关系和同伴关系以外对幼儿影响最大的人际关系,对幼儿发展的重要性不言而喻,"不仅对幼儿当前的社会适应和身心发展具有明显的直接影响,并且作为中介调节着

[①] 李静、孙亚娟、井小凤:《回归与升维:幼儿园生成课程的趋向、内涵与路径》,《教育导刊(下半月)》,2020年第1期。

其他因素对幼儿的影响,还会持续影响幼儿进入小学后的学校适应与学业表现"①。因此,师幼关系成为学前教育研究中的重要研究论题,也在一定程度上影响着幼儿教育的质量和幼儿的发展。在关怀幼儿生命的研究视域下,重新解读师幼关系,构建新型师幼关系是关怀幼儿生命的出发点和落脚点。

1.师幼关系的概念和基本形态

师幼关系是指在幼儿园场域中教师与幼儿在教育与生活活动中,通过彼此的对话与互动而形成的一种交互理解的人际交往关系。② 从师幼关系的概念看,这是一种双向的对话与交流,并且建立在相互理解的基础上,使幼儿园教育活动与生活活动顺利开展。换句话说,师幼关系影响着幼儿园教育教学活动的进行,因此,建立良性的师幼关系是幼儿园实践教学中的重要内容。很多幼儿园和国内外教育研究者都对师幼关系的形态进行了研究。研究发现,已有的师幼关系主要有以下几种表现形式:从教师指向幼儿的情感与行为两方面将师幼关系分为亲近型、关心型、漠不关心型和拒绝型③;根据幼儿在互动中的情感与行为表现将师幼关系分为安全型、依赖型、积极调适型和消极调适型四种④;综合师生交往的目的、宽容性、情感性、发现意识与方式五个因素,将师幼关系分为严厉型、民主型、开放学习型、灌输型四种类型⑤。不管哪种划分方法,对幼儿关系形态的研究都是基于教师占主导地位进行的研究,即在师幼关系中,教师是关系的发起者,影响着教师与幼儿关系的亲疏程度。很显然,这些探究态势从一开始就站在不平等的基础上,提高了教师的主导地位,而对幼儿在关系中的地位有所忽略,过于突出了幼儿对教师的依附,忽略了幼儿的主体地位。

因此,这种观点指导下的师幼关系必然是失衡的,是忽略幼儿生命主体性的,在幼儿园场域中,幼儿就很难与教师建立一种真正平等的、关怀幼儿的师幼关系。

---

① 转引自冯婉桢、蒋杭柯、洪潇楠:《师幼关系类型及其影响因素分析》,《学前教育研究》,2018年第9期。

② 余萍:《理解:新型师幼关系的现实旨趣——基于胡塞尔主体间性思想》,《合肥学院学报(社会科学版)》,2012年第3期。

③ BROPHY J E, GOOD T L. *Teacher-Student Relationships: Causes and Consequences*, New York: Holt, Rinehart and Winston, 1974, p.400.

④ HOWES C, HAMILTON C E, MATHESON CC. Children's Relationships with Peers: Differential Associations with Aspects the Teacher-Child Relationship. *Child Development*, 1994, Vol.65, No.1, pp.253-263.

⑤ 姜勇、庞丽娟:《幼儿园师生交往类型的研究》,《心理科学》,2004年第5期。

基于这样的师幼关系,在幼儿园实践中出现了问题和不足,比如,教师和幼儿之间缺乏情感的交流,教育者和受教育者的角色地位导致了教师和幼儿之间的情感体验缺乏,"在这种缺乏主体角色对等下的交往是以完成某主题活动、执行某一行为、实现某种结果为主要动因的事务性交往关系,双方关注的是结果如何,从而忽略了活动过程双方的情感体验"①。在过于关注活动本身的情境下,教师和幼儿很难建立起一种以情感为纽带的师幼关系。同时,教师与幼儿由于地位的不平等,建立起的师幼关系也是不平等、不对称的。布贝尔将师生关系划分为以教师为中心的"我—他"关系和以儿童为中心的"我—你"关系。在师生关系中,"我"即教师,"你"和"他"指代学生。"我"与"你""他"的分类组合彰显了关怀主体之间的地位差异。"我—他"关系将师生定位为"控制与被控制""权威与服从"的角色组合,"我—你"关系跨越了"我—他"的不平等的地位鸿沟,呼唤教师尊重学生的生命意识,平等待之。② 由此可见,"我—你"关系下的师幼关系才是关注双主体的,而现实中的师幼关系大都以"我—他"的形态呈现,教师和幼儿的地位不平等,幼儿的主体性得不到发挥,在师幼关系中,幼儿很难释放天性,幼儿生命的主体性也会受到压抑。教师和幼儿双方地位不平等的情况下建立的师幼关系不是一种以关怀幼儿生命、关注幼儿生命情感体验的关系,而是以教育教学活动的目标为指向的关系,这种关系中教师关注的是幼儿是否能达成预设的教育目的,幼儿关注的是自己是否是教师眼中的好孩子。因此,要改变师幼关系忽略关系主体的情感体验,改变教师和幼儿地位不平等的现状,必须从教师和幼儿双主体和双方生命情感的角度出发,重构一种以关怀生命为宗旨的师幼关系。

2.基于生命关怀的师幼关系的特点

师幼关系作为幼儿成长中的一种非常重要的人际关系,应该是基于关怀教师和幼儿生命的,是能够给教师和幼儿带来美好生命体验的关系,应该是在平等和理解的基础上,相互亲近、相互关爱,相互学习,共同体验幼儿园的美好时光。因此,基于生命关怀的师幼关系具有以下特点:

第一,教师和幼儿是平等的,这是建立良好、和谐师幼关系的前提。只有人格意义上的平等,才能保证师幼关系是基于"我和你"的关系,教师和幼儿才都

---

① 余萍:《理解:新型师幼关系的现实旨趣——基于胡塞尔主体间性思想》,《合肥学院学报(社会科学版)》,2012年第3期。
② 胡新宁、裘指挥:《关怀理论视域下的师幼关系重构》,《教育导刊(下半月)》,2017年第9期。

是关系的主体,教师才能真正尊重幼儿。幼儿作为一个独立的社会个体,在人格上与教师是平等的。教师必须首先认识到这一点,才能真正做到和幼儿在人格、地位和权利上的互相尊重。

第二,在师幼关系中教师和幼儿都是主体,即是基于"主体间性"理念的一种关系。"主体间性"强调主体之间的平等和双主体地位,打破了传统的"教师是主体,学生是客体"的认识,教师和幼儿是"我和你"的关系。教师与幼儿不再"我和他"式的物化主客体关系,教师是教育教学活动中的主体,幼儿也是该活动中的另外一个主体,这两个主体之间的活动是"我和你"式的平等对话的交互关系。① 在平等对话的前提下,教师会认真倾听孩子的心声,认真观察孩子的活动,用心理解孩子的需求,幼儿也会感受到自己的被尊重,感受到来自教师的关爱和温暖。在这样的师幼关系中,幼儿的生命体验是美好的,幼儿园也会成为吸引人的地方,幼儿在这个美好的乐园里会有一个美好的童年。

第三,教师和幼儿是相互理解的:理解是一种关系持续的重要因素。在传统的师幼关系中,教师站在教育学、心理学的角度理解孩子,幼儿对教师永远是仰视的,没有理解,只有接受,因此,教师和幼儿之间没办法建立一种"心有灵犀"的关系感。教师基于教育教学活动的需要理解幼儿身心发展的特点,目的性和动机性比较强,也就出现了很难走近幼儿的现象,这也是幼儿园课程与教学活动存在问题的重要原因。因此,单向的理解没办法建立一种真正有质量有内涵的关系,"理解性:主要表现为主体间的视界融合,它不是封闭孤立、单向流动的,而是强调相遇碰撞、互相交融的新视界"②。因此,相互理解的师幼关系是以教师理解幼儿,幼儿理解教师为前提的,教师不再高高在上、深不可测,幼儿可以走进教师的内心,去体谅教师的喜怒哀乐,去理解老师的辛苦,去体会老师对孩子们无私的爱;同时,教师站在孩子的角度去理解孩子,能够再次体验童年的快乐,真正理解孩子的兴趣和爱好,理解孩子生命的丰富性和多样性。由此可以看出,建立在理解的基础上的师幼关系是有着丰富内涵的关系,不是简单的教师和幼儿的关系、教育者和受教育者的关系。

第四,关怀生命的师幼关系是相互亲近和关爱的情感关系,不是单纯的教育关系。情感性是新型师幼关系的灵魂,有了感情的投入,教师和幼儿的关系才是牢固的。当幼儿走出家庭,接触最多的人是教师,孩子在陌生的环境里主

---

① 李佳丽:《主体间性:建构和谐师幼关系的伦理基础》,《学理论》,2012 年第 35 期。
② 李佳丽:《主体间性:建构和谐师幼关系的伦理基础》,《学理论》,2012 年第 35 期。

要的安全感来源也是教师,幼儿对教师很容易产生一种情感的依赖。相反,教师因为工作的特殊性,很容易产生专业倦怠,再加上不是自己的孩子,很难真正跟幼儿建立情感联系,这就使师幼关系多了教育的意味,少了情感的温暖,成了冷冰冰的为了实现教育目标而必须建立的一种人际关系。情感和关爱是幼儿在新的环境中适应和发展的催化剂,能够起到积极的推动作用。教师关爱幼儿,给幼儿带来安全感,使幼儿觉得自己是被人爱和喜欢的,既能帮助幼儿喜欢幼儿园生活,又能使孩子得到直观的情感教育。美国著名心理学家库姆斯说过:"我们创造的社会是完全依赖着他人的合作努力、善良仁爱而生活下去的,一个生活于充满爱的环境中的人,他的内心也必将充满爱,包括爱自己、爱他人和爱整个社会。"①

3.构建基于生命关怀的师幼关系策略

师幼关系中,虽然主张教师和幼儿都是关系的主体,提倡建立"主体间性"的师幼关系,但是幼儿教师的职业素养和对师幼关系的认识影响着关系的建立,也就是说教师是建立和谐师幼关系的主导因素。因此,构建师幼关系的途径必然是从教师出发。首先,教师要认识到幼儿在师幼关系中的主体地位,尊重幼儿的人格,在平等的基础上与幼儿进行交流和对话,这是建立和谐师幼关系的前提和基础。在"我—你"型师幼关系中,教师把幼儿当作"一个人"来看,师幼双方是作为独立的个体进行对话。在对话中,教师尊重幼儿,信任幼儿。②也就是说,教师要转变角色,自己不再是幼儿的代言人,也不再是幼儿的管理者,教师要把幼儿当作有独立人格的人,与幼儿进行平等的交流,认真倾听孩子的心声,以平等的视角思考孩子的问题,让幼儿感受到教师对自己的尊重和关爱,这样,幼儿才会与教师建立一种信任感和亲密感。其次,教师要提升自身的专业素养,教师只有具备了一定的教育能力,才能有效地开展教学,才能顺利履行自己的责任和义务,成功地"扮演"好教师角色。③幼儿教师应该具备的专业能力,包括认识幼儿生命发展的特点和规律,设计和组织教育教学活动,组织幼儿园的各种活动,合理安排一日生活等,教师只有具备了过硬的专业知识,才能有效开展幼儿园的各项活动,才能在活动中与幼儿平等对话和交流,才能与幼儿建立起一种有效的师幼关系。最后,教师要爱孩子,营造一种宽松的心理环

---

① 朱婷婷:《论幼儿园的师幼关系》,内蒙古师范大学硕士论文,2013年。
② 杨娟、杨晓萍:《对话策略:构建"我与你"型师幼关系》,《教育教学研究》,2008年第7期。
③ 申继亮:《新世纪教师角色重塑:教师发展之本》,北京师范大学出版社2006年版,第20~21页。

境,使幼儿在轻松愉悦的环境中实现生命的成长和发展。幼儿教师是一项职业倦怠比较高的职业,由于职业的特殊性,使幼儿教师的职业满足感和成就感比较低,因此造成了很多教师尤其是工作年限比较久的教师容易产生懈怠和应付的心理。职业倦怠感强的教师在与幼儿沟通和互动时,没有耐心和爱心,当孩子不满足自己的要求或者出现"不乖"的行为时,容易斥责孩子,而没有被斥责的幼儿也会因为教师的态度产生一种害怕的心理,师幼互动的氛围是紧张的,幼儿就很难与教师建立一种亲密感,很难从教师的言行举止中感受到爱和温暖。相反,一个有爱心的教师,必然会和幼儿建立起一种温馨和谐的师幼关系。只有在充满爱的环境中,幼儿才能感受到安全,而教师充满爱的鼓励也会使他们为自己的想法感到自豪,从而大胆地去创造。教师的一个微笑、一个拥抱,竖起的一个大拇指对于幼儿来说都是极大的鼓励,他们能从这种鼓励中获取极大的行动动力,而这种鼓励也恰恰消解了幼儿的不自信。① 因此,在充满爱和信任的宽松的环境中,幼儿容易对教师产生一种信任感和依赖感,教师也会从幼儿的依赖中获得成就感,良好的师幼关系在这种氛围中逐渐建立起来。

基于生命关怀的师幼关系是"我和你"的关系,是一种人格平等意义上的关系,关系的双方都是对话的主体,在充满爱和温暖的氛围中,教师和幼儿之间是生命与生命的对话和交流,双方都能在这种关系中感受生命的美好。当然,教师由于其专业性,在师幼关系的构建中起着关键作用。因此,幼儿教师要不断提升自身的教育理念和专业素养,用专业的知识武装自己,在师幼关系的构建中切实发挥有效的作用,给幼儿营造一种关怀生命、完善生命的教育氛围和环境,使幼儿的生命真正得到成长,使幼儿教育的任务真正得到实现。

(五)家园共育实现对幼儿生命的关怀

《幼儿园教育指导纲要(试行)》指出:"家庭是幼儿园重要的合作伙伴,应本着尊重、平等、合作的原则,争取家长的理解、支持和主动参与并积极支持、帮助家长提高教育能力。"目前,关于家庭和幼儿园在幼儿发展中的作用已经被大家认可和接受,"家庭和幼儿园共同承担教育儿童的责任,共同促进儿童发展,已经成为社会的共识"②。也就是说,家庭的幼儿教育功能逐渐凸显,家园共育是促进幼儿发展的重要途径。家庭和幼儿园如何合作,如何实现共育的目的是重

---

① 刘婧文:《关系本体论视角下的师幼关系审思》,《江苏教育研究》,2017年第4期。
② 虞永平:《家园共育的理念与实践(上)》,《动漫界:幼教365》,2018年第16期。

要讨论内容。在关怀幼儿生命的理念下,家庭和幼儿园作为影响幼儿发展的重要教育资源也要探寻基于生命关怀的共育道路,否则,单方面对幼儿进行教育,很难真正促进幼儿的全面发展,实现幼儿生命的完善。只有家庭和幼儿园的教育产生教育合力,才能有1＋1＞2的效果。

1.家园共育的新理念

"家园共育"意指家庭与幼儿园共同承担育幼工作,并且在育幼过程中通过幼师与家长之间的分工配合来实现幼儿成人成才的一种具有时代意义的教育实践活动。[①] 从对家园共育的概念界定可以看出,家庭和幼儿园在幼儿的教育过程中都具有话语权,尽管二者在教育理念、教育方式、与幼儿的关系等方面存在诸多不同,但是二者具有共同的教育目的,这给二者之间的合作提供了前提和保障。也就是说,家庭和幼儿园之间是合作关系,这就要求合作的双方是平等的,是站在平等的基础上进行的交流和合作。但是家长的教育能力和水平与教师相比处于劣势地位,幼儿教师因其专业素养而使他们在家园共育中拥有着绝对的话语权,这就造成了二者之间的合作是不平等的,因此现实中家园共育存在各种问题也就不足为怪了。

家园共育要达到1＋1＞2的效果,形成教育合力,必须转变观念,在平等的基础上进行合作。教师要认识到自己的优势和不足,正确认识和评价自己在幼儿教育中的作用,也要看到家长中潜在的巨大的教育资源,正确对待与家长的合作和交流。同时,家长也要树立教育幼儿的信心,明确自己的职责以及与幼儿园合作的必要性,积极发挥自身的作用,既不忽视对幼儿的教育,也不妄自菲薄,在家园共育中发挥家长应有的作用,共同促进幼儿的发展。

2.生命关怀视野下家园共育的基本特征

家庭是幼儿园教育活动有效开展不可或缺的资源,提升家长的教育能力以及与幼儿园合作共育的意识是幼儿园教育工作的一部分。《3～6岁儿童学习与发展指南》中也强调了家庭的作用以及家庭和幼儿园合作的必要性。在社会环境发生急剧变化的时代,家园共育更要树立新的理念,站在以幼儿生命的发展和完善视角进行合作,这样才能最终促进幼儿的发展。因此,基于生命关怀的家园共育应该具有以下特征:

第一,以幼儿生命质量的提升作为家园共育的目标。目标既是活动的起点

[①] 焦皎、吕承文:《"家园共育"内涵剖析与幼儿教育发展探究》,《太原大学教育学院学报》,2013年第9期。

也是终点,影响着活动开展的效果。家园共育是家庭和幼儿园一起教育幼儿,提升幼儿生命质量的过程,二者的目标必须保持一致才能实现教育合力,否则教育效果会等于零甚至小于零。当前对教育对象主体性的关注、促进受教育者身心的和谐发展成为教育研究的重要课题,幼儿教育同样要关注幼儿自身,关注幼儿的特点和天性,努力提升幼儿生活质量和生命的完善。实践证明,按照幼儿的规律实施教育,既能达到预期的教育目标,又能真正促进幼儿的发展。因此,家庭和幼儿园在实施教育时首先要达成的共识是幼儿的全面发展、可持续发展是教育的最根本任务,基于这样的目标进行合作,才能最终促进幼儿的发展。否则,家庭要培养"神童",幼儿园教育即使想走科学教育的道路,也会受到家庭的牵绊和影响,教育效果也难以达到。因此,二者共同的教育目的是合作的前提,家长和教师都要不断改变观念,树立新的认识,从生命关怀的角度看待幼儿的发展和教育,从而为共育打下理论基础。

第二,基于平等话语权的理念,调动家长和教师的主体地位,从而产生生命存在感。法国后现代主义思想家米歇尔·福柯认为,权力是在话语中被建构的,权力只有通过话语才能得以实现,话语与权力密不可分。[1] 话语是产生知识和实现权力的路径,同时又受知识和权力的影响。幼儿教师与家长相比,在专业知识上占有优势,这就使教师在家园共育中拥有大于教师的话语权,教师的主导地位也随之产生。但是,作为共育的双方应该都是主体,家长也有教师没有的优势和资源,比如家长对幼儿的了解比教师更深刻,在生活中也积累了丰富的家庭教育经验,这些是教师欠缺的,从这个角度讲家长也应该拥有教育的话语权。因此,教师和家长应该占有平等的话语权,双方都是教育的主体,只是分工不同、任务不同。双方应该认清自身的优势和不足,在共育中互相补充,形成教育合力,"双方在合作的过程中应该强调平等基础上的相互协作,充分利用各自优势,为幼儿的美好未来共同努力"[2]。家长和教师双主体地位的确定一方面提升了家长在家园共育中的存在感和责任感,使家长不再是教师的附庸,不再对教育持一种可有可无的态度,另一方面也引导教师树立正确的教育理念,正确看待和利用家长的作用,教师不再是单向的家园共育的实施者。双方本质的合作才能达到共同的教育目的,促进幼儿的全面和可持续发展。

第三,家长和教师都要树立终身教育理念,用先进的教育理念武装自己,使

---

[1] 袁英:《"与福柯共舞":福柯的话语理论与女性主义批评》,《求是学刊》,2013年第9期。
[2] 程天宇:《疏离与回归:家园共育理念实现的应然路径选择》,《教育探索》,2015年第9期。

自身成为优秀的合作者。终身教育理念已经深入人心,作为家园共育的双方,教师和家长都要不断学习,尤其是家长作为幼儿的第一位教师,由于不是专业的教育人员,存在育儿观念滞后、教育方法不合理等问题,更是要不断提升自身的教育知识和能力,不断学习新的教育知识,用科学的教育理念和教育方法引导孩子的成长。学习是人的生命存在和发展方式,学习的过程其实质就是人的生命优化重生的过程。① 通过学习,家长的知识、眼界、沟通能力等都能得到提升,这也是影响家长在家园共育中发挥主体地位的关键因素。作为幼儿教师,虽然是专业人士,但是学前教育的飞速发展对幼儿教师提出了新的挑战,比如关于家园共育中与家长的沟通和交流就是教师要学习的内容,针对不同类型、不同教育背景和家庭背景的家长,如何做到有效沟通,对幼儿教师来说没有现成的方法,需要教师不断去学习和摸索。因此,教师和家长都要唤起自身的教育自觉和教育理性,不断学习,在实现自身生命优化的同时给幼儿带来科学的、有效的教育,实现幼儿生命质量的提升。

---

① 吴永胜、卿小莲:《家长学习:提升家长教育理性的应然路径》,《成人教育》,2011年第2期。

第九章　家庭教育对幼儿生命的关怀

家庭是人生活的第一个场所,父母是孩子的第一任老师,家庭教育也就成为儿童接受的第一种教育形式,而且这种教育形式一直伴随着儿童,因此,其对儿童成长的影响是不容忽视的。尽管家庭教育一直存在,但是在不同时期它所发挥的作用是不同的。在今天教育共同体的模式下,家庭教育与学校教育和社会教育的融合是教育走向科学化道路的重要举措。因此,家庭教育的作用也日益凸显,幼儿家庭教育的功能更是不容小觑。在《幼儿园教育指导纲要(试行)》和《3~6岁儿童学习与发展指南》中明确提出了幼儿园要整合家庭教育的资源,积极发挥家庭教育的作用,共同促进幼儿的发展。

一、家庭教育概述

(一)家庭教育的概念

顾明远先生在其主编的《教育大辞典》中将家庭教育定义为"家庭成员之间的相互影响与教育,通常是指父母对儿女辈进行的教育"。[1] 南京师范大学家庭教育研究专家缪建东先生将家庭教育分为广义和狭义:广义的家庭教育既包括家长对子女的教育,又包括子女对家长的教育,甚至包括双亲之间、子女与子女之间、子女与祖辈之间相互产生的教育影响;狭义的家庭教育是指父母对子女所形成的影响。[2] 从顾明远先生和缪建东先生对家庭教育的界定中我们可以发现,家长对子女的教育是家庭教育中形成共识的观点,而子女对家长的影响和教育在家庭教育中容易受到忽视。"儿童富有好奇、探索和创新的精神,儿童有纯净的眼睛和纯朴的心灵,因而儿童与成人的关系不应仅仅是儿童向成人学习的单方面关系,儿童身上也有值得成人学习的东西。"[3]儿童哲学特别强调成人

---

[1] 顾明远主编:《教育大辞典》,上海教育出版社1998年版,第381页。
[2] 缪建东:《家庭教育社会学》,南京师范大学出版社2014年版,第16页。
[3] 刘晓东:《论成人也应向儿童学习:从玛格丽特·米德的代沟理论看成人与儿童的关系》,《教育导刊》,2005年第10期。

眼里要有儿童,"看见"他们,看到儿童存在的特殊性、意义,进而真正地陪伴他们,体验他们的情感,理解他们的生活方式。① 但是,要真正做到"看到"儿童,看到儿童存在的意义,体验儿童的情感,就必须蹲下来向儿童学习,这是唯一的路径,也是家庭教育中家长关注儿童生命、关注儿童生命存在的方式。

总之,家庭教育的概念包含两层含义,一是指父母对子女的教育,二是指子女对父母的影响,即"文化反哺",两者共同构成了家庭教育的内涵。前者是家庭教育固有的传统的功能,后者是家庭教育理念的更新,是亲子关系和谐的关键,是父母真正了解孩子的开始,二者缺一不可。

(二)家庭教育特点的辩证分析

家庭教育与学校教育不同,有其独特性,对家庭教育特点的分析和挖掘是发挥家庭教育功能的助推器,也是解决家庭教育不合理现象的重要途径。

1.早期性

家庭是孩子生活的第一个场所,是儿童接受教育的第一所学校,父母对孩子的教育是最早的,从出生到上学前,儿童一直受家庭教育的影响,儿童生活习惯、生活能力、个性品质、情绪情感等各方面的培养都是从家庭开始,由此可见家庭教育的重要性。家庭教育的早期性既是家庭教育的独特优势,也对家庭教育提出了更高的要求,家庭成员尤其是父母对孩子的影响是至关重要的,甚至影响儿童的一生。

家庭教育的早期性凸显了家庭教育的重要性,也对家庭教育的科学性提出了更高的要求。中国有句古话"三岁看小,七岁看大",三岁之前儿童接受的教育以家庭教育为主,孩子的生活习惯、生活能力、对环境的适应能力、性格爱好等都是前三年开始形成的,父母的教育理念和教育模式会对幼儿产生重要影响。三岁以后,幼儿园教育成为孩子成长中的另一种教育形式,但是家庭教育仍然占据重要地位。现实生活中,父母是兼职的家庭教育者,他们一般都没有接受过系统的职业训练,也缺乏教育理论修养和知识,许多人对教育工作不太熟悉,一般来讲教育工作不是他们的专长。② 因此,父母应该不断学习,树立先进的教育理念,用科学的教育方法教育孩子,这样才能发挥家庭教育早期性的优势,否则家庭教育早期性的优势会变成劣势,对孩子的发展造成不可弥补的影响。

---

① 《向儿童学习:一种"反哺"的可能性》,《福建教育》,2020年第1期。
② 黄河清:《家庭教育与学校教育的比较研究》,《华东师范大学学报》,2002年第6期。

2.灵活性

与学校教育相比,家庭教育具有灵活性的特点。家庭教育的灵活性主要表现在:没有固定模式,不受时间、地点、场合等条件限制,完全可以由家长自然安排,做到"遇物则诲""相机而教"。① 这就给家庭教育的开展带来了很大的便利,父母可以对孩子进行生活习惯、生活能力、适应社会、为人处世等各个方面的教育,而且这些教育的实施不是抽象的,父母可以结合适宜的场合和时机对儿童进行教导。同时,儿童的学习具有很大的模仿性,父母的言行举止能够给孩子带来影响。家庭教育的灵活性使家庭教育相比学校教育的实施更容易操作和更加便利,这是家庭教育的独特优势。

家庭教育的灵活性大大降低了家庭教育实施的难度,但是,没有固定模式的教育也给家庭教育带来了一定的难度。家庭教育一般没有计划,也没有系统的、固定的教育教学内容,父母的教育具有随意性,常常是家长认为需要什么就教什么,发现什么问题或情况,就进行相应内容的教育和训练。② 如果父母对孩子做不到科学的"遇物则诲""相机而教",家庭教育就会起到相反的作用。父母随时随地的教育会引起孩子的反感,不但没有效果,还会导致亲子关系恶化,家庭教育开展起来步履维艰。

3.个别化

家庭教育最典型的特点是个别化教育,每个家庭都有自己的教育理念和教育模式,父母可以结合孩子的性格特点、生活习惯和能力、兴趣和爱好等进行教育,可以最大限度地做到因材施教,这是学校教育一直追求的教育模式。父母对子女情况全面深刻而系统的了解,使家庭教育能比较容易地做到从孩子的实际出发,因材施教,"对症下药",这样有针对性地进行教育,其效果肯定是十分明显的。③

家庭教育的个别化特点使家庭教育的针对性和有效性得到了保证,但是辩证来看,家庭教育的个别化是有条件限制的,对家长的教育能力要求比较高。如果家长教育理念落后,教育方法不恰当,教育能力缺乏的话,家庭教育的个别化会成为阻碍儿童发展的重要因素。比如受市场经济和应试教育的影响,家长们对孩子的期待变得很高,为了不让孩子输在起跑线上,家长们呕心沥血,给孩

---

① 夏可树:《家庭教育和学校教育的优势互补研究》,《济宁学院学报》,2009年第6期。
② 黄河清:《家庭教育与学校教育的比较研究》,《华东师范大学学报》,2002年第6期。
③ 黄河清:《家庭教育与学校教育的比较研究》,《华东师范大学学报》,2002年第6期。

子制订各种"神童"培养计划,让孩子在本该无忧无虑的年纪承担着父母过高的期望。为了实现自己的愿望,家长们不顾孩子的个性和兴趣,把儿童置于忙碌的学业中,儿童的生活能力、人际交往能力、社会适应能力在父母看来都是可有可无的东西。在这样的条件下,个别化的家庭教育反而成了孩子发展的最大阻碍。

4.终身性

家庭是人类生活的基本形态,家庭教育也就成了最常见、持续时间最久的一种教育形式,因此家庭教育具有终身性的特点,这与现代教育提倡的终身教育理念是吻合的。近年来,家庭教育在儿童的成长中有逐渐削弱的趋势,一方面很多家长认为教育是学校的事情,另一方面因为家长自身的教育能力影响到家庭教育水平。十八大以来,习近平总书记多次在谈话中强调家风和家教的重要性,习近平指出:"家庭是社会的基本细胞,是人生的第一所学校。不论时代发生多大变化,不论生活格局发生多大变化,我们都要重视家庭建设,注重家庭、注重家教、注重家风。"①因此,家庭教育的地位和作用是不容忽视的。北宋政治家、史学家和思想家司马光更是强调了家庭教育的重要性及终身性的特点。司马光的家庭教育理念,不仅仅是局限于对幼一辈的教育,更是对家族所有成员从幼儿到成年的终身教育。②《温公家范》中司马光要求"为父母者,慈严、养教并重;为子女者,孝而不失规劝;为兄者,富弟并友好待之;为弟者,恭敬而顺从;为夫者,相敬不悖礼;为妻者,谦顺且守节"。由此可见,人的一生在不同时期要扮演不同的角色,每一种角色都要接受不同的教育,家庭教育是一个终身的适应于各种角色转变的教育模式。

家庭教育的终身性是家庭教育相对学校来说特殊的地方,尽管在终身教育理念的指导下我们提倡"学到老,活到老",但是走出学校进入工作岗位的学习是个体自身自主性的表现,与学校教育截然不同。但是,不论什么时候,家庭教育的功能是没有变化的,对人的影响是持续一生的。当然,在个体已经成熟的情况下,家庭教育对个体的影响不再是被动的,个体有自身的价值判断,会选取有利于自己的教育影响,家庭教育的功能一定程度上会减弱,但是这丝毫不影响家庭教育终身性的特点。

---

① 《习近平:不论时代发生多大变化都要重视家庭建设》,新华网,http://www.chinanews.com.cn/gn/2015/02-17/7072454.shtml,访问日期:2015年2月17日。
② 胡小雪:《传统家训与当代家庭教育:〈温公家范〉的历史分析》,苏州大学硕士论文,2019年。

(三)家庭教育的功能

家庭的功能是指家庭在人们生活和社会发展方面所起的作用,家庭的功能是多方面的,主要表现为:经济功能、生育功能、抚养和赡养功能、教育功能、感情功能、休息和娱乐功能、政治功能、宗教功能等。① 其中,教育功能是家庭功能最主要也是最基本的功能之一,在社会发展的不同时期,家庭教育功能有加强或者减弱等现象,但是不论怎么变化,家庭的教育功能都是家庭功能中最重要的功能,只要家庭存在,家庭教育功能就不会消失。

人的一生要具备三种能力,一是料理自己的能力(主要来自家庭教育);二是职业技能(学校教育为主,家庭教育为辅);三是社会交往技能(来自家庭、学校、组织、媒体、同伴等)②。由此可见,人在掌握这三种能力的过程中离不开家庭教育,家庭教育功能的发挥是家庭教育价值的最佳表现形式。随着社会的发展和改革开放的深入进行,我国社会生产力迅速发展,对人才的要求更高,传统的代代相传的知识和技术已不能完全适应社会的发展,"传统的工艺,父辈们过时的知识、技能以及缺乏现代化教育设备和方式方法的家庭教育,不可能培养出适应我国社会加速变革需要的新型智力劳动者"③。以培养技术人才为主的学校教育的呼声越来越高,家庭教育功能有减弱的趋势,但是家庭教育仍然不会消失,这与我国社会主义生产关系的性质是分不开的。新时期我国对人才的要求是社会主义新人,是全面发展的人才,家庭教育目标与国家的培养目标是保持一致的,仍然具有以下特征:"第一,培养各种对于社会主义物质文明建设和精神文明建设有用的专门人才。在这方面家庭教育主要是做好一些基础性的工作,有效地促进新生一代的身体心理、智力和个性的健康发展。第二,培养具有大公无私和高度集体主义思想的新生一代。第三,培养热爱中国共产党,对社会主义充满信心的新生一代。第四,培养具有民族自尊心的,对国家民族具有高度责任感和自豪感的新生一代。第五,培养具有强烈的社会主义道德感和荣辱观的新生一代。第六,培养既具有强烈创造精神、勇敢精神、又遵纪守法的新生一代。"④因此,家庭教育与国家教育目标是保持一致的,家庭教育功能仍

---

① 郭阳丽:《基于家庭教育功能的儿童社会化研究》,《教育前言》,2015年第9期。
② 那顺乌力吉:《发挥家庭教育的特有功能,让孩子在多重教育下成长》,《内蒙古民族大学学报》,2012年第1期。
③ 王格:《家庭教育功能及其发展趋势》,《西南师范大学学报(哲学社会科学版)》,1988年第2期。
④ 王格:《家庭教育功能及其发展趋势》,《西南师范大学学报(哲学社会科学版)》,1988年第2期。

然是家庭最主要的功能。

基于此,幼儿园教育与家庭教育的结合和共育才是实现学前教育目标的根本,没有脱离家庭教育的幼儿教育,家庭教育的作用不可忽视,必须很好地加以利用。同时,家长也要端正态度,正视家庭在幼儿成长过程中的作用,切实地把家庭教育功能发挥出来。

二、家庭教育中异化幼儿生命的现象分析

家庭教育功能是家庭功能的重要组成部分,是由我国社会主义性质决定的,在儿童的成长中占据不可忽视的作用。在现实生活中,家庭教育的作用有积极的也有消极的,积极的作用能够促进儿童的发展,并且能够促进学校教育的顺利开展;消极的作用则会阻碍儿童的发展。要发挥家庭教育的证明作用,就必须对家庭教育中阻碍幼儿发展、异化幼儿生命的教育现象进行挖掘和分析,才能使家庭教育的应然功能发挥出来。

(一)忽略儿童生命的基本特点,违背儿童生命发展的规律

家庭教育中,父母大多不是专业的教育人士,对孩子的教育是父辈凭着自己接受的教育模式和自身的经验进行的。尽管也有一些年轻的父母会去关注育儿的相关问题,但是在教育幼儿的过程中,父母的儿童观和教育观仍然存在不合理的地方,这些对幼儿生命的成长来说是非常不利的。

1.不尊重孩子,把孩子当成父母的附属品

随着生产力的发展,家庭结构也随之发生变化,核心家庭成为我国主要的家庭结构模式,年幼的孩子成为家庭的核心,"家族之间的联系也越来越淡,这时候的家庭越来越成为一个相对封闭的小型社会组织和社会系统"①。子代逐渐脱离父代的依赖,核心家庭的亲子关系成为家庭主要的社会关系,对孩子的教养成为家庭的重要内容。由于幼儿生理和心理的不成熟,对父母的依赖使父母无形当中产生了不需要尊重孩子心理,父母代替孩子做决定、包办代替等现象更是司空见惯。特别是"由于受中国根深蒂固的封建文化的影响渗透,在现代家庭中不乏依然存在父权至上的'长老统治',这种父亲为权力结构中心的思

---

① 亢林贵:《从父权到平权:中国家庭中权力变迁问题探讨》,《山西青年管理干部学院学报》,2011年第1期。

想不同程度地存在于现代家庭中"①。在这样的家庭中,孩子没有独立的地位,被当成父母的附属品;孩子需要听从父母的安排,父母也理所当然地认为孩子就要听自己的,自己都是为了孩子好等等。父母悉心照料孩子的生活,设计孩子的成长路径,规划孩子的未来等。

父母权威下的教育模式是忽视和压抑幼儿自身的意愿和要求的,这样的家庭教育会出现两种教育结果,其一是幼儿变成了没有主见,只会听从的"乖孩子",这样的孩子是缺乏生命力的,失去了童年期孩子该有的朝气和活力,在离开家庭走进社会后会出现适应困难,随波逐流等现象。其二是当孩子长大到能反抗父母的时候就会出现完全脱离父母的管教,出现所谓的"叛逆期",父母对孩子束手无策,造成亲子关系紧张,父母教育无力等结果。究其原因是幼儿在童年期受到父母的管教太多,没有表达自己心声的权利和机会。随着儿童生理和心理的逐渐成熟,不再完全依赖父母的时候,开始行使自己的权利,父母对孩子的变化无所适从,给家庭教育带来了难题。

2.忽视幼儿生命的完整性和创造性

幼儿是独立的生命个体,是有着三维生命存在的完整的个体,这是对幼儿的基本认识,也是幼儿教育实施的重要依据。但是作为幼儿教育的一部分——家庭教育,存在忽略儿童生命完整性和创造性的现象。儿童承载着家庭和父母的希望,尤其是独生子女阶段,一个家庭只有一个孩子,孩子成为家庭的核心,父母生活和工作的重点都是孩子,为了孩子能出人头地,为了实现自己未能实现的愿望,很多父母成了"孩奴"。同时,父母的做法也使孩子的生活变得沉重、压抑,孩子生活中唯一的事情就是学习和考试。"儿童的生命活动似乎在很大程度上都处于一种认为的被'催熟'状态。在'不让孩子输在起跑线上'等曲解化观念的驱使下,人们更加追求获得尽可能多的世俗性资本,并将这种观念片面地强加到孩子身上,投射到对孩子的教育中去。"②儿童变成了实现父母愿望的工具,儿童生命的多样性和完整性被窄化和单一化。当孩子在小学以后的学习中获得了比较好的成绩时父母会沾沾自喜,更会觉得自己的教育是英明的;如果孩子的成绩没有如愿时,父母会去反思自己的教育是不是不够严格,给孩

---

① 宋坤:《从中国家庭三角结构中权力变迁的视角解读父母的儿童观》,《教育导刊》,2012 年第 11 期。

② 夏梦、陶嘉欣、张晋:《生命特性在儿童教育中的疏离与回归:基于柏格森生命哲学的视域》,《教育与教学研究》,2018 年第 9 期。

子的教育内容是不是太少了等等。父母不会反思的就是自己的教育模式是不是违背了儿童生命的特点和规律,孩子生命的完整性是不是被割裂了等诸如此类的问题。

3～6岁是好奇好问的年龄,儿童充满了对世界的探究兴趣和欲望,在探究的过程中儿童的奇思妙想也会被激发出来,儿童是具有巨大创造潜力的个体,"创造是儿童生命本质的体现,是个体先天具有的一种生命特性。这种创造的本能,具有发展的内在需求与潜能,儿童可以主动吸收外界环境的信息来构筑自己的精神世界"①。这是大自然赋予儿童的财富,是儿童生命活力的展现,也是儿童与成人的重要区别。然而,在现实的家庭教育中,父母对孩子的"为什么"是不耐烦的,对儿童的奇思妙想是嗤之以鼻的,对儿童的创造发明是排斥的,等等。在父母的打压和控制下,孩子的手和脚被束缚起来。孩子的大脑也被禁锢起来。在父母看来,唯一合理的事情就是读书和学习,至于创造发明,那是科学家的事情,是孩子长大之后的事情,当务之急就是好好读书,考上理想的大学。经常挂在父母嘴边的话就是"等考上大学,你想做什么就做什么"。然而,生命某一瞬间或阶段的闪光点错过了就很难再出现,"从最初生命的静态存在、活力的过于柔软,到生命冲动的唤醒和喷发,生命流动的每个瞬间都是崭新和不可预见的瞬间,时刻处在一种发展、成长和成熟的进化状态"②。

3.没有认识到童年期的特点和意义

儿童期是生命成长中一个重要且不可替代的时期,有其独特的价值和存在的意义。然而,家长们在家庭教育中往往不愿承认童年期的存在,或者不愿等待儿童慢慢长大,总觉得时间短暂,时间就是金钱,没办法等儿童慢慢成长。因此,"拔苗助长""幼小衔接班""神童培养班""少年大学生"等各种满足家长意愿的培养计划和培训班充斥市场,家长们每天带着孩子穿梭于各种培训班,对这一切的辛苦都甘之如饴。然而,太多的教育现象证明了父母的做法是错误的。童年期就是童年期,不能忽略,更不能直接过渡到少年期,必须给孩子时间,等待孩子的成长,因为即使"学前儿童有学习能力,但是我们不能因为他有初步的学习能力,就让期负担大量的学习任务;不能因为他有初步的学习能力,便堂而皇之地使种种学习任务生硬侵入学前儿童的生活。道理很简单:不能因为儿童

---

① 夏梦、陶嘉欣、张晋:《生命特性在儿童教育中的疏离与回归:基于柏格森生命哲学的视域》,《教育与教学研究》,2018年第9期。

② [法]亨利·柏格森:《创造进化论》,商务印书馆2004年版,第11页。

会走路,就让他日行千里、夜行八百"①。否则,不但不能培养出"神童"和"少年大学生",还会像卢梭说的那样,造就一些"年纪轻轻的博士"和"老态龙钟的儿童",他们长得既不丰满,也不甜美,很快就会腐烂。

总之,童年期是生命成长和发展的重要时期,不会因为人为的改变而减少或者消失。任何加速或者忽略童年期的做法都是错误的,这是生命本身的特点决定的,所以家庭教育必须认识到这一点,否则在教育孩子的过程中就会出现各种问题,成为家庭教育的负担,不但损害了亲子关系,更伤害了孩子生命的完善,影响孩子生命质量的提升。

4. 重知识教育,忽视孩子行为习惯等非智力因素的培养

家庭教育与学校教育相比有优势,但是也有不足的地方,如家长的非专业性,非系统性和无计划性等。在家庭教育中,受父母自身基本素质、受教育程度和教育观念的影响,家庭教育内容存在着偏差,知识教育成为家庭教育的主要内容。当然,这里谈论的不是儿童在家里接受知识教育,而是父母比较关注儿童的智力发展和学科知识教育,本着这样的教育理念,儿童的生活就简单化和单一化了。在《虎妈战歌》一书中,作者蔡美儿(耶鲁大学法学院教授)介绍了自己是如何以中国传统方法管教两个女儿的。比如规定她们除了体育与话剧,其余成绩必须拿 A;不准看电视或玩电子游戏;不能在中学阶段交男朋友;不准夜不归宿;琴练不好不准吃饭;不准参加学校的小组娱乐活动等等。②《虎妈战歌》在一段时间内引起了强烈的轰动,尽管也有人去批判虎妈的教育方法,但是在自己的家庭教育中,模仿虎妈做法的家庭教育模式仍然大量存在,还美其名曰"为了孩子好"。在父母的悉心教育下,孩子们成了学习的工具,书本知识以外的内容儿童是没有涉足的,大自然、同伴之间的玩耍和交往、社会生活等在儿童的生活中是缺失的,儿童的生活能力、交往能力和社会适应能力等也没办法得到发展。

在幼儿的发展中,父母最容易忽视的就是自然和人际关系,这些被父母当作可有可无或者长大了自然就会的事情,没有必要花时间去教、去学。尤其是随着生活节奏的变快以及网络信息时代的到来,家长带孩子走进自然的时间越来越少,孩子与自然的亲密关系愈发疏远。作为幼儿发展中重要的同伴关系,是继亲子关系之后影响儿童发展的重要关系,并且和谐友好的人际交往能够带

---

① 刘晓东:《中国学前教育需要革命性变革》,《教育导刊》,2005 年第 7 期。
② CHUA A: *Battle Hymn of the Tiger Mother*. New York:Penguin Books,2011.

给孩子融洽感、适应感、亲密感和幸福感。但是随着城镇化步伐的加快,城市生活的模式将孩子限制在狭小的家庭范围内,儿童与同伴交往的自由和权利被剥夺了。人的根本属性是社会属性,适应社会、习得适应能力是儿童适应社会所必需的经验、能力与品质。这些能力的获得一部分可以在儿童成熟到一定程度时自然获取,但是童年期的经历和体验对孩子来说是至关重要的。剥夺了儿童与自然、与同伴、与社会的亲密交往,他们的幸福体验就会少很多,儿童的生活也将是单调乏味的,儿童生命的质量会受到很大的影响。

(二)父亲角色的缺失给幼儿带来不利的影响

1.父亲参与家庭教育的理论基础

费孝通认为:"在家庭中,父亲,母亲和子女构筑了家庭中的基本铁三角,夫妇不仅是男女间的两性关系,而且还是共同向儿女负责的合作关系。这两种关系不能分别独立,夫妇关系以亲子关系为前提,亲子关系也以夫妇关系为必要条件。"①由此可以看出,家庭中父母和子女组成的铁三角关系是维持家庭关系稳固和谐的重要因素,缺失了任何一组关系,家庭的稳定性就会受到影响,而且家庭关系中,夫妇关系和亲子关系是互为前提和互相影响的。家庭教育是家庭功能的重要内容,家庭教育中父母和子女作用的发挥同样也可以用费孝通的家庭关系理论进行说明。也就是说,在家庭教育中,孩子是家庭教育存在的前提和基础,父母对子女的教育是家庭功能发挥的表现,也是稳固家庭关系的重要因素。父母对子女的教育包括父亲和母亲双方对子女的教育,二者是共同存在的,不可缺少任何一方,否则家庭教育就是不平衡的,家庭关系也会受到影响。

2.父亲角色缺失会对幼儿的发展带来不利影响

受我国传统"男主外、女主内"思想的影响以及社会发展对家庭生存带来的压力,家庭中以母亲教育孩子为主,父亲角色在家庭教育中是缺失和淡化的。在提倡儿童的全面和可持续发展的今天,家庭教育不平衡的状态日益成为阻碍家庭教育向良性发展的重要因素。大量实践证明,父亲对儿童的发展具有非常重要的影响。研究发现,父亲通过角色期待、抚养方式、游戏互动等影响儿童性别角色的认同和稳定性,同时也影响儿童的自我概念、未来婚姻观和社会归属感等性别角色内容的发展。李文道等人的研究发现②,父教缺失的孩子更容易

---

① 费孝通:《乡土中国·生育制度》,北京大学出版社1998年版,第159页。
② 李文道、孙云晓、赵霞:《父教缺失的研究现状及应对策略》,《中国特殊教育》,2009年第10期。

违法犯罪,父教缺失影响孩子的性别化进程,危及孩子的同伴关系,影响孩子的心理健康,出现情绪沮丧、自暴自弃、不求上进、厌恶交友、急躁冲动、喜怒无常、感情冷漠、逃课、早恋、离家出走、偷盗、喜欢使用暴力等状况,即"父爱缺乏综合征"。[①] 杨洁、余婧的研究[②]发现,父教缺位会影响儿童的社会性发展,正常家庭与父教缺位的家庭教养下的幼儿的确在性别角色定位、同伴交往以及人格发展中存在差异,且这种差异是长久的。丁巧瑞的研究[③]发现,在城市化的快速推进中,城中村家庭教育并没有跟上自身的社会变迁,甚至出现明显的断裂。城中村家庭教育中存在父亲参与度低甚至缺失、教育观念陈旧、教养方式简单粗暴、教育能力薄弱、再学习能力欠缺、家庭关系紧张等问题。

综合以上研究可以看出,父亲在家庭教育中扮演着重要的角色,对儿童的成长来说起着不可替代的作用,必须加以重视,否则,家庭教育的问题仍然得不到解决,更严重的是会影响幼儿生命的和谐性和完整性。

(三)留守幼儿父母角色的缺失使幼儿存在诸多行为问题

21世纪以来,随着城镇化步伐的加快,留守儿童成为一个特殊而庞大的群体,3~6岁的留守儿童称为留守幼儿。留守幼儿大多是跟着爷爷奶奶生活,与父母在一起的时间非常少,由此出现了"亲情空洞"[④],具体表现在:留守儿童的物质条件比较好,但是由于得不到父母的呵护和关爱,儿童的精神情感供给不足。留守幼儿基本上是祖父母照顾和教育,祖父母由于年龄以及受教育程度不高等原因对留守幼儿的教育能力缺乏。因此"亲情空洞"造成了留守儿童烦乱度和迷茫度提高,冷漠、怨恨、仇视等情绪加强,社会认知与行为存在偏差,甚至出现一些过激行为。还有研究发现,留守儿童由于其家庭环境的改变形成了以下人格特点:一是乐群性低,比较冷淡、孤独;二是情绪不稳定,易心烦易乱,自控能力不强;三是自卑拘谨,冷漠寡言;四是比较圆滑世故,少年老成;五是抑郁压抑,忧虑不安;六是冲动任性,自制力差;七是紧张焦虑,心神不定。[⑤] 王芝荣

---

① 黄鸿、李雪平:《父亲参与对儿童性别角色形成的影响及教育启示》,《基础教育研究》,2013年第5期。
② 杨洁、余婧:《父亲角色对3~6岁幼儿社会性发展的影响研究》,《早期教育(教科研版)》,2016年第1期。
③ 丁巧瑞:《浅析城中村家庭教育的父位缺失问题与对策》,《新课程》,2018年第10期。
④ 袁指挥:《留守儿童"亲情空洞"问题发生的特殊性与防范》,《中国教育学刊》,2016年第5期。
⑤ 范方、桑标:《亲子教育缺失与"留守儿童"人格、学绩及行为问题》,《心理科学》,2005年第4期。

的研究表明①：留守幼儿主要出现的行为问题是在幼儿园生活中内心孤僻，缺乏必要的语言沟通，对不良行为的抵制和判断能力差。

已有对留守幼儿出现问题的研究表明了家庭教育中父母对幼儿发展的重要作用。家庭是幼儿生活的第一场所，父母是孩子生命中最重要的人，幼儿对自己和他人生命的认知、安全感和信赖感都来自父母，幼儿对自我生命的接纳，对生命价值的肯定和生命意义的领略，对生命存在乐趣的体验和对幸福生活的感受，以及对生命世界的普遍关爱无不受到父母的影响。幼儿在与父母的互动中不断丰富其生命情感，积极的生命情感促使幼儿主动走向世界、探究大自然的奥秘；消极的生命情感则意味着对生命的否定与无望，促使幼儿漠视生命，从而走向生命状态的沉沦。因此，父母应该帮助幼儿感知世界、认识世界的人和事，形成积极的生命情感。

(四)二孩家庭中幼儿生命发展存在的问题

习近平总书记指出：家庭是社会的基本细胞，是人生的第一所学校。不论时代发生多大变化，不论生活格局发生多大变化，我们都要重视家庭建设，注重家庭、注重家教、注重家风。家庭和睦则社会安定，家庭幸福则社会祥和，家庭文明则社会文明。2016年1月1日二孩政策出台后，两孩家庭的家庭关系发生了变化，在新的家庭结构和家庭关系中，如何处理两个孩子的关系，公平对待两个孩子的成长，合理施教成为重要的研究话题，也是新时期家庭教育面临的重大挑战。

随着全面两孩政策的实施，生育两个孩子的家庭逐渐增多，在第二个孩子到来后，如果父母没有良好的应对措施，不能科学的教育两个孩子，会导致孩子出现问题。刘国祥的研究②发现，首先二孩家庭由于不和谐环境气氛促使幼儿缺乏安全感，长子女自卑、质疑父母对自己的爱，同时也怀疑自身的价值；幼子女敏感，如若发现父母对自身的爱稍有转移便会出现焦虑情绪，变得敏感脆弱。其次，由于大孩没有习惯弟弟妹妹的到来，不知道如何与弟弟妹妹相处和分享，会导致长子女自私自利，幼子女易于依赖他人。幼子女被视作家庭中的"最弱小者"，受到了太多的过度保护，因此他们往往会更加地依赖家庭成员，不利于

---

① 王芝荣：《浅谈3～6岁农村留守儿童行为偏差产生的原因》，《课程教育研究：学法教法研究》，2018年第26期。

② 刘国祥：《谈二孩政策背景下的幼儿心理健康教育》，《甘肃教育》，2019年第13期。

独立人格的养成。最后,父母在对待两个孩子时,往往会出现不公平的情况,这会导致长子女懦弱、幼子女任性等。

二孩家庭由于家长教育观念模糊,爱心、责任心和分享等教育内容的缺失,教育方法的不恰当等原因给孩子的成长带来了不利的影响,同时也造成了家庭关系的紧张。因此,如何合理处理两个孩子的关系,使两个孩子都得到健康的成长,积极发挥和利用两个孩子的优势是新的家庭结构下家庭面临的重要问题。

三、家庭教育中异化幼儿生命的原因分析

《国家中长期教育改革和发展规划纲要(2010—2020年)》明确提出了家庭教育在教育改革和发展中的地位和作用,强调"充分发挥家庭教育在儿童少年成长过程中的重要作用"。在现实生活中,家庭教育出现了各种问题,幼儿生命的发展受到不良影响,要使幼儿家庭发挥积极的作用,促进幼儿生命的发展和完善,必须对影响家庭教育实施的因素进行解读和分析,才能对症下药,才能采取有针对性的措施改革家庭教育中的问题,从而优化家庭教育的效果。

(一)社会转型给家庭教育带来了巨大的冲击

家庭是社会系统的子系统,与社会其他系统密切联系,因此家庭在发展中会受到社会变革、转型的影响,家庭教育是家庭快速适应社会转型带来的急剧变化的重要手段,当家庭在适应社会发展出现困难时,家庭教育就会出现异化现象。比如作为我国社会转型期农村家庭教育中最具挑战性的难题——农民工随迁子女和留守儿童问题,实质上是一个问题的两个方面,其直接原因均为农民进城务工,导致家庭教育缺失。[①] 由此可见,家庭教育在发展的过程中必须正确处理社会变化带来的机遇与挑战。

1.工业化与城市化的影响

工业化和城市化改变了人们原有的生活模式,父母对孩子成才的期待更加迫切。工业化时期,劳动方式发生改变,社会对人才尤其是高科技人才的新要求与日俱增。同时城乡之间迥然相异的生活方式、社会结构和精神气质,使得

---

① 李晓伟:《论我国社会转型期农村家庭教育的困境与突破》,《教育学报》,2012年第6期。

富有效能、活力和发展机会的城市犹如一个巨大的磁场,吸引着居住在闭塞、落后的乡村的人们。① 工业化对人才的需求和城市化给人们生活带来的改变使人们的思想观念改变了,要改变命运,走出闭塞、落后的农村,奔向现代化的大城市,只有抓教育而且是从小抓教育,因此,教育的地位也达到了最高点。再加上中国传统的"学而优则仕"观念的影响,父母开始重视孩子的教育,尤其是以培养智力为主的知识教育。在这种社会变迁时期,儿童所接受的教育仍然以应试教育为主,尽管应试教育的弊端已经被学者专家指出来,但是在大形势下,丝毫没有阻挡父母对"天才儿童""少年大学生"的狂热追求,幼儿期作为人生的早期阶段,当然首先受到影响。

2.人口政策的影响

两孩政策出台以来,社会的各个领域都发生了很大的改变,广泛涉及人口、经济、教育、医疗等。微观领域,两孩政策对家庭结构、家庭成员关系、家庭教育及女性自身发展等都产生了一定的影响。两孩政策实施后,家庭原有的"421"模式发生改变,家庭成员的分工和责任都发生了变化。风笑天、王晓焘的研究认为:"全面两孩"政策必然导致家庭领域的一系列变化,有利于保持家庭生命周期完整性,有利于完善家庭关系网络,而新的家庭关系的出现为父母和独生子女的社会化过程提供了新的学习内容。② 因此,在人口政策改变带来的家庭结构和家庭关系发生重大改变的时期,良好的、科学的家庭教育成为适应新的人口政策的重要途径。

但是,现实生活中,两孩家庭面临着很多急需协调的矛盾和关系,比如随着第二个孩子的到来,原有的亲子关系势必受到影响,父母要把精力分配到两个孩子身上,如何做到公平对待每一个孩子?尤其是受"重男轻女"思想的影响,如何保证家里的男孩和女孩得到父母一样的爱和关注?这些问题的解决既影响良好亲子关系的建立,也对两个孩子的发展有着至关重要的影响,是家庭关系和谐与否的重中之重。还有,二孩家庭随着女性重新回归工作岗位,儿童看护需求增加和儿童看护资源不足的矛盾日益突出,在中国的家庭关系文化背景下,老年人成为儿童看护资源的重要提供者。在隔代看护的过程中,祖父母同样面临和父母一样的问题,如何平衡对两个孩子的爱,做到不厚此薄彼?祖父母与父母之间教养理念如何协调?两孩家庭跟独生子女家庭相比,家庭关系变

---

① 李晓伟:《论我国社会转型期农村家庭教育的困境与突破》,《教育学报》,2012 年第 6 期。
② 风笑天、王晓焘:《全面两孩政策与中国家庭结构变迁》,《中国人口报》,2017 年 4 月 10 日。

化最大的就是同胞关系的出现。同胞关系在一定程度上减少了"独生子女病"的问题,但是大孩如何适应弟弟妹妹的到来?两个孩子如何分享父母的爱?如何理解和接受父母处理自己与同胞关系时出现的"不公平"?两个孩子如何彼此接纳、好好相处等问题也成为父母觉得最棘手的难题,必须得到相应的指导和帮助。

人口政策使家庭里出现了两个孩子,本来两个孩子可以一起成长,共同分享成长的甜蜜和美好,每个孩子的生命都会得到丰富,但是教育问题也随之而来,成为阻碍儿童生命和谐发展的重要因素。

(二)父母自身的影响

《三字经》里写道:"昔孟母,择邻处。子不学,断机杼。窦燕山,有义方。教五子,名俱扬。养不教,父之过。"由此可以看出父母对孩子成长的重要影响。另外,幼儿具有很强的模仿能力,父母的言行举止、父母的教养方式和教养理念等都会影响孩子的成长和发展。

1.父母的受教育程度

社会转型和发展使父母对孩子产生了很高的期待,不论父母的受教育程度如何,都把孩子的成才列为家庭的第一要事,也就是说对孩子的期待不受父母受教育程度的影响。但是,父母的受教育程度却影响家庭的整体文化素质和文化氛围,家庭的教育理念和教育模式,以及父母和孩子的相处模式。受教育程度高的父母,除了学业,对孩子的行为习惯、道德品质和各项才能都比较重视,也比较重视自身的言传身教,比如会和孩子一起阅读、一起探索等。受教育程度低的父母由于自身没有太大的教育能力,会把对孩子的教育寄托在学校或者各种培训班,父母能够给孩子提供的就是好的物质条件以及高昂的培训费用。父母对孩子的学业要求更多,其他方面的教育则可有可无;与孩子一起阅读、画画、探究的时间比较少,也不太注重自身行为对孩子的影响。

2.父母的教养方式

家庭教养方式是指父母对子女抚养教育过程中所表现出来的相对稳定的行为方式,是父母各种教养行为的特征概括。[①] 父母的教养方式有很多种,比较常用的是把家庭教养方式分为民主型、专制型、溺爱型和忽视型,理论和实践证明,民主型教养方式对孩子的成长更为有利。但是,在大部分家庭中,溺爱型的

---

① 徐慧、张建新、张梅:《家庭教养方式对儿童社会化发展影响的研究综述》,《心理科学》,2008年第4期。

教养方式占据主要地位。张爱玲、马秀琴(2018年)对甘肃省广河县父母教养方式进行了研究,研究发现①:广河县的父母教养方式多趋向于溺爱型,所占比例为44％,忽视型所占比例最少为14％,专制型的父母教养方式所占比为18％,位居第三;而民主型的父母教养方式位居第二,仅占24％。民主型的教养方式是相对科学、合理的教养方式,但从调查的数据来看所占比例比较少,由此可见广河县的父母采用科学教养方式的现状很不乐观。溺爱型的教养方式使孩子在成长的过程中养成了不好的行为习惯和生活习惯以及任性的性格等。专制型和忽视型的教养方式是两种极端,对孩子的成长非常不利。父母充满温暖和爱的管理方式更易于让子女服从,并且充满爱意和温暖的父母制定的严厉纪律是有效的,相反,对孩子一向冷漠的父母对孩子的实际影响较小。② 由此可见,父母的教养方式对幼儿的成长有着至关重要的影响,是家庭教育中的重要问题。

3.父母的教养观念

家庭教育观念是父母的或家长的教育观念,是指父母或家长在教育和培养子女的过程中,对子女发展以及如何发展所持有的基本、整体的观点。③ 教育观念,包括家长的儿童观、教育观、亲子观、儿童发展观等,随着社会的发展、父母自身受教育程度等的影响发生了重要的变化,并且日趋科学。但是,教育观念中不合理的地方仍然存在。比如传统的"家长制"逐渐消失,平等的亲子关系逐渐占据主导地位,但是父母对儿童的认识仍然存在偏差,没有真正把儿童当作独立的个体,仍然忽视儿童生命的独立性和完整性;家长的教育观日渐科学化,因材施教、注重与学校教育的衔接等成为家庭教育的进步表现,但是"家长对儿童教育目标、教育期望以及教育过程与结果等方面的认识仍存在一定的观点偏差"④。还有,受传统文化、观念等的影响,"男主外、女主内"的现象依然存在,很多父亲内心都有一种"大男子主义"的倾向,这就在很大程度上造成了父亲没有承担起家庭教育的任务,"父亲责任缺失,不仅阻碍了儿童的身心发展,而且也助长了儿童的反社会行为倾向"⑤。教育观念影响甚至决定着教育行动,父母的

---

① 张爱玲、马秀琴:《父母教养方式对幼儿个性发展的影响:以甘肃省广河县为例》,《大庆师范学院学报》,2018年第1期。
② 杨青:《父母教养方式与儿童人格发展关系之探讨》,《内蒙古师范大学学报(哲学社会科学版)》,2004年第5期。
③ 刘秀丽、刘航:《幼儿家长家庭教育观念:现状及问题》,《东北师范大学学报》,2009年第5期。
④ 刘秀丽、刘航:《幼儿家长家庭教育观念:现状及问题》,《东北师范大学学报》,2009年第5期。
⑤ 冯永刚:《道德启蒙教育中父亲责任缺席的原因、危害及教育对策》,《教育导刊(下半月)》,2012年第4期。

教育观念是家庭教育的先导,必须不断改进,使其逐渐科学化,这样才能保证家庭教育的有效性,使幼儿受到正面的、健康的和科学的教育,使幼儿的生命能得到全面和完善的发展。

(三)家庭教育不一致使幼儿的生命出现了偏差

1.家庭教育不一致概念解析

家庭教育是儿童最早接受教育的场所,在家庭中,父母、祖父母都是影响幼儿发展的重要他人,他们对儿童施加的影响可以形成教育合力,以更好地促进儿童的成长。但是在现实生活中,家庭教育的各种力量存在互相制约甚至相互抵消的现象,因此,如何使家庭教育保持一致,发挥教育合力是解决和提升家庭教育效果的重要举措。家庭教育一致性问题也逐渐走进研究者的视野,李红玲的研究中提出了家庭教育一致性的概念[①]:家庭教育主体间在教育观念、教育目标、教育内容、教育方式等等层面力求协调、统一,家庭教育主体自身教育前后、言行的协调一致。由此可见,家庭教育的一致性不仅指家庭中对幼儿实施教育的所有成员之间的协调统一,也包括一个单独的教育者自身对幼儿要求的一致性。由于受到家庭成员自身的教育观念、对幼儿的期待和教育方式等影响,家庭成员之间的教育一致性成为比较难的一个话题;即使是爸爸或者妈妈单独教育孩子,由于一些因素的影响,也存在着前后不一致的现象。

2.家庭教育不一致的危害

当家庭教育中出现不一致的情况时,幼儿的成长就会出现偏差。一些学者的研究表明,家庭成员之间教育不一致不仅会影响父母的教育权威,影响家庭关系的和睦,更会影响孩子的发展。首先是影响幼儿人格的发展。家长教育要求不一致,会给孩子的不合理愿望和需要制造投机取巧的机会,容易使幼儿养成两面派的习惯、市侩作风,当着这一家长的面是一套,当着另外一个家长的面又是另外一套,时间久了会影响幼儿人格的发展。其次,家庭教育不一致还会影响幼儿社会性的发展,父母教育要求的不一致,导致孩子缺乏一个可以认同的行为标准,会在两种甚至多种不同的行为标准中摇摆和抉择,有碍于儿童的社会性发展。最后,教育不一致会影响幼儿的心理健康。学前期的幼儿心理发展不成熟,需要一个良好的积极的成长环境。因此,当家庭成员出现不一致的

---

① 李红玲:《农村家庭教育一致性问题研究》,东北师范大学硕士论文,2012年。

情况时,会造成争吵,甚至大打出手的局面,使家庭关系变得紧张,在这种家庭环境下,"幼儿会压抑自己的本来感受和天性,行为上会谨小慎微,生怕因为自己而触发家庭战争的导火线。有的孩子可能会因为父母的行为而产生怨恨心理,变得沉默寡言,把自己封闭起来"[①],幼儿的心理发展会受到严重影响。

家庭教育不一致不但给孩子的成长带来了很多不利的影响,还影响了家庭关系的和谐,家庭教育环境也会受到破坏。因此,家庭教育的一致性是家庭教育中需要重点研究和解决的问题,也是影响幼儿生命成长质量的关键因素。

四、家庭教育关怀幼儿生命的必要性和可行性分析

(一)家庭教育关怀幼儿生命的必要性分析

1.家庭教育在幼儿生命成长中是不可忽视和不可替代的

家庭教育、学校教育和社会教育是人接受的三种教育形式,三者各有自身的特点和价值,不可忽视且不可替代。家庭教育作为儿童接受教育的最早场所,其教育质量影响着儿童的发展。"三岁看大、七岁看老"的传统思想揭示了学前教育阶段家庭教育的重要性,因此不能忽视或者忽略家庭教育的作用。同时,家庭是儿童生命成长的第一场所,从出生开始,孩子与父母就产生了亲子关系,这是儿童最早的人际关系。亲子关系使儿童获得了安全感、亲密感和信任感,使得儿童适应社会、融入社会的脚步加快了,后来的群体关系和同伴关系的建立都依赖于早期亲子关系的建立,从这个角度来说,家庭教育又是不可替代的,具有唯一性。正是有了家庭,儿童的三维生命开始得到发展:儿童的生理生命在父母的呵护下健康成长;儿童的精神生命逐渐成熟和完善;儿童社会生命的成长从家庭这个小型的社会开始。因此,在儿童生命的成长中,家庭教育必须关注儿童的生命,为完善儿童生命打下坚实的基础。

2.家庭教育质量的提升必须从关注幼儿生命成长的质量入手

家庭教育由于其不可忽视和不可替代性使其重要性日益凸显,在一定程度上,家庭教育质量决定着儿童生命的发展质量。关注儿童三维生命的家庭教育使儿童的身体得到健康成长;保证儿童玩耍、游戏的权利,保护了童年期的特点,遵循了儿童生命发展的特点和规律,使儿童的精神是愉悦的、和谐的;关注

---

① 卢玲:《试论家庭教育的和合:从家教不一致谈起》,《泸州职业技术学院学报》,2016年第2期。

儿童的人际交往和适应社会的需要,为儿童创造条件去接触社会的人和事,使儿童的社会生命发展需要能得到满足。相反,不关注或者忽略儿童生命特点的家庭教育在培养儿童的过程中会遇到很多的难题和障碍,家庭教育也很难达到预期的效果。儿童的需求得不到满足,成长的愿望受到压制,游戏的权利和机会被剥夺,儿童的生命质量自然得不到提升,还会影响亲子关系和家庭关系的和睦。因此,家庭教育质量的提升必须以关注儿童生命的本源状态出发,一切以儿童为中心,从儿童生命的特点和规律入手开展家庭教育,这样才能实现家庭教育的最终目标——促进孩子的发展。

家庭是孩子生活的重要场所,父母是孩子成长中的重要他人,家庭环境、父母的教育理念、教养方式等会影响幼儿的发展,影响幼儿生命成长的质量,因此,为了幼儿的健康成长,家庭教育必须转变观念,以关怀幼儿的生命为出发点,树立科学的教育理念,用科学的教养方式教育儿童。

(二)家庭教育关怀幼儿生命的可行性分析

1.家庭是幼儿成长中的首要场所,拥有教育的优先权

家庭教育是儿童接受的最早的教育形式,是个别化教育的沃土,具有学校教育无法替代的优势。由于父母与孩子共同生活,父母对子女的情况了如指掌,通过孩子的一举一动、一言一行能及时掌握此时此刻他们的心理状态,及时发现孩子身上存在的问题,并及时给予引导和教育,把不良行为习惯消灭在萌芽状态之中。家庭教育正是由于个别化和及时性的特点,在教育儿童的过程中具有绝对的优势和优先权,因此,在家庭教育中,可以实施关注儿童生命发展的教育,这也是家庭教育不断追求和努力的方向。

2.父母对子女教育的重视程度日益加深

随着"80后""90后"相继做了父母,家庭教育也旧貌换新颜,对子女的教育越来越重视,社会上各种兴趣班、培训班人满为患就是有力的证明。尽管培训班、"神童"培养计划一度受到质疑,对幼儿的负面影响受到教育研究者的批判和抵制,但是从积极的角度看,父母在子女的教育上已经转变了观念,不再把全部教育当成学校的事情,这有利于学校教育工作的开展,更有利于儿童的健康成长。在家庭教育地位日益提高的前提下,提升家庭教育质量是家庭教育的重要研究课题,因为"孩子一出生就无可抗拒地要受到家庭多种因素的渗透和影响,每个人的意志品质、个性特征、道德礼仪、人生理想等都是首先在家庭中获得启迪与熏陶,然后逐渐形成的"[1]。

3.幼儿生命的健康和谐成长是父母的心愿

"望子成龙、望女成凤"自古以来是我国父母对孩子期望的真实写照,为了孩子的未来,父母呕心沥血,不惜成了孩奴。但是在现实生活中,家庭教育存在的问题比比皆是,亲子关系不佳仍然是父母头疼的问题。究其原因,是因为父母不是专业的教师,在教育子女问题上基本上凭着自身的经验进行,这是造成家庭教育出现偏差的重要影响因素。尽管家长对子女的期望值很高,希望孩子能够有所成就,但是最大的愿望却离不开孩子的健康成长,这是家庭教育的根本,从这个意义上来说,家庭教育关怀幼儿生命是教育的出发点和归宿。特别是当家庭教育出现问题的时候,父母开始反思自身的教育是否适合孩子,对孩子的希望是否超过了孩子的承担能力等,反思的落脚点就是家庭教育必须遵循儿童的发展特点和规律,在关怀幼儿生命的前提下开展教育,这样才能达到预期的教育效果。

五、关怀幼儿生命的家庭教育模式构建

家庭教育模式是教育理论与家庭教育实践的结合,是在正确的教育理论指导下建构科学的家庭教育实践方法,从而运用到实践中。关怀生命的教育理念是基于对个体的重新发现和认知的基础上形成的科学教育理论,是宣扬主体精神的,是真正地实现受教育者是教育活动主体的教育思想,在这种思想的指导下,教育才能真正实现"传道受业解惑"的目标。

家庭实施关怀幼儿生命的教育既是可行的,又是必需的,因此,探讨关怀幼儿生命的家庭教育模式是家庭教育走向科学的重要途径,是促进幼儿生命和谐、完善发展的重要一环,也是幼儿园教育的有益补充。

(一)树立正确的儿童观,理性对待童年期的价值

1.正确认识孩子,树立正确的儿童观

对儿童的认识是教育的出发点,家庭教育也不例外。谈到对儿童的认识,很多父母会觉得自己是最了解孩子的人,这是父母相对幼儿教师的优势所在。

---

[1] 徐竹鸣:《重视家庭教育 关注儿童成长》,《国家教师科研专项基金科研成果(二)》,2016年第150~151页。

但是,父母作为非专业的教育者,对孩子的了解是基于自身的经验层面的,是粗浅和散乱的,存在着不客观性和不科学性,现实家庭教育中出现的问题就证明了这一点。因此,父母要重新认识儿童,站在科学的角度,重新审视孩子,树立科学的儿童观。

(1)儿童是独立的个体,不是父母的依附品。

儿童不同于成人,二者有着不同的生命特征和生活方式。儿童更不是成人的依附品,是独立的个体,尽管儿童在生理和心理上需要成人的呵护和照顾,但是这不等于可以把儿童当成成人的一部分,从而按照成人的意愿和生活方式进行生活和生长。在家庭教育中,父母首先要把孩子当成具有独特个性特征的个体。孩子是独立的,有着自身成长的特点和规律。尽管孩子需要依赖父母,父母对孩子有着期待,但是这不能跨越儿童的独立性。如果父母从自身的角度去解读孩子,会发现自己越来越不懂孩子,这是因为"成人对待儿童的态度、立场多是从自身的感受、需要出发,去理解儿童的言行,这无法得到儿童真实的一面。要窥见儿童内心的'秘密',了解他(她)们对世界的认识和体验,成人需要转变自身立场,获得儿童视角——一种特殊的成人视角"[1]。因此,父母要正确认识孩子,必须站在儿童的视角,把孩子当成独立的个体去认识和了解,只有这样才能真正走进孩子,认识孩子,了解孩子的成长需求和发展特点。父母更应深刻地认识到:"每个孩子生下来就是一个独立的个体,不是任何人的附庸,他们具有自己的独立人格和尊严,需要受到他人包括父母的尊重。"[2]

(2)从人格意义上来看,儿童和父母是平等的。

儿童与父母,尽管在知识和能力方面存在着很大的差异性,但是在人格上,儿童与父母是平等的。这种平等意味着父母要尊重儿童,把儿童当作独立的个体,承认和尊重儿童的基本权利,与孩子平等对话,站在儿童的视角去理解孩子。联合国《儿童权利公约》明确赋予儿童的法定权利,任何个体和组织都无权剥夺。《儿童权利公约》中提到的儿童权利多达几十种,如姓名权、国籍权、受教育权、健康权、医疗保健权、受父母照料权、娱乐权、闲暇权、隐私权、表达权等等。这些权利可以概括为四种基本的权利:受教育权、生存权、参与权和受保护权。在这四种权利中,最不受重视或者最容易被忽视的就是儿童的参与权。

参与权是指每个儿童有参与家庭、文化和社会生活的权利。儿童有权利就

---

[1] 李旭:《儿童视角:成人认识理解儿童的有效路径》,《今日教育(幼教金刊)》,2019年第12期。
[2] 林格:《重新认识儿童的权利》,《师资建设(双月刊)》,2015年第3期。

所有影响他们生活的事项发表自己的意见。① 在现实生活中,儿童比较少有决定自己或者家庭事情的权利,父母包办代替的比较多,因为父母觉得孩子还小,不懂得做决定,因此,儿童的参与权和话语权基本是没有的,父母对儿童人格的尊重也是不彻底的。虽然对儿童权利的研究日益深入人心,父母也觉得应该尊重孩子,但是真正的尊重还是不常见的。根据网易亲子所做的《2012年中国儿童权利保护意识》调查显示②:90.5％的调查对象认为在家庭中孩子可以充分地发表自己的意见,8.7％的认为孩子偶尔可以发表自己的意见,只有1％的调查对象认为孩子不应该发表自己的意见。34.7％的被调查者认为父母应该征询并接纳孩子的意见,占64.4％的被调查者认为父母虽然应该征询孩子的意见,但不一定要接纳。由此可见,父母逐渐认识到儿童有自己该享有的权利,但是对儿童话语权的保护现状却不容乐观。主要是因为"对儿童话语权的漠视和压制简直成为我们社会的一种常态,人们常常自觉不自觉地用成人的标准来规范儿童的话语,常常把儿童不符合成人标准的话语当作是'无稽之谈'而嗤之以鼻,因而我们说我国儿童话语权根本不是丧失的问题,而是根本'无权'的问题"③。

(3)儿童生命有着不可忽视的发展特点和规律。

现代儿童观要求成人把儿童当作儿童,其理论基础就是儿童有着自身的不同于成人的发展特点和规律,这个特点和规律诠释了儿童的样子、儿童生命成长的特点和轨迹,也给教育指明了方向,循着儿童生命的轨迹出发,才能到达儿童完善发展的终点。从三维生命的角度看,儿童的生命特点表现在生理生命的稚嫩性、精神生命的不成熟性和社会生命的不完善三个方面。从生理生命的角度来看,儿童需要父母的精心呵护和照料,以满足最基本的生理需求;从精神生命层面上,儿童的心理不成熟,对问题和事物的认识不全面,需要父母的引导和帮助;从社会生命角度,儿童适应社会和人际交往能力薄弱,需要父母的帮助和支持。儿童生命的特点决定了父母在儿童成长中的重要意义,同时,也给父母造成了一种儿童是弱小的,什么都不懂的假象,儿童似乎需要按照大人设计的宏伟蓝图去照顾和教育,否则就没办法得到发展和成熟。基于此,现实生活中"拔苗助长"式的教育就不足为奇了。但是,儿童发展的结果却出乎父母意料,

---

① 林格:《重新认识儿童的权利》,《师资建设(双月刊)》,2015年第3期。
② 《2012年中国儿童权利保护意识调查报告》,http://baby.163.com/special/er tong quan li,访问日期:2014年12月10日。
③ 刘树娜:《我国儿童话语权问题初探》,南京师范大学硕士论文,2015年。

没有"成龙"或者"成凤",还使得亲子关系紧张,家庭关系紊乱。因此,父母在实施教育时,首先要了解孩子,从儿童的角度理解孩子,不要站在成人的视角揣测孩子;然后根据儿童生命发展的特点和自然规律去教育孩子,给孩子以支持和引导,这样才能达到预期的效果。

(4)儿童生命有着巨大的发展潜力。

儿童生命有着不同于任何一个阶段的特点,这是儿童教育的基础,同时,儿童生命还有着巨大的发展潜力,这是儿童不断趋向成熟和完善的心理基础,也给教育的存在提供了前提。关于儿童生命隐藏的发展潜力,蒙台梭利有着精辟的论述:"生命,是由于内在生命潜力的发展,使生命力显现出来的,它的生命力量是按照遗传确定的生物学的规律发展起来的。"①也就是说,儿童生来就有一种"内在生命力",这种生命力是一种积极的、活动的、发展着的存在,具有无穷无尽的潜能。② 正是这种发展的潜能,使儿童的发展是积极向上的,儿童对世界充满着好奇和探究的欲望,儿童热爱生活,热爱活动,热爱游戏,热爱一切充满活力的事和物。儿童从不感到疲倦,儿童在探究中是认真专注的,是积极投入的,儿童巨大发展的潜能有了发挥的时间和空间,儿童的生命力得到了最大限度的发展。"在这时期,他们容易地学会每样事情,对一切都充满了活力和激情。每一个成就都表明他们的力量的增强,只有当这个目标达到时,疲劳与麻木才会随之而来。当一种精神的激情耗竭之后,另一种激情又被激起,在一种稳定的节律中,儿童从一种征服到另一种征服。由此构成了他的欢乐和幸福。正是在这种心灵纯洁的火焰中,火焰燃烧着并没有浪费,人的精神世界的创造性工作达到完美。另一方面,当这个敏感期消失之后,经过思维的过程、主观的努力和不倦的研究,智力的成果表现出来了。"③

因此,父母要把儿童当作一个具有旺盛生命力的,主动发展的人,热爱儿童,尊重儿童,保护儿童的好奇心和探究欲望,支持儿童的活动和游戏,从而促进其身心全面的、自然的、自由的发展。

2.承认童年期的客观存在,理性对待童年期的价值

著名作家周国平说:"在人的一生中,童年似乎是最不起眼的。大人们都在做正经事,孩子们却只是在玩耍,在梦想,仿佛在无所事事中挥霍着宝贵的光

---

① 任代文:《蒙台梭利幼儿教育科学方法》,人民教育出版社2001年版,第12页。
② 索丽珍:《论蒙台梭利儿童观及其渊源》,《长春师范大学学报》,2017年第2期。
③ [意]玛丽亚·蒙台梭利著、马荣根译:《童年的秘密》,人民教育出版社2005年版,第52~53页。

阴。可是,这似乎最不起眼的童年其实是人生中最重要的季节。粗心的大人看不见,每一个看似懵懂的孩子身上,都有一个灵魂在朝着某种形态生成。"①

周国平先生描述了童年的样子,肯定了童年的价值,这给父母认识孩子,接纳孩子的"未完成状态"提供了依据,童年期是人生的重要时期,有其独特的价值和意义。卢梭在《爱弥儿》中生动地介绍了童年期的价值:"他长大为成熟的儿童,他过完了童年的生活,然而他不是牺牲了快乐的时光才达到这种完满成熟的境地的,恰恰相反,它们是齐头并进的。在获得他那样年纪的理智的同时,也获得了他的体质许可他享有的快乐和自由。如果致命的错误来毁掉我们在他身上所种的希望的花朵,我们也不至于为他的生命和为他的死而哭泣;我们悲伤的心情也不至于因为想到我们曾经使他遭受过的痛苦而更加的悲切;我们可以对自己说:至低限度,他是享受了他的童年的;我们没有使他丧失大自然赋予他的任何东西。"②因此,家庭教育中,父母首先要肯定童年期的客观存在,其次要合理利用童年期的价值,最后要保护儿童的童年期,使儿童能够享受到童年的欢乐,确保儿童生命的完善是有质量的,是充满着幸福体验的。

(二)树立科学的家庭教育理念

教育理念是家庭教育的先导,指引着家庭教育的方向和父母的教养方式。因此,关怀幼儿生命的家庭教育首先要改变传统的、落后的家庭教育理念,站在"儿童的视角"认识孩子,了解孩子,教育孩子。

1.尊重幼儿的天性,把天性作为教育的依据

家庭教育与学校教育一样,也必须建立在对幼儿的了解基础上进行,顺应幼儿生命发展的自然规律,即尊重幼儿的天性。天性是什么？对天性的研究由来已久,《荀子儒效》"居楚而楚,居越而越,居夏而夏,是非天性也,积靡使然也"为"天性"一词的汉语出典。③ 这里的"天性"与后天习得是不一样的概念,把天性的最原始状态表现了出来。苗曼对天性的界定更加全面,认为:人先天具有的,独立于人的后天经验而存在的,通过种族的遗传而形成的,人类所共有或个体所独有的性质、性情、性向、性好等。④ 由此可以看出,天性是先天具有的,是

---

① 周国平:《童年的价值》,《中华家教》,2012年第2期。
② 卢梭著、李平沤译:《爱弥儿:论教育(上)》,商务印书馆2010年版,第209页。
③ 顾明远:《教育大辞典(第一卷)》,上海教育出版社1992年版,第28页。
④ 苗曼:《天性引领教育:幼儿教育变革路向探寻》,南京师范大学博士论文,2012年。

与生俱来的特点,不掺杂任何后天的因素,更不能附加人类的观点和情感。然而,"不让孩子输在起跑线上"的观点成为父母教育孩子的重要指南,所谓"天性教育"是奢侈的,是虚幻的,没有办法落地生根发芽。刘晓东教授说:"目前学前教育界存在着怪现象,一些人在鼓吹学前教育的重要性、鼓吹早期教育、早期潜能开发的名义下将小学的学习内容和学习方式提前到学龄前,致使学龄前儿童已经开始提前上学……也许有人会说,难道学前儿童没有学习能力吗?当然有。但是我们不能因为他有初步的学习能力,就让其负担大量的学习任务;不能因为他有初步的学习能力,便堂而皇之地使种种学习任务生硬侵入学前儿童的生活。道理很简单:不能因为儿童会走路,就让他日行千里、夜行八百。"[1]因此,怎样的教育才是真正"不让孩子输在起跑线"的教育?答案只有一个,尊重儿童的天性,尊重儿童生命的特点和规律,挖掘童年期的价值,并充分利用它,这样才能达到最初的教育目标。

儿童的天性是什么?这是回归天性,顺应天性教育的首要问题。儿童是活泼好动、好奇好问、喜欢玩耍的,这是儿童的天性;儿童是积极主动的,具有强烈的研究欲望,这是儿童的天性;儿童是多样的,每个孩子都是独一无二的,这是儿童的天性。家庭教育回归天性,首先要创造条件,满足孩子的好奇心和探究欲,让儿童用自己的视角认识和探究世界,而不是把父母对世界的认知告诉孩子,因为儿童对成人的视角很难理解和感同身受。其次,保障儿童游戏的时间和机会。《幼儿园工作规程》、《幼儿园教育指导纲要(试行)》和《3~6岁儿童学习与发展指南》等学前教育法规文件都提出了游戏在童年期的价值,都把游戏当作幼儿园的基本活动。家庭教育要与幼儿园教育保持一致,也必须尊重和保护儿童游戏玩耍的权利,给孩子提供玩耍的时间和机会,不要提早把小学教育的模式应用在儿童身上,更不能提早结束儿童的童年期。最后,保护儿童的个性。成人要看到每个孩子的特点和闪光点,不能用横向的比较评价孩子,即使是一个家庭的两个孩子,也不能按照统一的要求和模式进行培养,把孩子培养成标准体,这是与幼儿天性多样化的特点相违背的做法。

2.站在"儿童视角"理解孩子,把孩子当作孩子

纵观异化幼儿生命的教育,其共同点是忽视了儿童的特点,站在成人的视角看待孩子,用成人的标准要求和评价孩子。成人视角与儿童视角是不同的,

---

[1] 刘晓东:《中国学前教育需要革命性变革》,《教育导刊》,2005年第7期。

成人视角下的儿童是"缩小的成人",儿童也有发展的任务,那就是好好学习,不能输在起跑线上。于是,民办和私立的幼儿园,为了迎合家长的需求,满足家长的需要,小学化教育成了教育的主导。家庭教育中父母对孩子生活能力和生活习惯的培养是不重视的,"素质教育"在家长看来更是不切实际的"奢侈品"。"儿童视角"下的儿童是稚嫩的,身体和心理的发展都不成熟,好奇好问好动是儿童的典型特征,爱模仿、爱探究、爱玩耍是儿童的行为特点。童年期的孩子有其特定的任务,就是在玩耍的过程中身体的生理功能不断发展和完善,心理也渐趋成熟。这个时期是儿童生活习惯和生活能力的养成教育时期,是儿童学会人际交往,不断适应社会的时期,是儿童学会学习,掌握认知能力的时期。因为每个时期都有其特定的任务,完成每个阶段的任务才是儿童发展的正常顺序。

  学前教育,应该是以儿童真实的生命状态为原点的教育。这样的教育,要顺应儿童天性,要源于生活、通过生活、为了儿童的生活,要以游戏为基本教育活动,在活动中提升儿童智慧。儿童唯有在感受、体验、操作、探索、交往中才能激发潜能,发挥创造力。① 家庭教育作为教育的一部分,一种重要的教育形式,也必须回归幼儿,站在儿童的视角审视孩子,把孩子当作孩子,正视儿童生命发展的特点和规律,正视儿童的活动方式,尤其是游戏在儿童生命发展中的重要价值和意义。同时,把孩子当作孩子,还应该允许儿童出错,给孩子营造宽松的发展环境,使孩子真正成为孩子,肆意地生长,而不是小心翼翼地确保尽善尽美。把孩子当作孩子,还要看到每个孩子的独特性,基于儿童的独特性来实施教育,使每个孩子都成为他自己,而不是爸爸妈妈眼中的"好孩子"。

3. 理性施爱,用发展的眼光看待孩子

  目前,我国家庭结构以核心家庭和二孩家庭为主,孩子是家庭的核心,孩子是家庭的未来,一家人围着孩子转的现象是我国家庭教育的典型写照。家庭中的父亲由于工作需要,陪伴孩子的时间和机会比较少,会比较纵容孩子,主要通过物质生活来弥补孩子。父母对孩子有求必应,众多独生子女家庭中的子女成了"小皇帝"或者"小公主",使得旧家庭中的"父权制"演变成了"子权制"。这种子女支配父母的逆支配现象也是同封建"父权至上"的权力结构相反的另一个极端,在此我们把它称为教化权力的倒置。② 情感性是家庭不同于社会其他任

---

① 王春燕:《理解儿童,回归学前教育的原点》,《今日教育(幼教金刊)》,2017年第1期。
② 宋坤:《从中国家庭三角结构中权力变迁的视角解读父母的儿童观》,《教育导刊》,2012年第11期。

何一种组织的特征,家庭成员间的爱是家庭关系的重要内容,但这种爱一定是合理的爱,任何过激的或者过度的爱都会给对方带来负面的影响,父母对孩子的爱更是如此。处在幼儿阶段的儿童,分辨能力比较弱,不能对父母的爱进行选择,而是全盘接受。父母作为施爱的一方同时会对孩子提出各种要求,理由是"我爱你才会这样要求你",孩子顶着父母巨大的爱,接受着父母的安排和设计,自己的主见和能动性慢慢退化了,童年该有的灵性和主动性也随之慢慢消失。因此,我们培养的不是生机勃勃、充满活力又偶尔耍赖任性的孩子,而是承载知识的容器和学习的工具,没有灵性。

幼儿是不断发展的生命体,有着巨大的发展潜力,父母要用发展的眼光看待孩子。对于孩子的成长,一开始父母都是抱着极大的自信和希望的,但是在孩子的成长过程中,被父母挂在嘴边的是"你看看谁家的孩子,人家……哪里都比你好",这样的横向评价看似是父母激励孩子的一种方法,其实给孩子带来的负面影响更大。每个孩子都有自己的独特性,由于遗传素质、家庭背景和成长环境的不同,孩子之间存在着个体差异性,即使是同一个家庭的孩子,由于性别不同、出生顺序不同等都会影响到孩子的成长和发展。加德纳的"多元智能"理论也告诉我们,每个孩子都拥有自己的优势和劣势,都有自己擅长和不擅长的领域。正确的教育是根据每个孩子智能的优势和弱势,选择最适合的教育方法,而不是拿一个孩子的优势跟另一个孩子的劣势进行比较,这种横向的比较没有根据,也没有借鉴意义。因此,家长们"树榜样"式的激励教育是不对的,应该尊重儿童,尊重儿童之间的差异,将横向比较转为纵向比较,少和别人比,多和自己比,即用发展的眼光看待孩子,多发现孩子进步的地方,发现不足就和孩子一起制定清晰并且可以完成的目标,用孩子的优势引导孩子的劣势,用赏识和赞美促进孩子进步。

4. 重视培养质量,培养"完整儿童"

教育目标给教育指明了方向,家庭教育目标也要清晰、准确和科学。受传统的"学而优则仕"思想和现代社会迅速发展的影响,父母对孩子的教育以知识教育为主。但是,儿童生命发展的特点决定了幼儿阶段不是知识教育的阶段,任何超前和"拔苗助长"式的教育都会影响到孩子的健康发展。事实证明了家庭教育要改变认识,注重培养的质量,注重儿童的全面发展,《国家中长期教育改革和发展规划纲要(2010—2020年)》和《国务院关于当前发展学前教育的若干意见》(国发〔2010〕41号)中明确提出幼儿园和家庭都要实施科学的保育和教育,促进幼儿身心全面和谐发展。

"完整儿童"的指导思想源于全人教育理论,其核心理念是人的全面发展,指基于儿童的发展需要与学习顺序,以各类儿童适宜的教育活动为途径,培养全面均衡发展的"完整儿童"。①"完整儿童"包括"完整的身体发育,完整的人格发展,情感、意志、想象、道德的和谐发展"②。在对"完整儿童"的界定中,已经指出了家庭教育培养的目标和方向,即培养身体、心理、情感、道德等各个方面的全面发展,并且这几个方面的发展是和谐统一的,不能以一个方面的发展取代另一个方面的发展。家庭教育中,父母要端正态度,正确科学看待孩子的发展,改变传统的以成绩和知识来评判孩子的做法,从德、智、体、美、劳五个方面来培养孩子,注重孩子的全面发展,给孩子创造条件,遵循孩子生命发展的特点和规律,满足孩子的兴趣和好奇心,使孩子在已有的发展水平上得到全面的发展和提升。

(三)制定合理的家庭教育目标

《3~6岁儿童学习与发展指南》提出,要"建立对幼儿发展的合理期望,实施科学的保育和教育,让幼儿度过快乐而有意义的童年"。根据《指南》的精神,幼儿教育的宗旨是让幼儿健康快乐地成长,这不仅是对幼儿园教育提出的要求,也包括家庭教育,因为二者都是幼儿接受教育的重要途径,二者之间形成教育合力,更有利于达成《指南》的目标;相反,幼儿园教育和家庭教育的效果会相互抵消,"让幼儿度过快乐而有意义的童年"也会成为一句空话或者口号。因此,家庭教育要制定合理的目标,对幼儿提出合理的期望,使幼儿在健康、快乐成长的基础上得到有意义的发展。

1.合理家庭教育目标的内涵解读

教育是培养人的活动,那么教育到底要培养什么样的人呢?这是从教育产生那一刻起就伴随而来的问题。从古至今,教育目标的内涵发生了很大的变化,首先出现了"个人本位论"的教育目标:教育是为了使人的本性得到最完善的发展。其次"社会本位论"批判了"个人本位论"的观点,站在社会的角度强调

---

① 陈群峰:《指向"完整儿童"养成的"乐"课程体系建设》,《山西教育(幼教)》,2019年第11期。
② 南京市实验幼儿园:《完整儿童:30年幼儿园综合课程的续进研究》,《江苏教育研究》,2017年S1增刊。

社会知识和规范的掌握,使个体社会化并为社会发展服务。最后,马克思批判地吸取了上述两种观点中的合理思想,从科学社会主义角度系统地提出了人的全面和谐发展学说。到今天,对人的全面和谐发展的追求仍然是教育的最终宗旨。家庭教育作为教育的一部分,也应该以儿童的全面和谐发展作为家庭教育目标。

如何理解人的全面和谐发展的内涵呢?"根据马克思主义思想,根据马克思主义经典作家有关论述,可以从三个层次来理解和把握"①,第一个层次是人的心智发展的和谐,具体包括人的智力、道德和情感的和谐发展,可以从智育、德育和美育进行培养。第二个层次是人的身体和心理的和谐发展,从生理和心理相互影响的关系可以看出,身体是心理发展的基础,因此,心智的发展必须和身体的健康结合起来,身体的健康发展通过体育实现,也就是要把智育、德育、美育、体育结合起来实现身体和心理的和谐发展。第三个层次是基于个人本位论和社会本位论的争论提出的,人的和谐发展必须和社会的发展协调统一,没有脱离社会的个体的和谐发展。人要服务社会,为社会付出自己的劳动,可以通过劳动教育实现。前两个层次的发展也必须建立在第三个层次的基础上进行,因此,人的全面和谐发展教育即德、智、体、美、劳五个方面的教育,既相互独立,又有着内在的联系,不可偏废。

根据人的全面和谐发展的内涵,家庭教育虽然不是系统性的教育,家长在培养孩子时也要注意五个方面教育的全面性和平衡性,不要忽略其中的任何一个方面,尤其是劳动教育和德育;不能忽略对孩子劳动意识和能力的培养,同时要给孩子树立正确的世界观、人生观和价值观,让孩子在良好的家庭环境中接受教育,这样才能培养全面发展的儿童。

2.家庭教育目标的内容

根据家庭教育目标的内涵,家庭教育目标包含德、智、体、美、劳五个方面的内容,这五个方面相互独立,有各自的特点和要求,又互相影响,密切联系。家庭教育中要注意五育之间的联系性,以发挥教育目标对家庭教育活动的引领作用。

第一,德育指思想观念教育,在幼儿园阶段,幼儿道德认识处在萌芽阶段,

---

① 郝登峰:《关于我国教育目标与教育实践的反思》,《中山大学学报论丛》,1998年第2期。

对事物的认识以及评价基本上依赖于成人,因此成人的思想观念以及价值观对幼儿的影响很重要,而且是潜移默化的。思想观念教育在应试教育阶段因为没有具体的考核要求所以经常被忽视,往往处于可有可无的状态,幼儿时期的思想观念教育更是被忽略了,家长秉持的观念是孩子长大了就会懂了。观念的形成是一种长期的过程,而且改变起来又不是简单的事情,因此,家长在幼儿时期就要注重自身言行举止,给幼儿提供正面的榜样示范作用,使幼儿形成良好的思想观念。

第二,智育是指科学文化知识教育,由于受应试教育的影响,智育的地位得到了很大程度的提高,超过了其他四育。幼儿阶段虽然没有考试的要求,但是"不让孩子输在起跑线"的观念深入人心,很多家长从学前阶段就开始抓智育的培养,"笨鸟先飞""时间就是分数"等观点被很好地利用了。然而,违背儿童生命发展规律的"超前教育"(主要是智育)并没有收到很好的效果。因此,家长要正确看待智育的价值,不要夸大,更不要提前进行。

第三,体育是旨在提升儿童身体素质的教育。身体是教育的前提,关于体育在儿童发展中的作用不言而喻,家长们也比较注重孩子身体素质的培养。幼儿阶段的体育基本上以幼儿的活动或者游戏为主,在活动和游戏中提升幼儿的身体健康。但是在现实生活中,存在游戏被剥夺的现象,游戏的时间和机会被学习和各种培训班取代,家长们对幼儿身体素养的培养更多是从生活和营养方面进行,体育锻炼的力度不足。均衡的营养和健康的生活习惯能够保证儿童身体的健康成长,但是儿童对于疾病的抵抗能力、适应不同气候和环境的能力等需要儿童有良好的身体素质,这需要儿童在活动和体育锻炼中进行。因此,家长们要注意引导孩子进行适当的活动和体育锻炼,以提升儿童的身体素质,为上小学打下良好的身体素质基础。

第四,美育指对儿童进行美的感受与欣赏、表现与创造能力的培养。美育旨在培养儿童的观察能力、欣赏能力、表现自己的能力和想象力、创造力。这些能力对培养儿童的认知能力、自信心和表现力等方面都有着很重要的作用。但是在现实中,受艺术考试的影响,很多家长把美育变成了儿童将来走艺术路线的敲门砖,从小让孩子学习各种乐器、参加各种艺术培训班,目的是让幼儿有一技之长。这个过程中幼儿习得更多的是一种技能性的教育,对美的感受与欣赏比较少,幼儿的想象力和创造性更是无从谈起,因为老师的评价是"画得像不像",家长关注的是孩子参加比赛有没有获奖,参加等级考试有没有通过。幼儿时期是孩子们用心感受生活,用眼睛看世界的重要时期,技能和比赛占据孩子生活的全部,孩子们的眼睛里没办法看到世界的美,"世界上不是没有美,而是少了发现美的眼睛"的感慨不是无中生有,更不是无病呻吟的抱怨。因此,幼儿时期,家长们应该多带孩子走进大自然,走进生活,让孩子们感受生活的美,让孩子们都插上想象的翅膀,感受和体验生活的美好,度过一个充满美和快乐的童年。

第五,劳动教育,这是培养孩子劳动技能、劳动意识和劳动能力的教育。五育中的劳动教育在实际生活中被忽略更多,尤其是幼儿阶段,幼儿生活能力比较低,需要父母的照顾和帮助,很多时候这种照顾变成了包办代替,幼儿失去了自我服务的锻炼,自我服务能力欠缺;作为家庭的一分子,幼儿应该做一些力所能及的家务,但是家长对孩子溺爱使幼儿对家务劳动更是鲜有接触,这种教育的结果就是使幼儿养成了"饭来张口、衣来伸手"的习惯,形成劳动意识缺乏、劳动技能不足、劳动能力低下的状态。马克思主义认为,劳动创造了人类,劳动是人与动物最本质的区别。因此,劳动是儿童全面和谐发展的重要内容,是人类生存的基本手段,这种能力的培养要从小抓起。因此,家庭教育中要改变以智育为核心的教育模式,把劳动教育作为家庭教育的重要内容进行,从幼儿时期培养孩子主动的劳动意识,从自我服务做起,不断参与家庭劳动,培养孩子的家庭主人翁意识,感受自己在家庭中的重要地位;同时,注重提升孩子的劳动技能和能力,给孩子创造劳动的机会,使孩子真正参与到家庭劳动中来,从而培养孩子的责任意识。

通过对五育内容的分析可以看出,每一种教育都有其独特的内容和价值,是相互独立的,但是它们之间又有着内在的联系,不能忽略其中的任何一个方面,要正确理解和把握它们在儿童和谐、全面发展中的作用,树立正确的教育理念,使幼儿真正接受全面发展的教育,从而成为"完整儿童"。

(四)优化家庭教育方法

夸美纽斯在《母育学校》中提出,儿童是无价之宝,父母要成为其引路明星和舵手,教育必须从幼年开始而且还应该按自然之道进行,饰以芬芳的花木。按照孩子自然天性予以适当的引导与教诲,孩子将会发展得更为健全、完整。[1]

---

[1] [捷克]夸美纽斯著、任钟印选编:夸美纽斯教育论著选,人民教育出版社2005年版,第15页。

由此可以看出,家庭教育方法的重要性。家庭教育因其教育环境的生活性、教育方式的随意性尤其是教育关系的特殊性——父母与子女之间除师生关系之外,还有亲子关系,使家庭教育过程更为复杂。① 这就更突显了家庭教育方法的重要性。为了子女的健康成长,为了家庭关系的稳定和谐,为了家庭教育目标的顺利达成,家庭教育必须探索出一些科学的、合理的和有效的家庭教育方法。根据生命关怀理念以及"完整儿童"的培养目标,科学有效的家庭教育方法应该具有以下特点:

1. 采取权威民主型家庭教养方式,培养孩子的自主性

自主性是现阶段幼儿比较缺乏的一种品质和能力,解决问题的意识和能力比较欠缺,一方面是父母对子女的过度保护和溺爱,给孩子的成长筑起了一道厚厚的屏障,幼儿失去了锻炼自己的机会;还有一方面是因为专制型的家庭家养方式下幼儿没有任何的发言权,受制于父母,表达自我和自己做决定的权利被剥夺,这样的结果就是幼儿缺乏主见,遇到问题没有自主解决的能力。因此,家庭教养首先要改变不良的教育方式,这是改变家庭教育效果的重要环节。实践证明,权威民主型的教育方式更有利于孩子的成长。权威民主型教养方式是指在家庭教育活动中,严格要求与理解尊重相结合的教养方式。② 这种教养方式既看到了父母的威严在家庭教育中的作用和重要性,又关注了儿童在家庭中的地位,保护了儿童的主体性和自主性。

首先,父母要严于律己、以身作则,给孩子提供积极的榜样。模仿是幼儿时期习得新的知识和技能的重要手段,父母给孩子提供正面的榜样能够使幼儿在潜移默化中养成良好的生活习惯,形成积极的生活态度,达到一种"无心插柳柳成荫"的效果。在信息技术发达的时期,手机、电脑和电视充斥成人和孩子的生活,一些家长要求孩子不能玩手机、看电视,自己却整天抱着手机,这种不以身作则的生活态度和教育模式势必给孩子带来消极的影响。笔者曾经多次在动车上看到在不同家庭中发生的相似一幕:父母带孩子坐动车,父母自己人手一部手机,电视剧、电影看得不亦乐乎;孩子在一旁玩闹,玩得久了就觉得无聊了,就要看动画片,达不到要求就哭闹,父母很生气地斥责孩子"一点不懂事,不听话,小孩子不能看手机,对眼睛不好,都不知道自己玩一会",然后给孩子一些零

---

① 程兆敏:《家庭教育方法思考:与子一同成长》,《渭南师范学院学报》,2015 年第 4 期。
② 苏永荣:《权威民主型教养方式:学理分析、价值探赜及实践策略》,《平顶山学院学报》,2016 年第 8 期。

食,让孩子自己边吃边玩,自己继续刷剧。零食吃完了,孩子又开始了新一轮的哭闹,父母也开始了又一次的责骂,如此循环,旅途在这样的吵骂中过去了。这样的情境值得引起反思,如果父母能放下手机,和孩子一起欣赏沿途的风景,或者和孩子一起阅读几本图书,跟孩子讲几个故事,孩子应该会觉得很开心、很满足,"无理取闹"的现象也就不会出现了。在幼儿时期,父母是孩子生命中的重要他人,父母对孩子的陪伴质量是影响孩子生命质量的重要因素,因此父母要提高家庭教育的质量,就要以身作则,给孩子树立正面的榜样示范,使孩子的成长得到积极影响。其次,父母要建立权威,发挥权威在教育中的作用,并且要坚持原则,不溺爱孩子。家庭关系中亲情是联系父母和孩子的重要纽带,父母在养育孩子的过程中容易出现溺爱孩子的现象,当孩子出现任性、无理取闹等行为时,父母容易放弃原则,纵容孩子,久而久之,孩子的生命发展就会出现偏差,"自我中心性"也难以去掉。因此,父母应该坚持教育原则,不因孩子的哭闹而心软改变原则,在面对幼儿的不当行为时温柔地坚持原则,不溺爱,不打骂孩子,既让孩子感受到父母的爱,又能明白什么是对的。最后,父母要对孩子民主,尊重孩子的意愿,听取孩子的心声,不包办代替,也不替孩子做决定,把孩子的权利还给孩子,使孩子感受到自己在家庭中的地位。同时,也让孩子明确自己的权利和责任,树立责任意识,遇到问题有解决问题的意识和能力,这是儿童生命发展的重要内容。总之,家庭教育中,父母应该尊重子女的主体性和个性,真正走进孩子的世界,用平等的态度,与子女进行心与心的对话和沟通,不用父母的权利压制孩子,正确利用父母的权威和知识经验,给孩子的成长提供有效的建议,学会与子女一起经历诸如挫折、伤害等生命成长路上所必须经历的过程,一起体验丰富的生命历程。

2.家庭成员的教养方法要保持一致,营造和谐的家庭教育环境

家庭教养模式是父母的教养观念、教养行为及其对儿童的情感表现的一种组合方式。是父母在长期的子女教育过程中形成的比较固定的行为模式或倾向,基本上不会随情景的改变而变化。[①] 家庭教育中,父亲和母亲受到自身的原生家庭和受教育程度的影响,形成了自己的教养方式。我国长期以来的家庭教养模式有"严父慈母"和"严母慈父"两种,无论哪一种模式在教育孩子的过程中都会产生对孩子的要求不一致的现象。除此以外,祖父母在我国是家庭教育中

---

① 凌琳:《幼儿家庭教育中"父母一致性"问题的探析》,《才智》,2019年第14期。

照料孩子的一个庞大群体,祖父母有着自己的一套育儿观念和方法,当祖父母的教育与父母不一致的时候,又给家庭教育带来了困难。面对诸多的教育力量,孩子无所适从。因此,家庭成员的教育观念必须保持一致。

首先,夫妻之间、父辈和祖辈之间要保持教育观念的一致,这是家庭教育一致性的前提。可以通过开家庭会议的形式,家庭成员一起学习育儿知识,了解孩子的心理和生理发展特点,学习适宜的家庭教育方法,一起讨论孩子的成长方向和家庭教育目标,从而达成共识,在孩子的教育问题上形成统一的认识。父母和祖父母对孩子的爱是一样的,对孩子的期望也是一样的,因此,家庭教育一致性问题是能够得到解决的,解决的前提是家庭中实施教育的人要达成共识。其次,祖父母帮助照料孩子的家庭,父母要与祖父母组建"代际间的教育联盟"①,祖父母有丰富的育儿经验,父母要看到且重视祖父母在孩子成长中的作用,不忽视也不压制祖父母对孩子的影响。父母要尊重和支持祖父母的教育能力,尤其是父母无暇照顾孩子的家庭,更是要把祖父母的教育力量运用起来,邀请祖辈参与到家庭会议中来,共同商讨孩子的教育大事。这样,祖辈会感到自己作为教育者,对孩子成长的重要性,体验到自身存在的价值,也会与时俱进,不断更新自身的教育观念,从而更好地教育孩子。然后,在教育孩子的过程中,出现意见不统一的时候,不要当面争执,不要当着孩子的面指责对方,更不能为了显示一方的教育权威对另一方辱骂或者大声斥责,正确的做法是暂停对问题的争论,采取私下协商解决的方法,讨论问题的原因,找出更好的解决对策。这样做不仅可以使孩子感受到家庭成员的和谐关系,也能增进夫妻感情和父辈与祖辈的关系,更重要的是让孩子感受到解决问题的正确方法。家庭中的教育者积极的教育态度配合正确的处理方式,经过彼此间的反复磨合,两者在教育孩子的问题上最终必然会逐步趋向一致。最后,父母自身要保持言行一致,给孩子树立正面的榜样示范,提供幼儿成长的正能量。家庭教育中的不一致除了实施教育的家庭成员之间的不一致,还包括单个教育者自身言行举止的一致性,尤其是对孩子的要求和标准要保持一致。家庭教育中,父母自身能否在教育目标、教育观念、教育态度及教育方式方法上保持前后的一致和言行的统一,避免朝令夕改、出尔反尔,直接影响着父母自身能否实现教育的一贯性。② 如果父母自身的行为比较规范,做到前后一致,就能够给孩子提供正面的榜样示范,这种

---

① 卢玲:《试论家庭教育的和合:从家教不一致谈起》,《泸州职业技术学院学报》,2016 年第 2 期。
② 马韵:《父母教育一致性研究》,华南师范大学硕士论文,2004 年。

无形的教育会产生潜移默化的效果,使孩子受到积极的影响。

3.家庭教育中要坚持平等原则,让孩子体验到公平和被尊重

"全面二孩"政策实施以来,两个孩子的家庭越来越多,家庭结构发生变化给家庭教育带来了新的挑战。在诸多教育问题中,对两个孩子的教育不一致、不平等是比较突出的,对两个孩子的发展都会产生不利影响。两个孩子在成长的过程中,会出现争抢东西、争抢父母的爱等现象,受传统思想的影响,大部分父母的做法是让大孩让着弟弟妹妹,甚至还会用"孔融让梨"的典故教育大孩,这个过程中,大孩感受到的是委屈和不平等,二孩也会仗着父母的偏爱产生骄纵的心理。因此,教育不平等对两个孩子的发展都是不利的,父母要学习新的教育理念和方法,正确应对两个孩子的教育问题。

首先,父母要多关心和关注大孩的心理变化,多花时间陪伴大孩。在弟弟或妹妹出生后,父母会更加忙碌,时间和精力的有限性会使父母对大孩缺乏耐心和应有的关爱,大孩的心理由此产生落差,更加需要爸爸妈妈的呵护,甚至变得更加敏感,这时候父母更应该多花时间陪伴大孩,否则大孩会把对父母的抱怨转移到弟弟或者妹妹身上,从而对弟弟妹妹产生抵触心理。实践证明,当大孩感受到父母足够的爱和关怀时,也会学着做一个称职的哥哥或姐姐,学会爱弟弟或妹妹。其次,父母要转变观念,树立平等意识,公平地对待两个孩子,不因二孩年龄小或者是男孩而让大孩感受到不公平的对待。当孩子们产生冲突时,父母的态度和处理问题的方式很重要,父母要从心理上改变传统的认识,不以年龄和性别来区别对待两个孩子,要认识到每一个孩子都是独立的、独特的个体,都有被尊重的需要,这是个体生命发展的重要内容。再次,两个孩子的家庭教育要摒弃竞争和比较,引导大孩给二孩做榜样,起到隐性示范的教育作用。两个孩子家庭的父母比较喜欢用比较的方法激励孩子,如"谁乖妈妈就爱谁"等,"长辈这样的心态,会在不知不觉间加剧孩子们的竞争,为了争取长辈的爱,遮掩自己的真性情,以各种方法来取悦长辈。一些自信不足的孩子往往会认为长辈的爱不可靠,愈加自卑"[①]。儿童的生命是单纯而美好的,父母在家庭教育中不要因为自身的原因使孩子的生命变得复杂,儿童的生命越不纯粹,就越难以感受到生命的快乐。

---

① 周玉妹:《从"单独"到"二孩"的家庭教育初探》,《好家长》,2018年第4期。

4.学会放手,积极发展孩子的主动性,激发儿童生命的活力

当前家庭教育比较普遍的问题是家长对孩子保护的过度,认为孩子还小,需要家长的帮助,从吃饭穿衣到游戏活动,大大小小的事情都由父母帮助完成。这样的"包办代替"不仅剥夺了儿童动手操作的权利和机会,也抹杀了孩子爱动爱探究的天性。因此,父母应该学会放手,让儿童自己学会在成长中需要掌握的技能和能力,发展孩子的主动性,使孩子的生命绽放出活力。

著名教育家陶行知先生针对我国教育的弊病,提出了"六个解放",希望能解放孩子,使孩子成为自己生活的主体,让孩子在发挥自身主动性的过程中成长。陶行知先生的"六个解放"思想对我国家庭教育又有着重要的借鉴意义。首先,父母要解放孩子的双手,让孩子自己动手洗脸刷牙、吃饭、穿衣等,培养基本的生活能力。很多父母认为孩子还小,长大了自然就会自己吃饭穿衣了;其实让孩子自己动手,不仅仅是生活技能的习得,更重要的是在这个过程中,孩子形成了一种认识:自己的事情自己做,这是培养孩子的责任意识和担当意识的开始。其次,解放孩子的大脑,使孩子形成独立思考的意识,培养孩子的解决问题的能力。儿童的天性是爱探索,包办代替式的家庭教育剥夺了孩子探索的机会。孩子就在不断尝试错误—纠正错误—反复练习—习得新技能的过程中成长的,这个过程满足了《3~6岁儿童学习与发展指南》中提到的创造条件,满足儿童获取直接经验的需要的精神。好奇好问是孩子的天性,也是儿童认识世界的一种方式,保护孩子的好奇心,满足孩子探究的兴趣和愿望,使儿童在探究中习得关于人、关于大自然、关于动物和植物的认识,这些认识虽然浅显甚至低级,但是对儿童来说是一笔财富。父母告诉孩子这些相关的知识,既节省时间又便利,但是缺乏了儿童直观认识的经验对儿童来说仍然需要时间去消化和吸收,而且是抽象的、间接的经验。当然,在孩子探究的过程中会遇到困难和挫折,但是这种苦难和挫折是孩子成长中的宝贵财富,适当的挫折教育对孩子生命的成长来说非常有必要,会拓宽儿童生命的长度和宽度,会增加儿童生命的丰富性和趣味性。最后,解放孩子的嘴巴,让孩子自由地表达自己的心声和想法。听取孩子心声是家长尊重孩子的最重要表现,在这个过程中,孩子的主体意识受到尊重,孩子的主见也会慢慢培养起来,防止孩子形成随大流、没有主见的性格特点。解放孩子的嘴巴,也是锻炼儿童语言表达能力的重要内容。幼儿期是语言发展的关键期,语言发展的过程也是儿童思维发展的过程,解放孩子的嘴巴,让孩子敢于和能够表达自己的想法,不仅能够促进幼儿语言能力的发

展,也能促进儿童思维的发展。

总之,家庭教育中,父母要采用科学有效的方法实施教育,这样才能促进幼儿健康、和谐发展。科学的家庭教育方法不仅包括家庭中实施教育的父亲或母亲的教育要科学,还包括实施教育的几个成员之间的协调和统一,教育保持一致才能收到教育合力,否则教育效果会大打折扣。

六、开展亲职教育,积极提升父母的教育能力

作为家庭教育的实施者,父母自身的教育能力直接影响家庭教育的水平,进而影响儿童的成长。尤其是全面二孩政策实施以后,家庭教育出现了新问题,如何适应国家的方针政策给家庭教育带来的挑战,是父母在对子女教育的过程中必须掌握的新课题。终身教育思想也给家长自身接受教育提供了大的前提和背景,因此,亲职教育是家庭教育中的重要内容。

(一)亲职教育的概念

《教育大辞典》中这样界定亲职教育的概念:对父母实施的教育,其目的是改变或提升父母的教育观念,使父母获得抚养、教育子女的知识和技能。[1] 台湾是对亲职教育的研究起步较早的地区,王淑兰提出了亲职教育的概念,认为亲职教育(parent education)是指为父母提供有关教养子女、为人父母等方面的知识及技能的教育,目的是帮助家长做有效能的父母,能够成功扮演父母的角色,担当父母的职责,促使子女健康成长发展。[2] 通过对亲职教育的界定可以看出,亲职教育旨在提升父母的教育能力,使父母在家庭教育中能够更好地扮演父母和教育者的角色,优化家庭教育的效果,促进孩子的健康成长。

从亲职教育的内涵以及我国家庭教育实施中存在的问题可以看出,亲职教育是提升家庭教育效果的重要举措。因此,研究家庭教育,亲职教育也是重要的内容。亲职教育包含哪些内容,如何实施亲职教育是要讨论的重要话题。

(二)亲职教育的内容

关于亲职教育,我国台湾地区和美国的研究起步比较早,给我们提供了有

---

[1] 顾明远主编:《教育大辞典(增订合编本)》,上海教育出版社1997年版,第1261页。
[2] 王淑兰:《台湾中部地区初中启智班实施障碍学生家长亲职教育意见之调查》,台湾彰化师范大学硕士论文,1999年。

益的借鉴。梳理两地的亲职教育内容,能够给我们研究亲职教育提供参考。

台湾地区的幼儿亲职教育内容比较丰富。首先是向家长介绍教育子女的技巧和方法,如亲子沟通、亲子共读的方法,给家长提供了具体的可操作的方法,有利于优化家庭教育的效果。其次是向家长介绍幼儿身心发展的特点,使家长更加科学地理解孩子。家庭教育的方法具有统一性同时又具有多样性,每个家庭都是不同的,每个孩子都是个性化的存在。因此,家庭教育方法和技巧的运用要结合每个家庭和每个孩子的特点来进行,亲职教育中对幼儿身心发展特点和规律等理论知识的传授就成了提升家长教育能力的必要内容。再次是理想家庭关系建立方法的引导,包括婚姻关系、家庭成员间的沟通技巧等。良好的家庭环境是幼儿生命成长的温床,婚姻关系和家庭成员的沟通在一定程度上影响着家庭环境的质量,因此,如何建立良好的婚姻关系,给孩子带来积极的影响,家庭成员之间如何有效沟通是亲职教育中不可缺少的内容。然后,家庭关系中,如何扮演好父母的角色是很多父母困惑的问题。台湾地区的亲职教育中这一内容旨在引导父母学会扮演自己的不同角色,尤其是父亲角色在家庭教育中的回归。最后是把家庭放到社会这个系统中来,引导父母去处理家庭与学校、家庭与社会等的关系,教父母学会处理社会变动给家庭教育带来的机遇和挑战,开阔父母的眼界,不关起门来做教育,把学校和社会的资源纳入家庭教育中来,这有利于家庭教育在实施的过程中与学校教育和社会教育保持一致,不会产生与学校和社会脱节的现象,是非常实用和有效的教育内容。

通过对台湾地区亲职教育内容的梳理可以看出,台湾地区亲职教育的内容非常广泛,基本上涵盖了家长在教育中需要了解的内容,给我们研究亲职教育提供了很好的思路和有益的借鉴。

美国的亲职教育也有其特点,其亲职教育的内容不仅包括婚后的亲职教育,还包括婚前亲职教育,延伸了亲职教育的长度。婚前亲职教育的内容包括婚前心理咨询与指导、体检、孕前指导等。事实证明,这个阶段的教育是非常有必要的,尤其是孕前指导,能够帮助准父母做好为人父母的心理准备,慢慢进入角色,适应新的身份,避免了孩子出生后家里一片混乱的现象。婚后亲职教育包括纵向和横向两个角度,纵向上按抚育对象的成长阶段划分,分为婴幼儿时期、学龄期、青少年时期、成年初期各阶段的亲职教育;横向上针对不同家庭的不同需求进行设计。① 从美国亲职教育的内容可以看出,美国亲职教育做得比较全面,比较细致和深入,根据儿童的成长阶段细化了亲职教育的内容,每个阶段儿童的特点和成长任务是不一样的,家庭教育的重点也不一样。根据儿童发展特点制定的亲职教育更加具有针对性和有效性,能够大大提升家庭教育的效果。美国亲职教育内容最值得我们借鉴的是其横向角度的教育内容,根据每个家庭的特点设计内容,开展个性化的亲职教育服务。每个家庭由于经济、环境等各种因素的影响,存在着很大的差异性,个性化的家庭式亲职教育有效地提升了家庭教育的效果。美国的亲职教育是"以人为本"的教育,是基于生命、关怀生命的亲职教育,从儿童生命完善发展的角度制定亲职教育的内容,不仅关注儿童的成长,也关注了接受教育的家长的实际需要和特点。家长虽然相对儿童来说有较强的接受能力,但是由于亲职教育不是家长们的唯一任务和生活的全部,所以具有实效性的教育更符合家长的需求。

综上所述,学前期的亲职教育内容包括:婚前的心理健康教育、孕期保健、胎教、准爸爸训练;婚后的 0~3 岁婴幼儿的亲职教育、3~6 岁幼儿期的亲职教育、0~6 岁家庭教育问题咨询等。这些内容不仅包括照顾孩子的方法和技巧,还包括教育孩子的策略和途径。我国 2012 年教育部颁布的《3~6 岁儿童学习与发展指南》就是亲职教育的典范,里面的内容通俗易懂,尤其是教育对策部分提出了很多家庭教育的方法,家长可以借鉴和运用。

(三)亲职教育的实施

亲职教育旨在提升家长的教育能力,进而改善家庭教育的效果。但是很多家长受传统观念的影响,对父母接受教育还存在偏见,认为父母抚育下一代是天生就会的,只要能生就能养,就能理所当然地履行父母职责,能当好家长。实践中家庭教育问题的频发使越来越多的家长感觉到力不从心,希望得到专业的指导和帮助。亲职教育势在必行,要做好亲职教育,就要从理念上和实际操作中保障亲职教育的实施。

1.家长要从理念上到行动上接受亲职教育

观念是行动的先导,家长对亲职教育的认识影响到家长参与亲职教育的力度和效果。随着社会竞争的加剧,家长的压力也与日俱增,并表现在儿童身上,

---

① 转引自罗红霞、王明飞、杜娇:《亲职教育:国际经验与中国实践》,《广州大学学报(社会科学版)》,2018 年第 9 期。

如何教育儿童、如何使儿童成才是家庭教育的迫切要求。东北师范大学儿童发展研究中心的调查发现[①]：只有23%的家长认为自己目前掌握的家庭教育知识已经够用，而77%的家长认为自己目前掌握的家庭教育知识不够用。当问及"作为家长，您认为自己是否需要接受专门的家庭教育知识培训？"76.4%的家长做出了肯定回答。从这个调查中我们可以发现，家长对亲职教育的需求还是比较强烈的。但是在一些机构举办的以提升家长教育能力为主的相关培训时，很多家长的参与力度不够。调查结果还发现[②]，从孩子出生到现在，所有接受调查的家长参加讲座的平均次数只有2.42次。考虑到被调查对象做父母的时间平均约6年以上，那么平均到每人每年还不足0.5次。调查中还发现，从孩子出生到现在，近半数的家长从未参加过任何关于家庭教育知识的讲座培训，只有18.5%左右的家长有接近每年1次的频率。由此可以看出，家长参与亲职教育的实践不足。虽然亲职教育的需求比较大和迫切，但是家长的行动力与需求之间是不成正比的，并且随着社会的发展，我国亲职教育的实践仍然没有得到很大的改善，这一点从2016年的亲职教育调查就可以看出。许璐颖和周念丽调查发现[③]：目前幼儿园内经常举办的亲职活动有"家长会"、"游园会"和"亲子活动"等。调查发现，"经常参加"与"偶尔参加"等达37%，显示整体的参与度不高。其中"亲子活动"与"游园会"为家长参与度最高的亲职类活动，而"父母成长团体"与"家长经验交流会"的参与度则较低。调查还发现，家长参与度比较高的活动类型以亲子实地参与的亲职教育活动为主，而参与度较低的活动形态则是以家长为主的偏静态类活动。

因此，要提升我国亲职教育的有效性，家长的观念首先要改变，真正意识到亲职教育的作用和价值。其次，家长还要积极地参与到学前教育机构、社区等社会其他机构举办的亲职教育活动，这样才能提升家庭教育的效果。没有家长参与的亲职教育活动形同虚设，也就不能改善家庭教育的状况，最终达不到促进儿童发展的目的。

2. 重新梳理亲职教育内容，提升亲职教育的针对性和有效性

教育内容是实现教育目的的载体和物质基础，亲职教育的目的在于提升家

---

① 盖笑松、王海英：《我国亲职教育的发展状况与推进策略》，《东北师范大学学报（哲学社会科学版）》，2006年第6期。
② 盖笑松、王海英：《我国亲职教育的发展状况与推进策略》，《东北师范大学学报（哲学社会科学版）》，2006年第6期。
③ 许璐颖、周念丽：《学前儿童家长亲职教育现状与需求》，《学前教育研究》，2016年第3期。

庭教育的效果,因此,亲职教育的内容应该来源于和服务于广大的家庭,既有理论知识的讲解,又有实践操作的意义。

根据美国和台湾地区的做法,结合我国家庭教育存在的问题,亲职教育的内容主要包括以下内容:

一是一般理论知识的传授:包括家庭教育的一般原理、家长角色的扮演、家庭教养方式、父亲在家庭教育中的作用、祖父母的教育价值等,这些内容让家长对家庭教育有一个全面的、系统的认识,形成关于家庭教育的基本概念和认知。二是子女教育:包括儿童生长发育的特点和规律、儿童成长中的家庭教育支持、儿童成长常见问题与解决策略等,这一专题的内容是让家长更加了解孩子,认识孩子生长发育的规律,基于了解和认识基础上的家庭教育能够减少很多的盲目性,也使家庭少走一些弯路。三是针对不同类型家庭的亲职教育内容:家庭教育有其特点和规律,给不同家庭进行家庭教育提供了有益的借鉴。但是,就同俗话说的"家家有本难念的经",每一个家庭都有其特殊性,在教育子女的过程中遇到的问题也是不同的,因此用常规的和普遍的教育方法比较难奏效,这时就需要有针对性的辅导和帮助。因此,亲职教育的内容需要补充和完善关于不同类型家庭的教育内容。四是家庭教育常见问题和解决策略:家庭教育实施中,经常会遇到一些问题,如家庭教育如何保持一致性、隔代教养问题、二孩家庭亲子关系问题、二孩家庭同胞互动问题等等,这些是目前家庭教育需要解决的燃眉之急,有效的解决策略对家长们来说无疑是雪中送炭,既能提升家庭教育的效果,又能改善亲子关系。

总之,亲职教育内容的梳理和构建是很关键的事情。我国亲职教育中家长参与力度不高的现象,很大程度上是由于目前已有的亲职教育内容实践性和实效性不强,家长们感受不到参与亲职教育活动的效果,自然就影响了家长的积极性。因此,解决家庭教育问题的关键在于整理出有效的亲职教育内容,从而提升家长参与亲职教育的力度。

3. 以幼儿园为主,增加其他社会资源,扩大亲职教育机构的多样性

亲职教育要有一定的机构承担,结合亲职教育的内容,进行系统的和有针对性的实施。我国目前承担亲职教育的机构以幼儿园为主,幼儿园的园长和教师是亲职教育的实施者。幼儿园和教师是对幼儿比较了解的人,家园共育工作也需要家长与教师的配合,因此,幼儿园作为亲职教育的主要实施机构是必要的,也是可行的。但是,实践研究发现,幼儿园在开展亲职教育的过程中也存在一定的问题,幼儿园教师工作量比较大,尤其对教师人数较少的园所来说,在开展亲职教育活动时常常感到力不从心,这就给亲职教育活动的顺利和有效开展造成了一定的困扰。

布朗芬布伦纳指出幼儿的发展过程是其循序渐进地扩展自身对生态环境的认识过程,从家庭到幼儿园再到社会,幼儿的发展制约于直接或间接的生态环境,从中间系统来说,强调幼儿园与社区、幼儿园与家庭、家庭与社区之间的关系或联系,对幼儿的成长与发展有很大影响。①《国家中长期教育改革和发展规划纲要(2010—2010年)》中提出"广泛开展城乡社区教育,加快各类学习型组织建设,基本形成全民学习、终身学习的学习型社会",由此可以看出,社区作为儿童生命的另一个主要场所,在儿童的成长和发展中有着举足轻重的作用。因此,亲职教育的实施可以充分挖掘和利用社区的资源。终身教育视域下的社区亲职教育支持服务以社区每个家庭的学习需求为中心,结合亲职教育自身的特点,以提供具有时代性、交互性、便捷性、有效性、专业性的亲职教育活动与资源来开展服务支持。② 社区亲职教育具有针对性和个性化特点,能够给社区内的家庭提供有针对性的教育帮助和支持,因此可以作为亲职教育的重要途径。

亲职教育是一种非正规、非正式的成人教育形式,对绝大多数成人而言,具有"时时、处处、人人"的特点。③ 因此,亲职教育的实施需要社会的支持与互动,整合社会教育资源,实现资源共享,共同推进亲职教育发展。幼儿园在开展亲职教育活动时应充分利用社区资源,如社区学前教育机构场地,社区内的专家、学者及各种自愿工作者,社区内其他成员单位等。④ 除了幼儿园和社区,政府在亲职教育的实施中也发挥着领导和协调的作用。因此,亲职教育的实施需要不断挖掘社会资源,扩大社会对亲职教育的重视程度,吸引更多的机构参与到亲职教育活动中来,不断提升亲职教育的效果,从而真正提升家庭教育的效果。

4.采取合理有效的形式开展亲职教育

亲职教育的开展形式是亲职教育实施过程中的关键问题,合理有效的形式

---

① 尹江倩、苏维、朱嘉慧等:《幼儿园与社区优质互动:价值、存在问题及解决策略》,《教育导刊》,2019年第9期。
② 刘婷:《终身教育视阈下社区亲职教育支持服务体系构建策略》,《内蒙古电大学刊》,2019年第3期。
③ 霍玉文、刘可欣:《美国亲职教育实践及我国的借鉴》,《中国成人教育》,2018年第2期。
④ 王秋霞:《家、园、社区协同教育的现状、影响因素与发展路径》,《学前教育研究》,2014年第5期。

能够提升亲职教育的效果。不同的亲职教育活动内容,可通过不同的活动方式开展;而不同形态的亲职教育活动,可达到不同的活动目标。① 同时,家长是活动的参与者,亲职教育活动形式的选择还要考虑家长的因素,比如家长的需求、家长的时间、家长的诉求等等。因此,亲职教育活动的开展要依据活动内容、活动目的、家长的需求等进行合理的选择。亲职教育可以采取以下形式:

第一,以家庭教育理论知识讲授为主的团体教育。

团体教育是所有家长参与的教育形式,如亲职教育课程培训、讲座、家长会等,这种活动形式同时向多位家长进行家庭教育知识的传授,能够提高教学效率,节省了教学的时间、人力和物力。团体教育形式以亲职教育内容的第一和第二模块为主,主要是家庭教育中一般理论知识和幼儿生长发育规律等内容,这些内容是每一对父母都要掌握的家庭教育的基本知识,因此可以采取集中教育的形式进行。

团体教育有其优点,但是在开展中也存在不足,比如受时间和空间的限制,造成一些家长没有时间参与,还有的幼儿园由于场地空间不够,没办法容纳所有家长,只能有部分家长或者每个班级选一些家长代表参与,这就造成家长参与亲职教育的总体力度不够,这是目前我国亲职教育存在的比较大的问题。因此,亲职教育在实施的过程中,要发挥团体教育的优势,避免其劣势和不足,采取多种形式的教育,这样才能避免单一教育形式不足带来的教育效果不佳的影响。

第二,以解决共性家庭教育问题为主的小组教育。

小组教育是以两个或两个以上五个以下家庭进行亲职教育的教育形式,以解决几个家庭教育中存在的共性问题为主,如离异家庭子女教育指导、老年人隔代教育指导、多动症儿童家庭教育指导、入学准备家庭指导、升学准备家庭指导等。小组教育可以以社区作为活动的组织者和实施者,请家庭教育指导专家和学者参与进来,采取现场分享问题、专家分析和解答问题的形式进行。小组教育是一种面对面式的教育,能够切实有效地解决家庭教育中存在的问题。

小组教育是团体教育的有益补充,是针对家庭教育实际问题的研究和探索,小组内的家长还可以互相交流,共同探讨家庭教育中存在的问题和困惑,并且不同家庭的有效的教育方法还可以为其他家庭提供一些借鉴和参考,更加受

---

① 吴钢:《基于家长需求的幼儿园亲职教育探索》,《教育导刊》,2014 年第 12 期。

家长的欢迎,有其特有的价值。同时跟个别教育相比又能够节省时间,还能节约人力和物力资源,在亲职教育中发挥着重要的作用。但是,小组教育在实施过程中也有其不足的地方,比如家长之间在交流时很容易产生互相攀比的心理,把孩子进行对比,对孩子产生负面的影响。同时有些家长羞于暴露家庭存在的问题,就会刻意隐瞒家庭教育的真相,给专家的辅导带来了一定的难题。因此,我们在利用小组教育进行亲职教育时,注意教育问题和讨论话题的选择,一些敏感性的话题尽量不要采用公开小组的形式进行,同时注意引导家长不要在交流和讨论中把孩子进行比较,引导家长树立科学的儿童发展观,用发展的眼光看待孩子。

第三,以解决个别家庭教育问题的个别教育。

个别教育是个性化教育的实施方式,是一对一的教育模式,能够真正有效地解决家庭教育中存在的问题,主要以亲子沟通、幼儿行为管理、幼儿成长中遇到的问题等内容为主。个别教育针对个别家长的亲职教育活动,采取电话访问、家庭访问等形式,亲职教育者提供或辅导单一家长所需内容,达到家长不同的亲职教育需求。个别教育也可以采取"工作坊"式的模式进行,家长可以到工作坊咨询家庭教育中存在的问题或困惑,由专家给予有针对性的指导。

实践研究表明:个别方式活动的选择次数最高的是QQ群或者微信群里面的分享,由此可以看出,随着网络的发展和移动通信工具的普及,QQ群或者微信群里面的分享成了家长的首要选择。信息科技的利用大大节省了亲职教育的时间,而且非常便捷,这是个别教育受欢迎的重要原因。同时,个别教育在亲职教育中具有针对性强、保护隐私的优点,在给父母提供切实有效的教育建议的同时,能够顾及家庭的隐私,使家长真正把家庭教育中存在的问题暴露出来,从而得到专家的指导和帮助。

不同形式的亲职教育都有其优势和劣势,在开展亲职教育的过程中,我们要充分挖掘和利用每一种形式的优势,避免其缺点和不足。同时,针对不同的教育内容和目的,综合利用三种形式,从而真正发挥三者的作用,切实提高亲职教育的效果,最终促进家庭教育的发展。

第十章　做有生命情怀的幼儿教师

幼儿教师是幼儿教育的实施者,是幼儿成长中的重要他人,既影响到幼儿教育的质量,又对幼儿的发展有着重要影响。在幼儿教师开展教育教学的过程中,其对职业的认同感,职业道德、专业素养等内容是影响幼儿教师教育质量的关键因素。生命关怀教育是提升和完善幼儿生命成长质量的教育,幼儿教师是幼儿教育的践行者。因此要提升幼儿教育的质量,就要从职业道德、职业认同感和职业素养等几个方面入手,不断提升幼儿教师的生命情怀和教育水平,做一个眼中有幼儿、心中有生命的教育工作者,为生命关怀视野下的幼儿教育贡献自己的力量。同时,生命关怀教育是始于生命、终于生命的教育,是生命与生命之间的对话,教师在关注幼儿生命质量提升的过程中也能提升幼儿教师自身的生命体验和职业幸福感。

一、幼儿教师概念溯源

提到教师,我们一点不陌生,对教师也有一定的认识。但是要对教师下一个清晰、明确的定义,却好像没有很好的角度来诠释教师。因为,"什么是教师?这绝非只是一个理论问题,它也是一个实践的问询[①]"。尤其是当今对教师的职业化、专业化提出新要求的时代,对教师的专业探寻成为一个迫切的问题。

(一)教师的概念

1.原始社会和封建社会对教师的理解

教师是人类社会历史发展中最古老的职业,从原始社会就出现了教师这一行业。原始社会生产力低下,人们以群居生活为主,自给自足是人们主要的生活方式,为了生存的需要,"口耳相传"地传授生活经验成为教育的雏形,有经验的长者们会把制造工具、使用工具、狩猎、取火、耕作、饲养等内容传授给年轻

---

① 曹永国、母小勇:《什么是教师?——一个始源上的疏证》,《教师教育研究》,2012年第3期。

人,并根据不同的情况进行分工,有经验的长者即是最早的"教师"。人们以长者为尊,认为他们掌握了丰富的经验,了解更多的事情,因此,在那个时期,由长者来担任教师是最合适的选择,氏族里也会推选出他们认为德高望重的族人来担任族长。① 到了封建社会,政教合一是教育的最典型特征,教育为统治者所有,官员担任老师是普遍现象,由此可以看出,教师还不是专门的职业,教师存在的价值是为了满足统治阶级的统治。

2.现代社会对教师的理解

到了现代社会,教师逐渐发展为一种专门的职业。1966 年,联合国教科文组织在《关于教师地位的建议》中提出,教师工作应该被视为一种专门的职业,它是一种要求教师具备经过严格训练而持续不断地研究才能获得并维持专业知识和专门技能的职业。1986 年,我国国家统计局和国家标准局发布的《中华人民共和国标准职业分类与代码》将所有职业分为 8 大类,其中教师列在"专业技术人员"这一大类中。随着教育制度的完善和教育改革的不断深入,教师的专业化逐渐成为教育改革的重要推动力,教师成为专门的培养人的职业,教师的地位也逐渐凸显出来。

由此可见,"教师"的概念与教育的发展、教师职业的发展联系在一起。从教师在社会发展不同时期的表现可以看出,在教育制度逐渐完善的背景下,教师成为专门的职业,教师职业化既是教师身份和地位的改变,也是教育改革向科学化发展的表现。

3.教师的概念

教师是履行教育教学职责的专业人员,承担着教书育人、培养社会建设者、提高民族素质的使命。② 这个概念既指出了教师职业的专业化特点,又明确了教师职业的作用,教师既对社会的发展产生影响,又影响个体的生存与发展。在教育成为社会持续发展的动力的时代,教师的作用也在不断增强和扩大,同时,教师要履行好自己的职责,也必须进行持续的专业学习。因此,教师职业具有价值性、专业性、创造性和复杂性的特点。

(二)幼儿教师概念解读

幼儿教育是教育的重要组成部分,因此从事幼儿教育的工作人员首先是教

---

① 刘宇:《我国教师身份的历史演变》,《佳木斯职业学院学报》,2017 年第 1 期。
② 全国十二所重点师范大学联合编写:《教育学基础》,教育科学出版社 2014 年版,第 123 页。

师,是履行教育教学职业的专业人员,同时幼儿阶段的特点又决定了幼儿教师职业具有特殊性。在《幼儿园教师专业标准(试行)》里明确了幼儿教师的概念:"幼儿园教师是履行幼儿园教育工作职责的专业人员,需要经过严格的培养与培训,具有良好的职业道德,掌握系统的专业知识和专业技能。"《标准》里对幼儿教师的界定首先指出幼儿教师是专业人员,肯定了幼儿教师的职业特点;其次指出了幼儿教师的来源,经过严格培养和培训的人才能成为幼儿教师,这给幼儿教师的专业化提供了保障;最后对幼儿教师提出了要求,职业道德和专业素养是成为衡量和评价幼儿教师的重要指标。

二、幼儿教师的职业特点分析

幼儿教师的概念明确了幼儿教师的职业性和专业性,由于其教育对象的特殊性,幼儿教师这一职业也呈现出不同于其他阶段教师的特点。

(一)复杂性——教育对象的特殊性

幼儿教师承担着基础教育阶段的教育教学工作,其教育对象的特殊性决定了幼儿教师职业的复杂性。首先,学前阶段的儿童,生理发展不成熟,生活能力和生活习惯处于养成阶段,需要成人全方位的呵护和照顾。这决定了幼儿教师不仅要传道授业解惑,还要照顾孩子的一日生活,给教育工作带来了一定难度。其次,学前阶段的儿童心理发展不成熟,具有好奇好问、探究欲望强烈等特点,但是受生活经验少、思维能力和语言表达能力比较低等因素的限制,儿童的学习和探究有一定难度。如何既促进儿童在原有水平上的发展,又满足儿童的探究欲望,这是教师在教育教学中需要不断思考的问题。再次,受家庭环境、社区和同伴、幼儿自身等因素的影响,学前阶段的儿童个体差异性表现显著,这使幼儿教师的工作变得复杂。如何在促进所有儿童发展的基础上保护儿童的个性,满足儿童个性化的发展是幼儿教师面临的难题,尤其是关注个性的时代,幼儿教师工作的复杂性和专业化更为突出。最后,幼儿教育与中小学以学习为主的教育不同,幼儿教育是保育和教育相结合的教育,幼儿教师的工作包括一日生活的各个环节,有生活活动、教学活动、户外活动和游戏活动等,每一种活动都有其独特性,需要教师运用专业的知识和素养去应对。这也给幼儿教师的职业带来了一定的难度和挑战,幼儿教师既要扮演父母的角色,同时又是专业的能促进幼儿发展的教师。因此,幼儿教师的职业具有复杂性的特点,这是幼儿教师不同于其他任何阶段教师的最重要的区别。

教育对象的特殊性和学前阶段教育的重要性要求幼儿教师具有"读懂"孩子的能力,只有真正倾听孩子的声音并读懂孩子的"语言",才能真正地了解幼儿。① 为了"读懂"幼儿,幼儿教师就要具备专业的知识和本领,并不断地学习,学习专业知识和理论,同时还要研究幼儿,只有这样才能促进幼儿的发展,才能应对教育工作的复杂性。

(二)创造性——教育情境的不确定性

教育教学活动的复杂性与教育性决定了教师职业的创造性。幼儿教育的对象是幼儿,"儿童的学习就是儿童通过自己特有的方式与周围环境互动的过程,也是儿童主动地探索周围社会环境、自然环境和物质环境的过程"②。在儿童探索的过程中,教师要发挥"支架"的作用,成为活动环境的创设者、活动过程的观察者和活动进展的引导者,这些角色需要教师发挥自己的主观能动性和创造性。儿童的天性具有动态变化性,加上儿童的多元化背景、个体差异的存在,以及学习方式和学习内容的不同,致使幼儿园教育活动充满着变数和不确定,幼儿教师不可能一成不变,完全按照预设的内容进行教学,教学活动也不可能程式化、直线地进行。③ 同时,同一个年龄段的孩子,虽然具有某一个年龄段的生长发育规律和共同特点,但是由于多种因素的影响又具有很大的个体差异性,幼儿教师不可能按照一成不变的方法进行施教,也不可能像修剪花草一样一刀切。为了实现幼儿的真正发展,幼儿教师就必须按照儿童的个性因材施教,因此,幼儿教师职业具有创造性的特点。

另外,幼儿教师还要处理一些突发事件,这些内容使幼儿教师的工作不能一成不变,必须有创造性。舍恩(1930—1997)认为,教师在教育教学过程中通常会存在两类问题情境。一类是"平坦地"。在"平坦地"中,问题比较明确,问题情境也清晰可见,教师可以通过运用已有的经验和理论有效率地解决问题。另一类是"沼泽地"。"沼泽地"中的情境是复杂的,问题是不明确的,没有办法

---

① 陈立秋:《幼儿教师专业性:问题与思考》,《教育导刊:下半月》,2011年第10期。
② 李季湄、冯晓霞:《〈3~6岁儿童学习与发展指南〉解读》,人民教育出版社2013年版,第23页。
③ 李静、孙亚娟、井小凤:《回归与升维:幼儿园生成课程的趋向、内涵与路径》,《教育导刊(下半月)》,2020年第1期。

直接通过普适的经验和理论来解决问题。① 幼儿园教学中,大部分的情境属于"沼泽地",因此需要幼儿教师运用专业的知识和素养,去应对复杂的和突如其来的状况。

总之,教育情境的不确定性决定了幼儿教师职业的创造性,为了应对各种教育情境,幼儿教师需要不断学习,掌握更多的教育经验和教育智慧,提升自身的专业素养,从而实现幼儿的全面发展。

(三)知识的广博性——教育内容的全面性

《幼儿园教育指导纲要(试行)》指出,幼儿园的教育内容是全面的、启蒙性的,可以相对划分为健康、语言、社会、科学、艺术等五个领域,这就决定了幼儿教师必须具有广博的知识,才能胜任幼儿园的教育教学工作。为了保证幼儿教师的专业性,《幼儿园教师专业标准(试行)》中提出幼儿教师应该具备的专业知识包括三个方面:幼儿发展知识、幼儿保育和教育知识、通识性知识。为了更好地研究、了解儿童,及时发现儿童的"最近发展区",并利用幼儿园和当地社区的实际条件设计、开发课程以及教师自我重构课程,幼儿教师不仅需要教育学的、心理学的以及有关幼儿发展的各类专门知识,需要自然科学、人文学科方面的基本知识和素养,还特别需要丰富的教育艺术、教育智慧以及熟练的互动策略和技能技巧,另外还必须学习婴幼儿养护方面的知识和技能,以类似医护人员的专业水平来呵护幼儿的健康发展。② 也就是说,幼儿教师除了要具备专业的理论知识和素养外,还要具备一定的自然科学和人文社会科学知识,掌握一定的现代信息技术知识等等。当然,幼儿教师所掌握的自然科学知识和人文社会科学知识是粗浅的,不用进行深入的研究,能够满足幼儿探究和认知的需要就可以了。

幼儿园教育内容的特点决定了幼儿教师要具备广博的知识。这种看似"泛而不精"的全方位的启蒙性知识不符合原有专业标准的要求,但却是幼儿成长和发展所需要的,全面的、启蒙性的知识能够促进幼儿情感、态度、能力、知识和技能的发展。

---

① Schön D A: *The Reflective Practitioner: How Professionals Think in Action*. New York: Basic Books,1983,p.42.

② 李静、孙亚娟、井小凤:《回归与升维:幼儿园生成课程的趋向、内涵与路径》,《教育导刊(下半月)》,2020年第1期。

(四)成就感低——教育效果的滞后性

　　幼儿教育是基础教育的基础阶段,不属于义务教育的范围。幼儿教育的基础性和启蒙性特点决定了幼儿教育阶段没有考试的要求,这就造成了幼儿教师的工作没有具体可以考察的指标,教师对幼儿的生活习惯、情绪情感和社会性等的培养和影响效果不能在短时间内体现出来。教育效果表现出滞后性,幼儿教师的成就感和存在感也会受到影响,幼儿教师的自我职业认同度也会降低,进而影响到幼儿教师教育教学的状态。"幼儿教师作为一个独特的生命体存在,他有内在体验、知识体系、价值信念、情感诉求等,这些都可以视为构建幼儿教师专业身份认同的基石。"[1]专业身份认同是幼儿教师获得职业幸福感的重要来源之一,当幼儿教师对自己的专业身份产生质疑的时候,其职业幸福感会大大降低,每天的工作就成了一种负担,面对活泼可爱的孩子,教师反而产生厌烦心理,因此一些幼儿园出现了"虐童"事件。事情发生后,人们都会站在孩子的角度,站在父母的角度对教师进行灵魂的拷问。当我们对肇事教师进行指责时,教师自身的内心也是受到谴责的,却没有人关心教师为什么会这样做。教师的职业认同感、存在感和幸福感也是被忽略的问题。因此,要提升教师的成就感,就必须重视幼儿教育效果滞后的特点以及这一特点带来的种种连锁反应。

　　幼儿教育的特殊性以及教育效果的滞后性给幼儿教师的工作带来了考验,需要教师做一个有责任意识的人,切实发挥教师的职业职责,这样才能真正成为幼儿生命历程中重要的引路人。加拿大教育家马克斯·范梅南将教师职责概括为:"教师的职业使命感,对儿童的喜爱和关心,道义上的直觉能力,自我批评的开放性,智慧的成熟性,对儿童主体性的机智的敏感性,阐释的智力,对儿童需求的教育学的理解力,与儿童相处时处理突发事件的果断性,探求世界奥秘的激情,坚定的道德观,对世界的某种洞察力等。"[2]从教师职责的含义可以看出,幼儿教师的工作与教师自身的道义、对儿童的喜爱和关心、教育智慧等因素有重大关系,对幼儿的喜爱和关心以及道义是教师启迪幼儿、处理教育问题的前提和基础,因此,幼儿教师要真正认识到自己工作的性质,从儿童出发,科学

---

[1] 王声平、杨晓萍:《幼儿教师专业身份认同的困惑及其重塑》,《教育与教学研究》,2011年第1期。

[2] [加]马克斯·范梅南著、李树英译:《教学机智》,教育科学出版社2001年版,第12页。

履行自己的职责,为儿童都有一个健康、快乐的童年发挥自身的作用。

三、基于生命关怀的幼儿教师现状分析

幼儿教师是实施幼儿园教育教学活动的人,是幼儿生命成长中的重要他人。因此,我们会对幼儿教师提出很多的要求和期望,幼儿教师也在不断努力提升自身的专业素养,一方面是满足幼儿成长的需要,另一方面是迎合家长的需求。然而,我们在对幼儿教师提要求的同时,也要关注幼儿教师生命发展的状态和质量,只有体验到职业幸福感的教师才能不断发挥自身的能量,幼儿教育的质量才能得到保障。

幼儿教师是生命独立的个体,需要得到生命的关怀。然而现实生活中,幼儿教师的地位比较低,职业倦怠感强,专业发展的机会缺乏等等,都给幼儿教师的职业认同感带来了很多不利的影响,所以必须对此进行深入的分析和研究。

(一)幼儿教师的社会地位现状

1.幼儿教师社会地位解读

所谓社会地位,指人在社会结构体系中所处的位置。决定人们社会地位的因素有很多,现代社会学奠基人之一、德国著名社会学家马克斯·韦伯认为,其中的主要因素应该是经济因素、社会文化地位和权利因素。[1] 因此,我们可以这样理解幼儿教师的地位:由于经济、文化和权利等因素的影响,幼儿教师在社会中所处的位置,经济地位、权利地位和职业声望是幼儿教师社会地位的直接体现。

经济地位是所有职业社会地位的最基本表现,也是从事某一种职业人群的最基本的价值体现及期待,其衡量标准是经济收入的多少,不仅影响着人们的生活状态,也影响着人们的工作热情和态度。"权利地位的高低则是依据人们是否拥有权利以及权利的大小而决定的,即为实现自身意志,能否支配他人以及支配他人的程度如何。"[2]作为幼儿教师,其享有的权利包括社会权利、专业自主权和学术性权利等方面,随着学前教育理念的更新,对幼儿教师的专业素养

---

[1] 谢维和:《教育活动的社会学分析:一种教育社会学的研究》,教育科学出版社2000年版,第40页。

[2] 李强、刘海洋:《变迁中的职业声望:2009年北京职业声望调查浅析》,《学究》,2009年第12期。

要求不断提高,从专业自主权角度探讨幼儿教师的社会权利,能够使幼儿教师的专业性得到自主发展和充分提升。社会声望是某一种职业在社会中的名声和威望,由人们的主观评价决定,受一定社会公认的价值体系影响。在不同的社会历史时期,幼儿教育的受重视程度不同,幼儿教师的社会声望也有着很大的差异性。

幼儿教师的地位体现了其职业的被认可度,影响着幼儿教师队伍的稳定,决定着幼儿教育事业的吸引力。经济是幼儿教师生存的保障,权利是幼儿教师专业发展的保障,职业声望是提升幼儿教师职业认同感和自豪感的保障。只有不断提高幼儿教师地位待遇,才能吸引优秀人才从事幼儿教育事业,才能做到招得来、留得住,才能留住人、留住心。

2.幼儿教师社会地位的变迁

如何评价幼儿教师的地位?幼儿教师地位处于一种怎样的状态?不同的评价标准和评价主体会得出不同的答案。从评价的主体上看:有官方的评价和民间的评价;从评价的标准上看:有经济收入、政治权利和专业发展权利等方面。

对幼儿教师角色的不同定位,映射出对幼儿教师地位和专业性的不同认知。总体来说,中华人民共和国成立以来,我国关于幼儿教师角色的定位经历了教养员、孩子王、保姆、教师、研究者等变化,体现了幼儿教师逐渐被认可,地位不断提升的过程。

新中国成立初期,幼儿园工作的重点是保育,教育的内容主要以思想道德为主,幼儿园教师被称为"教养员"强调的是管理者和守护者的角色,忽略了他们的教育功能和专业属性。幼儿园教师被看作是一份不需要太高学历、太多知识,工作轻松、收入尚可、假期较多的职业,被认可度不高。

改革开放后,幼儿教师的重要性逐渐得到认可,地位不断提升。1978 年,邓小平同志在第一次全国教育工作会议上强调:"为人民服务的教育工作者是崇高的革命劳动者。我们对广大教育工作者的辛勤努力表示慰问和敬意。我们要提高人民教师的政治地位和社会地位。不但学生应该尊重教师,整个社会都应该尊重教师。"[1]

1979 年,《全国托幼工作会议纪要》明确指出:"为了大力发展托幼事业,提

---

[1] 单敏、黄贝、张丽珍:《中国四代领导集体"以师为本"尊师重教思想初探》,《中共银川市委党校学报》,2010 年第 3 期。

高保教质量,必须高度重视建设一支又红又专的保教队伍。"①同时提出要改善和提高幼儿教育工作者的工作条件和福利待遇,提高他们的政治地位和社会地位。之后,政府出台的关于义务教育阶段的职称评聘、待遇等文件,都明确指出,同样适用于学前教育,有效保证了幼儿教师的社会地位。

1993年,我国颁布了《中华人民共和国教师法》,第一次从法律层面明确教师的地位与待遇,极大地保障了包括幼儿园教师在内的各类教师队伍建设,幼儿园教师从"保姆""阿姨"到"专业化的"教师,"阿姨"这个称呼不再被接受②,幼儿教师被看作真正意义上的教师。虽然这期间,仍有幼儿教师被称为"保姆、阿姨、孩子王"的现象。

新一轮基础教育改革强调老师开发者和建设者角色,让幼儿老师成为幼儿合作的伙伴、学习的引导者。幼儿教师成为教学的研究者,意味着其专业性得到越来越多人的认可。朱家雄认为,"新课标要求幼儿园教师变成一个'研究者',教师要参与园本调研、反思自己的教学活动、并能将教学目标和儿童主导的活动有机地联系起来"③。

2018年,习近平总书记在全国教育大会上强调,"全党全社会要弘扬尊师重教的社会风尚,努力提高教师的政治地位、社会地位、职业地位,让广大教师享有应有的社会声望,在教书育人岗位上为党和人民事业作出新的更大的贡献"。

3.幼儿教师社会地位现状分析

从幼儿教师社会地位变迁的历史进程来看,幼儿教师的社会地位提高了不少,社会对幼儿教师的认可度不断增加。学前教育的重要性日益提升的背景下,幼儿教师的重要性也逐渐被认可,但是,从评价教师社会地位的三个维度上看,幼儿教师的社会地位仍然偏低。

首先表现在经济收入偏低,一项调查研究显示,72.6%的幼儿教师对其经济收入不满意,39.7%的幼儿教师月薪在800~1500元之间,58.9%的幼儿教师月薪在1500~3000元之间,仅有1.4%的幼儿教师月薪在4000元以上。④ 无独有偶,另一项关于农村幼儿教师经济收入的调查结果也显示幼儿教师的经济地位

---

① 中国学前教育研究会编:《中华人民共和国幼儿教育重要文献汇编》,北京师范大学出版社1999年版,第121页。
② 刘焱:《改革开放四十年 中国学前教育的发展变迁》,《人民政协报》,2018年6月27日。
③ Zhu J: Early childhood education and relative policies in China. *International Journal of Child Care and Education Policy*, 2009, Vol.3, Iss.1, pp.51-60.
④ 冯帮、王曼:《社会阶层化背景下幼儿教师职业地位分析》,《教育与教学研究》,2015年第7期。

偏低;42.55%的农村幼儿园教师对自己的工资待遇表示不满意,36.17%的教师表示一般。① 因此,总体来说,幼儿教师的收入偏低,这也是造成幼儿教师职业认同感低的重要原因。

其次,幼儿教师的社会权利不高,这里的社会权利主要指幼儿教师的政治权利和专业发展权利。幼儿教师的政治权利具体指幼儿教师参与地方及幼儿园教育政策制定的权利,比如发表观点和提出建议的权利;幼儿教师的专业发展权利具体包括幼儿教师的专业进修培训权、职称评定权、科学研究权、教育教学权等。实际生活中,幼儿教师的政治权利和专业发展权利都处于被忽视的地位,调查发现②:68.1%的幼儿教师表示完全没有参与过当地的教育政策制定和修改;25.5%的幼儿教师完全没有参与过园内重要事务的决策权;只有34%的教师能自主决定班级课程的教育教学工作;一半以下的幼儿教师曾参加过专业发展的进修培训。由此可见,幼儿教师参与决策的机会有限;幼儿园事务的决策权多数情况下掌握在园长手中,幼儿教师只有服从和执行的权利。幼儿教师没有参与感,主人翁意识也逐渐淡化,把幼儿园的发展当成园长的事情,没有归属感和参与感使幼儿教师的职业认同度也逐渐降低。

最后,幼儿教师的职业声望不高。随着学前教育地位的提升以及人们对学前教育价值的认可,按理说幼儿教师的职业声望应该是不断提升的。但是在实际生活中,幼儿教师的职业声望没有大学教师和中小学教师高。一项名为"某区幼儿教师职业地位的调查"显示,在30种职业声誉排序中,大学教师、中学教师、小学教师、幼儿教师分别为第2位、第8位、第13位和第17位。③ 调查数据表明,人们在面临职业选择时,更倾向于选择大学教师和中学教师,由此可见,幼儿教师的社会声望不高。近年来,"虐童"事件频发,更是降低了幼儿教师的社会声誉。幼儿教师的职业声望不高,人们对幼儿教师存在不正确的认识和评价,幼儿教师的劳动得不到承认和尊重,就会影响其教育教学的状态,幼儿教师的教育质量就会受到重大影响。

通过对现实生活中幼儿教师社会地位的分析可以看出,幼儿教师的生存状态和职业发展状态不容乐观,其直接结果是影响到幼儿教师的教学状态,同时

---

① 丁彩云、时松:《某县农村幼儿教师社会地位现状调查研究》,《包头职业技术学院学报》,2016年第9期。

② 丁彩云、时松:《某县农村幼儿教师社会地位现状调查研究》,《包头职业技术学院学报》,2016年第9期。

③ 张晓辉:《幼儿教师的社会地位》,《学前教育研究》,2010年第3期。

幼儿的发展也会受到影响。教育是生命与生命之间的灵肉交流活动,当一个生命的发展状态处于不利地位时,他跟另一个生命之间的交流和对话质量就会下降。幼儿教师面对的是生理和心理发展都不成熟的幼小生命,在两种生命交流时更是处于绝对优势和拥有绝对的话语权。因此,幼儿教师的生命质量至关重要,要提升幼儿教师的生命质量,幼儿教师的社会地位就要得到提升,这样才能提升幼儿教师的生活质量,增加幼儿教师的职业幸福感,从而真正促进幼儿的发展,提升幼儿教育的质量。

(二)幼儿教师的职业倦怠感比较强

教育是基于生命、面对生命、提升生命质量的活动,不同于工厂式的流水线作业,教育是"活的",面对一个个鲜活的生命,教育具有多种色彩。从理论上来说,教育应该是快乐的,有意义的。但是,现实生活中,教师的教育活动变得被动和机械,教师的职业幸福感随着教龄的延长而不断增加,因此,要提升教师的教育状态,必须对教师的职业倦怠进行研究和梳理,幼儿教师更是如此。

1.幼儿教师职业倦怠的概念

职业倦怠这一术语最早是由美国临床心理学家费登伯格(Freudenberger)于1974年提出来的,用于描述个体在面对过度工作需求时所产生的身体和情绪衰竭的现象。具体而言,持续的疲劳以及与他人相处中的各种矛盾冲突所引发的一种在情绪、认知、行为等方面表现出精疲力竭、麻木不仁的精神状态,属于一种心理与行为的异常状态。[①] 随着时间的推移,随着工作年限的增加,人们比较容易在工作中产生职业倦怠感,这种感觉的产生会影响人们的工作激情和工作效果,是制约工作顺利开展的负面因素。因此,研究职业倦怠是提升工作效率,帮助人们建立职业幸福感的重要内容。

幼儿教师的职业倦怠指在长期的幼儿教育工作中,由于自身或教育对象、教育环境等因素引起的一种对幼儿教师这一职业厌烦、麻木、工作积极性不高的心理状态。[②] 很多研究表明,幼儿教师由于工作压力大,教育过程复杂等因素的影响,比较容易产生职业倦怠,这一点从幼儿教师的流失就可以看出来。

幼儿教育由于教育对象的特殊性,教育活动也变得更加复杂。幼儿园一日活动的开展不仅包括教育活动,还包括生活环节和户外活动。教师的教育活动

---

① Freudenberger H J. Staff Burn-Out. *Journal of Social Issues*,1974,Vol.30, Iss.1,pp.159-165.
② 谢蓉、曾向阳:《幼儿教师职业倦怠的缓解与职业幸福感的提升》,《学前教育研究》,2011年第6期。

从早上幼儿入园开始,直到幼儿离园结束,一天的所有环节都是教师工作的内容。教师除了要满足幼儿活动和探究的需要,还要关注幼儿的健康和安全,尤其是安全问题,是幼儿园工作的重中之重。幼儿年龄小,安全意识薄弱,教师要时刻关注幼儿,避免意外事故的发生,这给幼儿教师带来了很大的压力。同时,教育教学活动需要教师提前预设教学内容,并能够根据幼儿的兴趣和需要随机生成新的活动,这些都对幼儿教师的专业性提出了很高的要求。游戏活动是幼儿园的基本活动,游戏环境的创设、游戏材料的准备和游戏过程的指导也是教师工作的重要组成部分。家园共育是幼儿园教育向科学化发展的关键内容,如何跟家长沟通、如何引导家长参与幼儿园活动等是幼儿教师必备的专业素养。这些活动涉及的范围比较广,幼儿教师的工作量比较大,当幼儿教师工作几年后,最初的工作热情会随着烦琐的工作慢慢消失,职业倦怠感自然就产生了。

2.幼儿教师职业倦怠的表现

(1)一般表现。

职业倦怠是影响幼儿教师教育教学活动开展效果和教师专业发展的重要因素,通过对幼儿教师专业倦怠的一般表现进行梳理,能够对幼儿教师的教育教学状态进行判断,从而尽早帮助幼儿教师改善当前的工作状态。职业倦怠的表现可以从生理和心理、工作方面的表现两个维度进行判断。

第一,生理、心理方面:职业倦怠对幼儿教师影响最大的是生理和心理方面。职业倦怠感强的幼儿教师在日常的教学工作中比较容易生气、烦躁,发脾气,对每天的工作感到乏味和厌烦,造成失眠、情绪低落等,从而影响教师的生理和心理健康。第二,工作方面:幼儿教育的特殊性以及幼儿教师工作对象的不成熟导致幼儿教师的工作比较烦琐,工作量比较大。随着教龄的增加,幼儿教师的职业倦怠感增强,工作的不称心使幼儿教师产生消极待日的表现,比如应付每天的工作,缺乏创新,每天的任务就是保证孩子人身安全,教学的投入不够,这在一定程度上影响了教学的质量。另外,职业倦怠感比较强的教师职业道德感下降,容易产生厌恶孩子的心理,对孩子没有爱心和耐心,在师幼互动中应付孩子,不关注孩子的兴趣点和孩子的发展,孩子从教师身上得不到肯定和关爱。3~6岁的幼儿自我评价能力刚刚萌芽,对自己的认识和评价大部分从教师身上获得,但是缺乏爱心和耐心的教师不能正确评价孩子,使幼儿对自己产生不正确的认识和判断,这影响了孩子生命发展的质量。

（2）差异性表现。

幼儿教师的职业倦怠具有共同点，表现在生理和心理方面的健康问题、工作热情减退、成就感比较低等，但是幼儿教师的职业倦怠感又存在着差异性，如教龄差异、城乡差异和学历差异等。对幼儿教师职业倦怠感的差异性进行研究，有利于针对不同类型的职业倦怠提出有针对性的对策，从而真正帮助幼儿教师缓解职业倦怠，提升职业幸福感。

第一，不同教龄职业倦怠感的表现：相关研究表明，不同教龄的教师职业倦怠的强度不同，接受过职前教育和岗前培训的新教师一般能够比较快地熟悉和胜任教育教学工作，而且刚参加工作时都充满热情，对幼儿比较有耐心，职业倦怠感不强或者没有。随着教龄的增加，幼儿教师的职业倦怠感逐渐产生并且日益增强。幼儿园教育改革的压力、同事之间评比的压力、幼儿教育工作的烦琐性等使幼儿教师的工作激情逐渐减退，取而代之的是对工作的麻木和应付。但是到了一定的阶段，幼儿教师的职业倦怠感又会降低。王莉娟和王建平的研究发现：随着教龄的增加，民族地区幼儿教师职业倦怠呈现"高低起伏"的变化趋势，这可能与其不同阶段所关注的问题以及工作体验和感受不同有关。参加工作5年内，刚从高校毕业的新入职教师对自我角色充满了憧憬和新鲜感，在保育工作中表现出较高的干劲和热情，职业倦怠感并不明显；在随后15年时间里，作为教师他们强烈期望在工作中取得优异业绩，但作为父母和儿女又必须承担照顾子女和老人的家庭重任，加之对新工作的激情逐渐消解后，对来自工作、人际关系和保育压力的体验逐渐加深，从而导致其情绪衰竭、非人性化和认知枯竭上升并处于较高位置；参加工作20年后，幼儿教师的工作经验和人生阅历不断积累，追求个人发展的心态也逐渐趋于平稳，其职业倦怠的程度尤其是个人成就感逐渐减弱。[1] 由此可见，幼儿教师的职业倦怠感有着阶段性表现。第二，城乡幼儿教师职业倦怠感不同：研究表明，农村教师的职业倦怠程度明显高于城市幼儿教师。[2] 农村幼儿园由于经济、政策等因素的影响，幼儿教师工作的物质环境没有城市幼儿园优越，再加上农村幼儿园拥有的教育教学资料欠缺，导致农村幼儿园教师的教育环境比较差，很多农村幼儿园教师对自身的职

---

[1] 王莉娟、王建平：《民族地区幼儿教师职业倦怠的水平、特点及综合治理：基于川、滇、黔、渝四省（市）民族地区的实证分析》，《现代中小学教育》，2018年第4期。

[2] 刘静、王雯颖：《城乡幼儿教师职业倦怠现状比较研究》，《课程教育研究》，2019年第20期。

业缺乏认同感。有调查发现①：70%以上的农村幼儿园教师从来没有个人职业规划，他们大多缺乏对工作的认同感，对自己的专业发展缺乏清晰的意识与规划。这就造成了农村幼儿教师的职业成就感比较低；对自身专业发展认识不清，工作的成就感比较低，职业倦怠感也比较容易产生。城市幼儿教师尽管随着教龄的增加，也会产生职业倦怠感，但是由于幼儿园物质环境比较好，幼儿园给教师提供的培训和提升的机会比较多，便于幼儿教师的专业发展，再加上城市家庭相对更加重视对子女的教育，因此家长配合幼儿教师教育教学工作的力度更大，这给幼儿教师提供了极大的支持和帮助。因此，相对农村幼儿教师来说，城市幼儿教师的职业倦怠感要低。第三，学历不同带来的职业倦怠感也不同。随着学前教育重要性的提升，对幼儿教师的专业性要求也逐渐提高。学历在一定程度上说明了幼儿教师的专业性，实践研究也表明，高学历教师相对低学历教师来说职业倦怠感要低。刘会娟、李玉侠的调查研究发现：中专或者高中学历的幼儿教师总体倦怠程度显著高于本科和大专学历的幼儿教师的倦怠情况。② 中专或者高中学历的幼儿教师由于其专业知识薄弱或者不扎实，在教育教学中会面临很多问题，压力比较大，因此比较容易产生职业倦怠。关于农村幼儿教师职业倦怠的研究也说明了学历高低会影响到教师职业倦怠。调查发现，截至2010年年底，在城镇幼儿园中，专科以上学历的幼儿园教师占60.3%，而在农村幼儿园中，绝大多数教师的学历水平为高中以下学历，同时70%以上的农村幼儿园教师没有幼儿园教师资格证。③ 学历水平的高低决定着农村幼儿园教师的专业训练水平。④ 农村幼儿园由于培训资金缺乏，农村幼儿园教师外出培训或进修的机会很少，再加上大多数农村幼儿教师没有受过专业的幼教培训，在从业过程中经常感到力不从心。他们设计和组织教育教学活动的能力不强，不能对教学活动进行合理安排，教学方法单一，对幼儿的兴趣缺乏关注，家园沟通的能力不足，导致农村幼儿教师在工作中压力比较大，成就感比较低，因此职业倦怠感容易产生并且比较强烈。

  幼儿教师的职业倦怠感因教龄的长短、城乡的差异和学历不同存在着很大的差异性，因此，我们在关注幼儿教师职业倦怠感一般表现的同时还要关注不

---

① 杨淑芸：《农村幼儿园教师职业倦怠表现及其干预策略》，《学前教育研究》，2014年第8期。
② 刘会娟、李玉侠：《河北省幼儿教师职业倦怠现状调查研究》，《衡水学院学报》，2013年第6期。
③ 孙惠利：《农村民办幼儿教师专业发展现状调查与分析：以河南省农村民办幼儿教师为例》，《社科纵横》，2013年第12期。
④ 杨淑芸：《农村幼儿园教师职业倦怠表现及其干预策略》，《学前教育研究》，2014年第8期。

同教师之间存在的差异性。这是深入研究职业倦怠感的重要内容,也是缓解幼儿教师职业倦怠感的重要影响因素。

(三)幼儿教师专业化发展的现状

根据幼儿教师专业素养的内容,从专业理念与师德、专业知识、专业能力三个方面对当前我国幼儿教师专业发展的现状进行考察和分析,我们试图找出幼儿教师专业发展存在的问题,从而有针对性地提出提升幼儿教师专业发展的对策,以期能提升幼儿教师的专业素养,最终实现幼儿教育质量的提升和幼儿的全面发展。

1.幼儿教师的专业理念与师德总体情况良好

专业理念与师德是教师专业素养的核心,决定着幼儿教育的质量,影响着幼儿的全面发展。根据调查发现,总体来说,目前我国幼儿教师的专业理念与师德得到了极大的提升,情况良好。孔露等在2019年的调查发现:广元市乡村幼儿教师专业理念与师德总体表现良好,乡村幼儿教师队伍有着较强的专业理念与师德素养,他们热爱幼儿教育工作、认真负责、乐于学习。调查报告的各项得分由高到低依次为爱岗敬业、尊重幼儿、自我调节情绪、乐观向上的性格、遵循幼儿的学习特点、专业认同、重视游戏对幼儿的发展价值、乐于学习、重视利用资源家园共育。[①] 2020年王晓晶等人的研究也得出了同样的结论:张家口幼儿教师具有良好专业理念和师德。张家口市幼儿园教师对《幼儿园教师专业标准(试行)》《幼儿园教育指导纲要(试行)》等政策法规了解较多,能够依法执教;对幼儿的态度和行为相对较好。[②] 通过现实调查结果来看,随着学前教育重要性的提升以及幼儿园准入制度逐渐规范和严格,幼儿教师的专业性逐渐得到了保证,接受过专业职前教育的幼儿教师对专业的认识越来越深刻,这有利于幼儿教师形成良好的专业理念与师德,大部分老师能够做到爱孩子,爱本职工作,并且能够运用正确的教育理念去指导自己的教学活动。但是,教师的专业理念仍然存在一定问题,如教师的专业认同、重视游戏对幼儿发展的价值、乐于学习和重视利用资源家园共育意识稍显单薄。也有教师只把完成教学目标作为任

---

① 孔露、蒲远波、李长青:《乡村幼儿教师专业素养现状调查与分析:以四川省广元市为例》,《成都师范学院学报》,2019年第4期。
② 王晓晶、赵梦兰、胡继霞:《幼儿教师专业素养的调查研究:以张家口市为例》,《西部素质教育》,2020年第5期。

务,忽视幼儿是否在活动中获得收获。教师教学的重点是任务的完成而不是儿童的全面发展和有质量发展,这样的想法会影响教师专业知识和专业能力的发挥。教师专业理念的不科学还会影响教师的教学状态以及工作的成就感和幸福感:专注于提升幼儿教育质量和幼儿发展的教师,其职业幸福感比较高,看到孩子的点滴进步就会开心和满足;相反,致力于完成教学任务和目标的教师,会觉得每天的工作是烦琐的、重复的,职业倦怠感就随之而来。因此,幼儿教师在师德有了提升之后,重点发展的内容应该是树立科学的、合理的和有效的专业理念,使自己的教育活动有科学的指导。

2.幼儿教师的专业知识不均衡

根据幼儿教育的特点、幼儿教育内容的全面性和启蒙性,幼儿教师的专业知识包括通识知识、保育知识和学科知识。通识知识包括自然科学知识和社会科学知识,这是幼儿教育的重要组成部分。学前阶段的儿童好奇心比较大,对事物的探究欲望比较强烈,需要教师具备一定的自然科学和社会科学知识,满足幼儿的好奇心,支持幼儿的探究活动。现实生活中,职前教育阶段的大部分学前教育专业学生都是文科出身,自然科学基础比较薄弱,对大学里通识课程的学习也不太重视,造成通识性知识储备不足;工作期间,学习通识性知识的愿望也不够强烈。调查发现,大部分教师"对通识性知识的学习愿望不够强烈,如自然科学与社会科学的基本知识、优秀传统文化、管理学与美学知识等"。[①] 出现这种情况的原因之一是部分教师觉得这些知识不重要,对于孩子的提问和好奇心,可以忽略或者搪塞孩子。相反,学科专业知识如幼儿心理发展知识、卫生学知识、五大领域教学法知识等更加受重视,幼儿教师认为这些知识涉及教育教学活动的开展,也是幼儿园考察教师素养的重要内容,因此,教师普遍比较重视学科专业知识的获得。幼儿教育的特殊性之一是保教结合,保教并重,保育大于教育,但是现实中很多教师误读了保教结合的含义,把教育凌驾于保育之上,认为会组织活动,会设计游戏,会"上课"才是一名合格的幼儿园教师,因此存在幼儿教师不重视保育知识的现象。同时,幼儿园班级教师配置上是两个老师和一个保育员,老师与保育员的分工不同,也造成了老师自然地把自己与保育工作分开,孩子在幼儿园的饮食、睡眠、盥洗等内容是保育员的事情,教师主要的任务是上课,这些认识也影响了教师对于保育知识的吸收和利用,造成幼

---

① 王海燕:《提升幼儿教师专业素养存在的问题及改进策略研究:以郑州市为例》,《河南教育》,2019年第9期。

儿教师的专业知识不均衡,过于注重学科专业知识,忽略了通识性知识和保育知识。

3.幼儿教师的专业能力有待提高

专业能力是教师利用专业知识开展和组织教育教学活动的体现,影响着幼儿教育的质量和幼儿生命的发展状态。幼儿教师的专业能力主要包括教育活动的设计、组织与实施能力,一日常规管理能力,环境的创设能力,游戏的支持能力,沟通与合作能力,教育评价能力,教育科研能力等等。[1] 幼儿教师需要具备的专业能力是由幼儿身心发展规律和学习特点决定的。3~6岁幼儿的学习方式不是抽象的,而是通过行动和经验学习,在活动和游戏中通过多种感官的参与进行直接经验的探索和习得。幼儿教师不仅仅要把知识教给孩子,而且要给孩子的游戏活动提供材料和创设环境,使幼儿在恰当、科学的环境中去探究和认知。因此,幼儿教师就不能像小学教师一样去解读文本,而是要依据幼儿发展的特点,根据幼儿的兴趣和需要,为幼儿的学习提供材料、时间和空间。这就需要教师具有幼儿身心发展规律和学习特点方面的知识,具有幼儿园课程的基本知识,具有照护幼儿生活的基本能力,具有观察和分析幼儿行为表现的能力,具有为幼儿创设适宜的学习环境的能力,具有与幼儿沟通的能力,具有对幼儿的行为和作品进行适当评价的能力,具有不断设计课程的能力。[2] 然而,在现实生活中,幼儿教师的专业能力还存在很大的提升空间。孔露等2019年的调查发现:教师专业能力总分及各项得分远不及专业理念与师德和专业知识得分高;在专业能力各项上,教育活动设计与实施得分最高,"上课"对教师来说不是一件难事;得分最低的是一日生活组织能力,教师间的差别也最大,说明幼儿园开展一日常规教育活动的困难和复杂,乡村幼儿教师急需有效的常规管理方法。除此之外,乡村幼儿教师教育研究能力(主要包括教学反思能力、教研能力和发展能力)得分也不高,这说明教育能力作为教师的核心能力是乡村幼儿教师普遍重视的。[3] 王晓晶等人的研究也得出相同的结论:幼儿教师的专业能力中组织活动的能力比较强,但是在幼儿教师专业能力的得分中,反思与发展能

---

[1] 孔露、蒲远波、李长青:《乡村幼儿教师专业素养现状调查与分析:以四川省广元市为例》,《成都师范学院学报》,2019年第4期。
[2] 虞永平:《〈幼儿园教师专业标准〉的专业化理论基础》,《学前教育研究》,2012年第7期。
[3] 孔露、蒲远波、李长青:《乡村幼儿教师专业素养现状调查与分析:以四川省广元市为例》,《成都师范学院学报》,2019年第4期。

力得分最低。① 反思能力是幼儿教师对自身专业能力认识和评价的能力,具备一定的反思能力能让幼儿教师对自身专业知识的运用和专业能力的发挥进行解读和认识,便于幼儿教师及时发现自身存在的问题,查漏补缺,从而在教育教学过程中及时改善自身不足的地方,以提升幼儿教师的专业能力。

通过对幼儿教师专业素养三个方面的分析,我们可以发现随着幼儿园准入制度的规范和严格,幼儿教师的素养在很大程度上有了提升,但是由于对幼儿园教育性质的认识不深刻,对幼儿特点与规律把握不到位,对幼儿园保育教育并重理念的误读等原因,幼儿教师的专业素养还存在很大的提升空间,尤其是专业知识的均衡化和幼儿教师自我反思能力的提升,有利于从根本上促进幼儿教师的专业发展。

(四)幼儿教师心理健康现状及表现

2016年以来,国家卫健委等部门联合发布的《关于加强心理健康服务的指导意见》《全国社会心理服务体系建设试点工作方案》等文件中均提出要提高国民心理健康素养水平,提高心理健康核心知识知晓率。幼儿教师是一个情感高强度的特殊职业群体,当前国家发展学前教育的迫切要求使得幼儿教师在工作中面临更大的压力和挑战②。幼儿教师的心理健康状况不仅关系到其自身的健康,也关系到幼儿的健康成长和发展,研究发现幼儿教师的心理健康状况与儿童行为问题显著相关③,因此,要减少幼儿行为问题,必须提高幼儿教师的心理健康水平。随着幼儿教育地位的提升,社会对幼儿教师的要求越来越高,我们在对幼儿教师提出各种要求时,也应该关注幼儿教师的生命质量,尤其是幼儿教师的心理发展状况。

从幼儿教师心理健康的标准去分析幼儿教师的心理状况,我们发现幼儿教师存在一定的心理问题,这些问题影响了幼儿教师的身心健康,也影响了幼儿教师的教学质量。对幼儿教师心理存在的问题进行分析和挖掘,是改善幼儿教师生命向积极状态发展的重要步骤。

---

① 王晓晶、赵梦兰、胡继霞:《幼儿教师专业素养的调查研究:以张家口市为例》,《西部素质教育》,2020年第5期。

② 缪佩君、李玲玉、连榕:《幼儿教师心理健康状况及其社会支持系统构建》,《苏州大学学报》,2018年第4期。

③ 刘瑛:《学龄前儿童行为问题与幼儿教师心理健康水平的相关研究》,《西华师范大学学报》,2006年第4期。

1. 幼儿教师的自我认同感比较低

对自己职业的认同度比较低使幼儿教师产生焦虑、疲劳、自我效能感低、忧郁及暴躁等情绪,这些情绪严重影响幼儿教师的日常生活,如焦虑症状引起莫名的烦躁,坐立不安、神经过敏等。同时,幼儿教师情绪的变化会影响师幼互动的质量,老师对幼儿失去耐心,职业道德就会出现偏差。同时,幼儿教师情绪不佳会增强职业倦怠感。幼儿教师在日常的工作和生活中长期处于不快乐的状态下,心理的变化会影响幼儿教师的生理健康。研究表明,个体的情绪状态会对其免疫系统、内分泌系统、心血管系统等产生影响。长期处于较高心理压力的幼儿教师躯体化问题严重,特别是年龄在40岁以上的教师,症状表现为身体不适感,如心血管、胃肠道、呼吸以及其他系统的不适应,并伴随焦虑情绪。[1] 幼儿教师自我认同感不高,不能很好地协调自己与工作和生活的关系,不仅影响幼儿教师的工作状态和工作效果,而且会对幼儿教师的身体产生不良的影响;身体状态不佳又反过来影响教师的工作,二者互相影响会形成恶性循环。因此,幼儿教师的自我协调和认同是幼儿教师心理健康的最基本内容,必须加以重视。

2. 幼儿教师的人际关系不佳

幼儿教育的特点要求幼儿教师能够灵活处理与同事、幼儿以及家长的关系。现实生活中幼儿教师的人际关系不佳,主要有以下表现:受到情绪的影响,幼儿教师的自我肯定和认同感下降,情绪不佳影响幼儿教师与幼儿沟通的质量,影响幼儿从教师身上获得的安全感和依赖感,幼儿会产生害怕老师的心理。研究发现,患有抑郁症的幼儿教师的工作兴趣减弱,对幼儿的需求反应迟钝,缺少参与感,不利于幼儿教育活动的组织与开展。幼儿教师的心理压力越大,他们为幼儿提供的情感支持就越少,高强度的压力将导致幼儿教师消极的回应行为(如以惩罚或者冷处理的方式应对幼儿的负面情绪)。[2] 除了影响与幼儿的互动,心理健康状况不佳的幼儿教师在同事交往中也会受到一定阻碍。幼儿教育的特殊性决定了幼儿教育模式的不一样,每个班级都有两个老师和一个保育员,三个人之间既有分工又有合作,这是幼儿教师同事关系的最重要内容。教

---

[1] 陈小异、孙雪梅、史滋福:《粤川渝三省市幼儿教师心理健康状况与对策研究》,《学前教育研究》,2007年第6期。

[2] Sandilos L E, Cycyk L M, Hammer C S, et al: Depression, Control, and Climate: An Examination of Factors Impacting Teaching Quality in Preschool Classrooms. *Early Education and Development*, 2015, Vol.26, Iss.8, p.26.

师间和谐的人际关系对教学活动以及班级管理的开展都有重大影响,教师之间要相互尊重、相互理解、相互支持、和谐融洽、合作提高,营造出一种良好的班级氛围和教研氛围。① 心理健康状况不良的幼儿教师在和班级另一个老师以及保育员相处的过程中会给别人带来不好的感觉,会给配班老师和保育员带来压力,三个人之间的工作协调以及协作都会出现问题。另外,3~6岁的孩子具有很强的模仿力,教师是幼儿模仿的重要他人,教师教育幼儿要团结、合作、尊重、有爱等等,自己首先要以身作则,给幼儿做出示范和表率。人际关系不良的教师给幼儿带来的是反面示范,同时也会影响教师之间的沟通和交流。在幼儿教师的人际关系中,教师与家长的沟通和交流是幼儿教育工作的重要组成部分,也是影响幼儿教师产生职业认同感和幸福感的重要因素。"衡量一位幼儿教师的工作成果,家长工作是一把重要的标尺。它不仅影响幼儿教师的教育质量与工作成效,也影响幼儿教师的心理健康。"② 心理不健康的幼儿教师脾气暴躁,对幼儿以及工作失去兴趣和耐心,甚至会把幼儿的问题放大,不尊重家长,居高临下跟家长沟通孩子的问题,引起家长的反感。家长从教师的言语中解读到教师对孩子的不喜欢,就会产生担心孩子的心理,对教师的不信任感也随之产生。当教师和家长没办法好好交流时,家园共育工作就会产生阻碍,导致教师和家长的关系紧张,这不仅影响幼儿教育工作的顺利开展,也会影响幼儿教师的职业认同感,给幼儿的发展带来不利的影响。

3.幼儿教师适应和利用环境能力薄弱

幼儿教师教育教学活动的开展离不开幼儿园提供的物质和精神环境。物质环境为幼儿教师提供了开展教育教学活动的物质基础,"巧妇难为无米之炊",物质条件的优劣会影响教师的教学进度、教学质量等。尤其是新入职教师,对教学条件的要求比较高,但自己对幼儿园原有条件加工和改造能力较弱,不能灵活运用已有条件开展活动。当原有条件能够满足自己的需要时,幼儿教师的教学状态比较好,相反,会影响教师的教学积极性。马丽、周佳明对27名新入职教师进行调查,结果发现:对于造成其适应不良的环境因素,教师们认为其重要程度不同,由高到低依次是:幼儿园区域环境、教学环境、幼儿园管理、家

---

① 高毅:《论幼儿教师人际关系的协调》,《新课程(上)》,2016年第10期。
② 高毅:《论幼儿教师人际关系的协调》,《新课程(上)》,2016年第10期。

长对幼儿教育的态度、人际关系氛围。[1] 由此可见,幼儿园的物质环境是影响幼儿教师工作效果的重要因素。幼儿园的教学环境尤其是硬件条件是教师入职初期对幼儿园最直观、具体的感受,特别是用于满足教学需求的教学材料和设备的拥有情况会对新教师的工作积极性和满意度产生影响。工作满意度对教师的身心健康、教师队伍的稳定发展、学校管理水平的提升有着非常重要的意义。[2] 除了物质环境,幼儿园的精神环境比如教学理念、管理者的素质和管理制度、幼儿园的文化等内容也会影响幼儿教师的心理健康。公立幼儿园和私立幼儿园的精神环境差异性比较大,调查发现[3]:农村幼儿园中包括部分公办幼儿园仍以分科教学为主,学习拼音、识字、算术,以游戏为基本活动开展科学保教的要求难以落实,"保姆式教育"与"小学化"现象普遍存在。这种教学模式与新教师所接受的教育和对教学工作的预期不相符,不少新教师因此对教学感到迷茫、不知所措,导致适应不良。园长的管理理念和管理方法是幼儿园文化的一部分,科学的管理理念能够给教师营造一种积极向上的工作环境和氛围,会激发教师的教学激情,提升幼儿教师的职业幸福感。现实生活中,部分公立和私立幼儿园的园长管理理念不太科学,管理制度苛刻,对幼儿教师的人文关怀比较欠缺,幼儿教师在工作的过程中找不到归属感,心理压力比较大,对园长的管理不赞同、不服气,但是又不敢提出自己的意见,只能把不满放在心里,时间久了,就会产生职业倦怠感。

幼儿教师的心理状况不佳不仅影响幼儿教师自身的健康,更影响了教育教学的状态和教学质量,这也是幼儿教师产生职业倦怠感的重要原因。因此,要提升幼儿教育质量,就必须关注幼儿教师的心理发展,关注幼儿教师的生命质量,从根本上促进幼儿教师生命状态向完满方向发展。

四、点亮幼儿教师的生命情怀,提升幼儿教育质量

幼儿教师是幼儿教育的实施者,是幼儿成长中的重要引路人,是学前教育

---

[1] 马丽、周佳明:《影响农村新入职幼儿教师职业适应的环境因素分析》,《蚌埠学院学报》,2017年第8期。
[2] 黄培森:《国内教师工作满意度研究综述》,《四川文理学院学报》,2012年第5期。
[3] 马丽、周佳明:《影响农村新入职幼儿教师职业适应的环境因素分析》,《蚌埠学院学报》,2017年第8期。

改革的践行者,是提升学前教育质量的关键因素,幼儿教师自身的状态,对职业的认识、专业素养等内容是衡量其工作价值和有效性的依据。因此,要提升幼儿教育的质量,促进幼儿的和谐发展,必须关注幼儿教师的生命,点亮幼儿教师的生命情怀,使幼儿教师在充满人文关怀的环境中开展工作,使幼儿教师的生命是完满的,只有这样,幼儿教育才是生命点亮生命的活动,才是充满生命韵味的活动。

(一)提升幼儿教师的社会地位

基于生命关怀的视野,关注幼儿教师的生命要从关注幼儿教师的三维生命入手,既满足幼儿教师生理生命的需求,又提升幼儿教师的精神生命质量,完善幼儿教师的社会生命。幼儿教师的社会地位的三个维度与生命的三维是保持一致的,因此可以从提升幼儿教师的社会地位入手,关注幼儿教师的生命健康。

1.提升幼儿教师的经济收入,使幼儿教师获得物质幸福感

幼儿教师从事的活动是精神性的劳动,在这个过程中获得了精神幸福感。然而,物质幸福是精神幸福的基础,在对幼儿教师提出要求的同时,要不断满足幼儿教师的物质幸福感,实现物质幸福和精神幸福的统一。因为"教育既是一种生活方式更是一种职业,它的从业者要通过智慧的付出,换取其生存发展的最基本的保障。幼儿教师的物质幸福感就来源于对这种付出与回报关系的认同"①。因此,提升幼儿教师的物质幸福感要从提升幼儿教师的经济地位入手,满足幼儿教师生存的基本需求,使幼儿教师对自己从事的职业产生认同感和安全感。

2018年1月,中共中央、国务院印发《关于全面深化新时代教师队伍建设改革的意见》(以下简称《意见》),这是新中国成立以来党中央出台的第一个专门面向教师队伍建设的里程碑式政策文件,《意见》明确要求,要进一步深化改革,把提高教师地位待遇作为真招实招,真正让教师成为令人羡慕的职业。由此可以看出,提升教师的经济地位是教师队伍建设的必要条件。

(1)增加学前教育财政收入,从根本上解决幼儿教师经济收入比较低的问题。随着学前教育作用的凸显,国家对学前教育的重视程度日益提升。但是与中小学相比,国家对学前教育的投入还是不够,这也是因为学前教育不属于义

---

① 蔡军:《从缺失到回归:生命关怀下的幼儿教师职业幸福感》,《教育探索》,2009年第5期。

务教育范畴。经济基础决定上层建筑,因此要大力发展学前教育,要加强学前教育教师队伍建设,必须增加学前教育财政收入,各级党委和政府应加大财政投入力度,可以把学前教育纳入财政预算,并且进行适当的倾斜。省、市、县三级应将学前教育经费纳入年度财政预算,并保证经费投入随经济发展而逐年增长,这是促进学前教育发展的有力保障,也是提高幼儿教师经济地位的物质基础。① 同时,建立健全财政监督力度,切实保障幼儿教师的经济利益。在加大财政的投入同时,政府还要不断健全财政监管制度,使学前教育经费得到合理的管理和使用。

(2)提高幼儿教师的工资待遇。工资待遇反映了幼儿教师的重要性和专业性,也是保障幼儿教师生活的重要条件。当幼儿教师对自己的薪资待遇比较满意时,工作的投入性也更高,否则,幼儿教师会觉得自己的付出与回报不成正比,无形之中会增加幼儿教师对自身职业的不满度,增加职业倦怠感。因此,各级党委和政府应切实加大财政投入,调整支出结构,完善教师绩效工资政策,核定绩效工资总量时统筹考虑当地公务员奖金、津补贴等实际收入水平,确保中小学教师平均工资收入水平不低于或高于当地公务员平均工资收入水平。②

日本学者天野郁夫指出:"在现代产业社会里,人们社会地位的高低,取决于他拥有多少社会资源。所谓社会资源,一般是指财富、权力、威望、知识和技能四者,人们对这些资源的拥有量越大,其社会地位就越高。"③天野郁夫把财富作为衡量人社会地位的第一个要素,虽然我们不提倡物质至上,但是也不能过分强调精神生活,没有物质基础的幸福感是不能长久的,"只有丰裕的物质生活和充实的精神生活相协调的人,其生命才会焕发出价值和意义,才能体验到最完满的幸福"④。因此,提升幼儿教师的经济地位是提升幼儿教师社会地位的首要内容,也是实现幼儿教师生命完满和谐的第一要义。

2.保障幼儿教师的社会权利,提升幼儿教师精神生命的满足感

幼儿教师的精神生命指幼儿教师在职业中获得的精神上的快乐和满足,并且能够实现精神生命的提升和完善。幼儿教师享有的社会权利是幼儿教师精神自由的表现形式之一,如社会权利、专业自主权和学术性权利等,这些权利的

---

① 夏小书:《幼儿教师社会地位相对偏低的表征、归因及解决路径》,《教师教育论坛》,2016年第12期。
② 童春林:《把提高教师地位待遇作为真招实招》,《人民教育》,2018年第6期。
③ 张人杰:《国外教育社会学基本文选》,华东师范大学出版社1991年版,第152页。
④ 蔡军:《从缺失到回归:生命关怀下的幼儿教师职业幸福感》,《教育探索》,2009年第5期。

实现是幼儿教师在职业生涯中被尊重、被重视、主观愿望得到实现的表现,是幼儿教师精神生命的重要内容,因此要保障幼儿教师各项社会权利的实现。

(1)强化法律法规在提升幼儿教师社会政治权利中的作用。《关于全面深化新时代教师队伍建设改革的意见》确立了公办中小学教师作为国家公职人员特殊的法律地位,强化了教师承担国家使命和公共教育服务的职责。《意见》对建设现代学校制度,体现以人为本,突出教师主体地位,落实教师知情权、参与权、表达权、监督权也作了具体规定,如提出要建立健全教职工代表大会制度及保障教师参与学校决策的民主权利等。根据《意见》的精神,学前教育也应该制定相应的政策和法规,对幼儿教师应该享有的基本社会政治权利做出明确的说明,并提出切实保障和实现幼儿教师社会政治权利的措施,只有这样,才能从根本上实现幼儿教师的社会政治权利。

为建设一支高素质的幼儿教师队伍,政府相继出台了《学前教育督导评估暂行办法》《关于全面深化新时代教师队伍建设改革的意见》等文件,多次强调保障幼儿教师的各项权利,提高其地位待遇,让幼儿教师成为让人羡慕的职业。由于幼儿教育未纳入义务教育的范畴,教师的很多权利,幼儿教师无法享受,如何提升幼儿教师的地位仍然是一个模棱两可的问题。现实生活中,幼儿教师的社会地位还是偏低。为了切实提升幼儿教师的地位,与幼儿教师地位息息相关的经济地位政策和专业地位政策,需要不断清晰化,并且得到规范、高效的落实。

(2)完善学前教育制度,保障幼儿教师的专业自主权和学术权利。首先,完善幼儿教师资格制度,这是保障幼儿教师队伍专业性的第一道关卡。幼儿教师资格制度对幼儿教师的专业有明确的要求,既保障了幼儿园教师队伍的规范性,也对幼儿教师专业素养的获得和发展提出了要求,也是教师专业自主权的前提条件。其次,要建立专门的幼儿教师职称评聘制度。幼儿教师的专业发展既影响着教师的教育质量,又是教师专业认同感和幸福感的体现。因此,政府在切实维护幼儿教师权益方面应该做出更多的努力,完善落实幼儿教师专业技术职称(职务)评聘机制和社会保障政策,如国家可以通过制定幼儿教师职称评定制度,使幼儿教师在职称评定上具有独立性。为保障机会均等,新制度中应明确规定有行政职务的幼儿教师与一线幼儿教师、城镇幼儿教师与乡村幼儿教师的职称评定比例,只有建立健全政策制度,保障均衡的职称评定机会,才能激发幼儿教师自主专业发展的积极性。① 再次,要完善学前教育师资培养培训体系,设立专项经费支持,不断补充和完善培训资源和支持服务体系。民办和农村幼儿园,师资的流动性比城市更大,更不稳定,如何保障民办和农村幼儿教师的职业认同感是留住师资的重要举措。因此,作为政府部门,应该制定相应的规章制度,保障民办和农村幼儿园教师的专业发展的权利,如增加在职培训的机会,让更多的幼儿教师加入专业培训队伍当中,接受新观念、新思想的洗礼,以保证各地区幼儿园的均衡协调发展。

3.提升幼儿教师的社会声誉,使幼儿教师的社会生命得到保障

生命的三维除了基本的物质生命和精神生命外,还包括社会生命,这是由人的社会属性决定的,离开了社会生命的物质生命和精神生命是不完整的,也没办法实现生命的真正和谐完美。社会生命关注个体社会价值的实现,幼儿教师的社会生命集中表现在幼儿教师职业的社会声誉,社会对幼儿教师的认可度以及评价。因此,要提高幼儿教师的社会声誉,实现幼儿教师社会生命的发展。

(1)提倡尊师重教,营造尊重教师的社会氛围。

幼儿教师的社会声誉随着学前教育重要性的日益凸显和幼儿教师称呼的改变提升了不少,然而,社会对幼儿教师的评价还是偏低,没有真正做到尊重幼儿教师。应把幼儿教师看成是具备专业性的教师,是任何其他阶段教师不能替代和取代的。《关于全面深化新时代教师队伍建设改革的意见》对提升教师社会地位做了全面部署,提出要加大教师表彰力度,大力宣传教师中的"时代楷模"和"最美教师"。习近平总书记在每年的教师节都亲自走访学校、慰问教师,用行动倡导全社会大力弘扬"尊师敬教"的良好风尚,让广大教师安心从教、热心从教、舒心从教、静心从教。这些都是尊师重教的具体体现,并且收到了极好的效果,不但改变了人们对教师的认识,也提升了教师的成就感和职业认同感。因此,各省、市、县可以根据国家要求,并且结合各个地区的特点,因地制宜地开展多种形式的教师表彰和奖励活动,提升社会对幼儿教师的认可,营造良好的尊师重教的氛围,切实提高幼儿教师的社会声望。

(2)幼儿教师自身是提升其社会声誉的关键。

幼儿教师的社会声誉是社会对幼儿教师工作的肯定和评价,因此,除了社会,幼儿教师自身在提升社会声誉中也要发挥重要的作用,否则,没有幼儿

---

① 夏小书:《幼儿教师社会地位相对偏低的表征、归因及解决路径》,《教师教育论坛》,2016年第12期。

的自我提升和自我完善,社会对幼儿教师的评价很难改观。因此,增强幼儿教师的职业幸福感,激励幼儿教师的自主发展,是实现幼儿教师社会声望自我提升的关键。

首先,立德树人,树立正确的职业观。职业观是人们关于职业方面问题的根本看法,它影响着从业人员的工作态度、工作效率和质量。幼儿教师作为教师职业的一种,是以"促进幼儿成长"为主要任务的行业,学前教育阶段由于没有考试和升学的任务,造成幼儿教师的价值体现滞后性,幼儿教师的社会声望不高。正确的职业观能够使幼儿教师对自己工作的性质和价值有正确的认识,从而真正认识到工作的意义,职业幸福感才不会随着压力或者家长不理解等问题的出现而逐渐减少。其次,增强职业认同,树立精神目标。幼儿教师职业认同是幼儿教师在社会生活中对其所从事职业的认可和内在接纳。① 幼儿教师要充分认识到幼儿教育的重要性,增强职业认同感,牢记自己的初心与使命,做好人类灵魂的工程师;自觉抵制浮躁与功利的流俗,注重从精神上提升自己,丰满内在自我,做到与幼儿进行灵魂的交流,增强工作的内在动力,不断提高自己的职业幸福感。再次,提升职业道德修养,从师幼互动中体验职业幸福感。教师的职业道德,是教育工作者在教育教学行为中应当遵循的道德准则和行为规范,是约束教师行为的一种无形的戒尺。由于幼儿的生理、心理以及生活自理能力比较差,造成了幼儿教师工作的烦琐特点。因此,爱心、耐心、细心等职业道德修养就显得尤其重要。职业道德修养是对幼儿教师的要求和约束,而幼儿教师的职业幸福感,可以从良好的师幼互动中获得。这就需要幼儿教师用欣赏的眼光去看待幼儿,理解包容孩子的缺点、错误,学会等待、用心对待教育这种慢艺术。当幼儿教师慢下来,等待孩子的发展和成长,就会保持积极平和的心态和稳定愉悦的情绪,职业幸福感也会油然而生。最后,预防"踢猫效应",保持乐观心境。幼儿教师的教育对象具有特殊性,其处理的问题事件更具复杂性,经常会产生一些消极的情绪。幼儿教师应该预防"踢猫效应",做到不把消极情绪传染出去,做一位能够控制自己情绪的好老师,用积极的情绪影响学生,用阳光的心态去面对学生,以不屈的毅力解决困难。疏通不良情绪的有效方法包括找人倾诉、做教学反思等形式。

幼儿教师的经济地位、政治权利和社会声望共同构成了幼儿教师生命发展

---

① 梁玉华、苏静:《幼儿教师职业认同的实证研究》,《教育学术月刊》,2011年第3期。

的内容,三者密切联系、互相影响,要提升幼儿教师的生命发展质量,做有生命情怀的幼儿教师,必须兼顾这三个方面,缺一不可。

(二)关注生命、关注幼儿教师的心理健康

雅斯贝尔斯在《什么是教育》一书中提到,教育,是人对人的主体间的灵肉交流的活动。[①] 这种对教育概念的认识把教育者和受教育者的主体性突出出来,主体之间的交流是活动的主要表现形式,因此,幼儿教育中作为教育者的教师与幼儿之间的交流和对话是非常关键的。尤其是教师,在与幼儿互动的过程中,其自身的状态、情绪表现、交流方式等会影响交流的效果,因此幼儿教师的心理发展状况是影响幼儿教育的主要因素。根据影响幼儿教师心理健康的因素,我们可以从社会、幼儿园、家长和幼儿教师自身四个方面来改善幼儿教师的心理状况。

1.幼儿教师心理健康的概念

心理健康指的是一种持续的心理状态。在这种状态下,个人具有生命的活力、积极的内心体验、良好的社会适应,能够有效地发挥个人的身心潜力与积极的社会功能。[②] 心理健康是一个人生命状态的核心体现,这种持续的心理状态会影响人的生活、学习或者工作的状态。根据心理健康的概念,幼儿教师的心理健康指幼儿教师在生活中呈现出来的内心体验、良好的适应性以及在生活和工作中积极发挥自身潜力的持续的状态。

心理健康是一种持续的心理状态,体现在幼儿教师每日的工作中,表现在幼儿教师教育教学的各个环节中、幼儿教师与幼儿的互动和交流中、幼儿教师与家长的沟通中等。心理健康的幼儿教师会积极组织教育教学活动,会用积极的情绪与幼儿互动,对孩子是充满爱心和耐心的,在家园工作中能够用自己的专业知识打消家长的顾虑和担心,让家长放心且看到希望。

2.幼儿教师心理健康的标准

心理健康是一种持续的状态,因此可以对人的心理健康进行衡量和评价。判断一个人心理健康状况应兼顾内外两个方面[③]:从内部状况看,心理健康的人各项心理机能健全,人格结构完整,能用正当手段满足自己的基本需要。所以

---

① [德]雅斯贝尔斯著、邹进译:《什么是教育》,生活·读书·新知三联书店1991年版,第3页。
② 刘华山:《心理健康概念与标准的再认识》,《心理科学》,2001年第4期。
③ 刘华山:《心理健康概念与标准的再认识》,《心理科学》,2001年第4期。

主观上表现出的痛苦少,能够体验到幸福感。从对外关系看,心理健康的人行为符合规范,人际关系和谐,社会适应良好。

由于心理健康标准是动态的不是静态的,是发展的不是终止的,既有个人层面又有社会层面,因此,心理健康标准的内容首先是自我的和谐,因为"心理的发展最终要落实到个体,实现其与自我更高层次的和谐,自我和谐是心理健康的根本属性,是个体与关系世界互动的出发点和归宿"[①]。自我和谐具体表现在:正确地认识自我、接纳自我,了解自己的长处与不足;善于调节自己的情绪,乐观向上,对生活充满信心和希望;具有良好的自我控制能力,行为反应适当。其次是人际关系和谐,人是一切社会关系的总和,人际关系和谐是人社会适应能力的重要表现和评价指标。具体表现在:在人际交往中尊重别人,也能得到别人的尊重;乐于交往,有稳定广泛的人际关系,在人际交往中能体验到幸福感和归属感;有较强的处理人际关系的能力,且态度积极。人际关系是人心理健康的核心要素,是人在生活和工作中能感受到安全感和存在感的最重要的指标。人际关系和谐又能影响人的自我和谐,能促进人给自己比较高的认识和评价。再次是人与环境的和谐,"环境是指人生活在其中并受其影响的一切外部条件的综合,主要包括自然环境和人文环境等"[②]。自然环境能够给人提供生存的基本条件,人文环境能够对人产生影响。人要积极利用两种环境的积极作用,给人的心理发展提供正确的影响,从而促进人的心理健康。当环境不利于人的成长时,能够积极创造条件或者改变环境,不逃避也不怨天尤人。最后是人与社会的和谐。人在社会化的过程中,要学会基本的技能,掌握和遵守社会的基本规范,形成基本的社会角色,并在合适的场合正确发挥自身的角色,使自己能够积极适应社会。研究发现,心理健康的人能够正确理解和把握自己的社会角色,与社会的要求保持一致并且保持和培养自己个性;他们热爱生活、有明确的目标,努力学习、探索创新、积极工作;在学习、工作和生活中尽可能地发挥自己的个性和聪明才智,努力去获得成功,努力成为理想中的人;当发现自己的需要和愿望与社会发生矛盾时,能迅速进行自我调节,以求和社会协调一致;而

---

① 程海云、朋玉环:《心理健康标准的研究回顾与探新》,《赤峰学院学报(自然科学版)》,2012年第12期。

② 程海云、朋玉环:《心理健康标准的研究回顾与探新》,《赤峰学院学报(自然科学版)》,2012年第12期。

不是逃避现实,更不是妄自尊大,一意孤行,与社会背道而驰。①

根据人心理健康的标准,幼儿教师的心理健康标准有以下四个方面:一是幼儿教师的自我和谐,表现在幼儿教师的自我接纳和认知,尤其是对自己职业的接纳和认识,这是幼儿教师心理健康的首要条件。工作是幼儿教师生活的重要部分,工作的状态和对工作的认可能影响幼儿教师的情绪状态和生活质量,当幼儿教师喜欢自己的工作时,就能表现出积极的心理状态。二是幼儿教师的人际关系,幼儿教师在幼儿教育中需要处理的人际关系有同事关系、师幼关系、与家长的关系。三种关系中幼儿教师要扮演不同的角色,处理不同关系中遇到的问题。良好的同事关系有利于教师在好的工作环境和氛围中利用自己的专业知识和专业能力开展教育活动,同事之间的交流和沟通能够在一定程度上促进幼儿教师的专业成长。良好的师幼关系能够使幼儿教师找到工作的乐趣,在与孩子的互动中感受到孩子的可爱以及孩子对教师的纯真的爱,使教师产生职业幸福感。良好的家园关系能够使教师产生成就感,在与家长的交流和沟通中对幼儿有更加深刻的认识,有利于教师更好地开展工作,保证幼儿教育质量的提升。三是幼儿教师处理与环境的关系。幼儿教师由于其工作性质,接触的环境主要有幼儿园的物质环境和人文环境。幼儿园的物质环境给教师提供了工作的空间,便于教师在现有的环境中组织和利用材料,完成教育教学活动。人文环境是幼儿园的精神文化,积极向上的文化环境给幼儿教师的专业成长提供了温床,有利于幼儿教师减少职业倦怠,建立职业幸福感。实践证明,丰富的物质环境和团结协作、积极向上的人文环境能够给幼儿教师带来安全感和存在感,幼儿教师适应和利用幼儿园环境的能力在一定程度上影响着幼儿教师的心理健康。四是幼儿教师的社会关系。幼儿教师在职业生涯中除了要处理各种关系以外,还要遵守幼儿教育职业的各种规章制度、幼儿园的管理规范等,社会规范的执行保障了幼儿教师工作的秩序性。幼儿教师与社会的和谐能够使幼儿教师的工作受到社会的尊重和认可,使幼儿教师的职业成就感在日常的工作中逐渐凸显,有利于幼儿教师产生良好的情绪和积极的工作态度。

幼儿教师心理健康的四个标准是考察和评价幼儿教师心理状况的重要依据,有利于有针对性地对幼儿教师的心理发展状况进行调查和干预指导,使幼儿教师在良好的、积极向上的心理状态下开展工作,这既是对幼儿教师生命质

---

① 程海云、朋玉环:《心理健康标准的研究回顾与探新》,《赤峰学院学报(自然科学版)》,2012年第12期。

量的关注,也有利于提升幼儿教育的质量,从而实现促进幼儿全面和完整的发展目标。

3.提升幼儿教师心理健康的途径

(1)政府是保障幼儿教师心理健康的中坚力量。

目前,国家对学前教育的重视程度日益提升,并且把幼儿教师队伍建设作为学前教育改革与发展的重要问题。因此,政府的支持和引导是非常关键的,能起到事半功倍的效果。国家的政策支持和制度保障是关注幼儿教师心理健康、提升幼儿教师心理状况的重要支持力量。美国对幼儿教师的关注给我们提供了有益的借鉴。美国在全美50个州推广社会情绪学习课程(Social Emotional Learning,简称SEL)。课程的内容由五个部分组成,分别是自我意识、自我管理、社会意识、人际关系技巧以及决策。SEL课程的推广有助于教师的心理健康和工作氛围营造。SEL课程对幼儿教师的支持,一方面通过管理幼儿行为或者提高幼儿的社会和情绪能力,减少教师的工作量,进而减轻教师的压力。另一方面是给予教师情感和社会支持,主要体现在:①提供心理咨询;②参加SEL特别课程;③接触SEL课程资源;④SEL课程提供持续训练和专业发展;⑤SEL影响下的领导支持。通过推广SEL课程,可以有效提高幼儿教师的情绪管理能力,减少幼儿的挑战性行为。① 美国政府推行的社会情绪学习课程调节了教师的压力,增加了幼儿教师的工作满意度,还减少了师资的流失。因此,实践表明,政府层面的行为辐射面更广,更有利于政策的落实和实施。我国现阶段也比较关注幼儿教师问题,从政策、制度等方面都提出了不少指导方针和建议,给幼儿教师队伍建设指出了发展的方向。另外,政府部门通过推行自上而下的教师支持政策,如幼儿教师职业待遇、相关幼儿课程以及教师培训等,为幼儿教师群体提供社会支持②。

总之,政府既要有宏观的指导,又要有具体的策略和途径来干预幼儿教师心理健康,使幼儿教师在正常的心理环境下开展工作,减少幼儿教师的压力,提升幸福感。

---

① Murray M, Mereoiu M, Handyside L M: Building Bridges in Teacher Education:Creating Partnerships With Parents. *The Teacher Educator*, 2013, Vol.48, Iss.3, pp.218-233.

② 缪佩君、李玲玉、连榕:《幼儿教师心理健康状况及其社会支持系统构建》,《苏州大学学报》,2018年第4期。

(2)幼儿园关注幼儿教师的心理健康,提升幼儿教师的生活和工作质量。

幼儿园是幼儿教师生活和工作的主要场所,园内的物质环境、人文环境、幼儿园的理念、文化等都会影响幼儿教师的工作状态,因此,幼儿园在保护幼儿教师心理健康方面发挥核心作用。

第一,为教师创设良好的教育环境,营造融洽的工作氛围。物质环境能够给幼儿教师提供丰富的教学条件,满足幼儿教师工作的需求。精神环境是幼儿教师产生归属感的重要影响因素,实践研究表明,尊重人,给幼儿教师人文关怀的精神氛围能够让幼儿教师产生归属感和舒适感。因此,幼儿园应当营造自己的文化,并且这种文化要高举"人本"大旗,管理者和领导机构在对幼儿教师的管理中要处处体现"以人为本"的指导思想,充分考虑到幼儿教师的各种需求并认真对待。[①] 幼儿教师的需求既有自身生活方面的、专业成长方面的,也有教学方面的。幼儿园既要满足幼儿教师的生活需求,又要解决教师的教学困惑或难题,并且给教师的专业成长提供良好的支持和保障。充满人文关怀的环境是关注幼儿教师生命的,从教师的角度出发,让教师在烦琐工作的同时能够得到来自领导和同事的关心,也是幼儿园避免教师流失的重要途径。

第二,加强幼儿教师的心理健康辅导工作。根据美国 SEL 课程的研究,专门的心理课程和心理辅导工作能够帮助幼儿教师排解工作中的压力和不愉快的情绪。幼儿教育的特殊性使幼儿教师相对其他阶段的老师来说,工作压力和强度更大,在烦琐的工作中难免会产生不愉快的情绪,如果找不到合理的宣泄出口,时间久了就会给幼儿教师带来很多不利的影响,如失眠、情绪暴躁、缺乏耐心等。因此,及时的压力疏导和情绪调节对幼儿教师是必要的。幼儿园管理者应该创造条件给幼儿教师减压。举例来说,幼儿园可以请幼儿教育专家或者心理咨询专家到园开讲座,解决幼儿教师在工作中遇到的专业问题或者心理问题;利用节假日开展一些集体性的娱乐活动如三八妇女节文娱活动等,给幼儿教师减压,同时还可以增加老师们之间的交流和沟通,使幼儿教师产生被需要的感觉;开展一些集体性的拉练活动,锻炼幼儿教师的意志,在减压的同时还可以提升幼儿教师的意志力。

第三,构建"学习共同体",营造积极向上的工作氛围。幼儿教师在生活和工作中都会遇到各种问题,教师之间的沟通和交流能够帮助教师排遣和解决遇

---

① 路奇:《幼儿教师心理健康状况的调查研究》,《徐特立研究》,2006年第4期。

到的问题,使教师感觉到集体的温暖。"学习共同体"指教师之间互相学习,分享经验,分享智慧,取长补短,共同提高,形成一个大家互相信任、合作学习的教师群体。① 良好的教师群体也是幼儿园文化的一部分,是教师产生归属感和存在感的重要因素。幼儿教育的特殊性使幼儿教师的工作内容和压力来源存在共性,教师之间的交流和学习能够起到经验分享、排解压力和解决困难的作用。因此,在幼儿园管理中,园长可以引导和支持"学习共同体"的建立,为幼儿教师提供专业成长的平台。园长可以根据不同年龄段的特点,分别设置小班、中班和大班的"学习共同体",便于同一年龄段教师之间的交流和学习。

(3)家长支持和配合幼儿教师的工作,尊重幼儿教师的专业性。

《幼儿园教育指导纲要(试行)》指出家庭是幼儿园重要的合作伙伴,应本着尊重、平等、合作的原则,争取家长的理解、支持和主动参与,并积极支持、帮助家长提高教育能力。对幼儿的教育不单纯是教师或者家长的事情,二者必须相互理解、支持和配合,这样才能形成教育合力。因此,家长对幼儿教师的理解和支持是影响幼儿教师工作正常开展的重要因素。

实际生活中,幼儿教师与家长的沟通和交流存在诸多问题,比如教师缺乏与家长交流的技巧,教师在沟通中处于权威地位,沟通的内容以孩子的缺点或问题为主,缺乏沟通的艺术性和同理心等。这些问题的存在使教师和家长的关系比较紧张,家长出现不理解、不支持教师的心理和做法,幼儿教师的工作得不到家长的支持,无形当中会使教师产生不愉快的情绪。

第一,幼儿教师要掌握与家长沟通的技巧,取得家长的理解和信任。

沟通是人与人之间面对面的交流,沟通双方的心态、对对方的态度、双方的地位等都会影响沟通的效果。首先幼儿教师与家长实现良性沟通的前提是教师要尊重家长,把自己和家长摆到平等的地位去交流。在教师和家长的沟通关系中,教师因为自己的专业性往往容易把自己摆在核心和主导地位,不尊重家长或者不愿意听家长的心里话,更多的是希望家长配合即可。家长由于其非专业性容易在沟通中回避孩子的问题,或者不愿意听教师对孩子的负面点评,这些都是影响家园沟通的重要因素。因此良好的沟通必须从互相尊重做起。其次,教师要注意把握与家长交流的内容,多发现孩子的闪光点,肯定孩子的进步,不能单纯地以告状为主,因为"这种肯定优点的交流能够使家长保持一种轻

---

① 钱凛:《优化内部管理 激发教学动机》,《都市家教》,2011年第3期。

松的、自信的、愉快的心情去面对老师,并且会主动向老师提及孩子目前仍存在的一些不足,期望得到老师的指点与帮助"。① 根据家长的心理,教师在沟通前要做功课,全面、不带个人感情色彩地与家长沟通,以取得家长的支持和配合,以及要以解决孩子的问题为沟通目的,而不是单纯反映问题。否则会引起家长的恐慌和焦虑。时间久了,家长就不愿意把孩子的真实情况向老师反映,家园共育的效果也会受到影响。最后,家长的配合和支持是教师工作的重要推动力,因此教师要善于利用沟通,发挥家长的教育资源和力量,以达到事半功倍的效果。

第二,家长要理解和支持幼儿教师的工作。

家园共育中,教师和家长都是重要的教育力量,因此,家长要转变教育观念,重新审视自身的地位,改变传统的"孩子的教育是老师的事情"的观念,理解和支持幼儿教师的工作。在教师和家长的沟通中,既要让家长感受到老师对孩子的爱,还要让家长体会到老师的辛苦和不容易。家长的理解和支持能够使教师工作顺利开展,也有利于幼儿的教育,达到 $1+1>2$ 的效果。教师的工作受到家长的尊重和支持,其工作的压力减小了,对自身职业的认同度提高了,有利于幼儿教师的心理健康。胡燕红的研究②发现,幼儿教师"感到幸福的原因"中家长的支持和肯定占 56.6%;"感到不幸福"的原因中家长的不理解占 58.4%,可见幼儿教师面临的最大困难还是与家长的关系。由此可以看出,家长信任老师,主动支持、配合和参与幼儿园的活动,是幼儿教师产生职业幸福感的源泉。《幼儿园教育指导纲要(试行)》指出:"家庭是幼儿园重要的合作伙伴。应本着尊重、平等、合作的原则,争取家长的理解、支持和主动参与,并积极支持、帮助家长提高教育能力。"面对没有接受过专业知识教育的家长,幼儿教师要取得他们的理解和支持,必须转变家长的教育观念、提高家长的教育能力。因此,幼儿教师可以通过家访了解幼儿家庭情况,家长的教育观念、教育方式等,并给予一定的指导和建议。同时,幼儿教师还可以通过家长开放日、亲子运动会、家长会等让家长了解幼儿在园的表现,对教师产生信任感,并且理解教师工作的不容易。最后,幼儿教师还可以通过家园联系簿、微信、QQ等现代交流工具进行互动和交流,密切与幼儿家长的关系,使家园互动成为常事。通过多方面的沟通

---

① 周红:《家园沟通存在的问题与对策》,《学前教育研究》,2003年第2期。
② 胡燕红:《幼儿园教师幸福感调查分析:以河南安阳市幼儿园为例》,《陕西学前师范学院学报》,2016年第1期。

和交流，家长会对幼儿教师的职业产生新的认识，从而支持和理解幼儿教师的工作。

(4)幼儿教师要提高自我调适能力。

幼儿教师自身是影响心理健康的内在动因，是外在条件发挥作用的决定因素，因此，幼儿教师不断提高自我心理的调试能力，能够从根本上解决心理健康问题。

首先，幼儿教师要树立正确的心理健康观。心理健康是人健康的重要指标和内容，幼儿教师要对"心理健康"有正确的认识，不要谈"心理问题"色变，也不要把心理问题当作不可告人的事情来处理。当幼儿教师出现严重的职业倦怠、情绪暴躁不安等问题时，应该及时提出来，并寻求同事或者园长的帮助，这样才能顺利度过困难期。其次，幼儿教师要找到缓解焦虑的方法。幼儿教育的特殊性使得幼儿教师的工作烦琐又充满压力，这时如果教师能找到调节自己的方法，就能及时排除压力，宣泄焦虑等不良情绪。幼儿教师要学会采用积极认知方式，看到事物不利一面的同时，更要看到其积极有利的一面；换一个角度看问题，从而调节情绪，获得心理平衡，也可以把对不良情绪的关注转移到其他行为的注意上去。[①] 日常工作之余，幼儿教师可以参加文艺活动、看电影、同事聚会、外出旅行、体育锻炼等缓解一周的疲劳，人与人之间的交流可以帮助教师把不良情绪宣泄出去，体育锻炼能使幼儿教师有一个健康的身体来应对烦琐的工作。最后，幼儿教师要不断学习，提升自己的专业能力。幼儿教师压力大的其中一个原因是专业能力不足，对幼儿的教育感到力不从心，比如不知道如何与幼儿互动，如何调动所有孩子参与活动的兴趣，如何应对幼儿园的业务能力考核等。随着家长对幼儿教育的重视程度日益提升，对幼儿教师的要求也越来越高，加上现代的孩子已有知识经验比较丰富，教师要想满足孩子的好奇心和解决孩子提出的各种问题，就要不断丰富自己，这样才能给幼儿带来既有挑战，又能促进幼儿发展的环境和活动。因此，幼儿教师除了职前教育阶段所学知识外，在职期间也要不断学习，用厚实的专业知识和扎实的专业能力去应对工作，这样就能在教育的过程中得心应手，压力也会随之减少，教师的心理健康也能得到保障。

---

① 马桂霞、赵海燕：《教师心理健康的维护策略及调适研究》，《中国成人教育》，2010年第8期。

(三)生命关怀视野下幼儿教师职业幸福感的回归

华东师范大学叶澜教授在《教师角色与教师发展新探》一书中提到,教育质量会随着教师生命质量的下降而下降,而教师高质量的主动发展则能促进学生的主动发展。由此可见,学前教育质量与幼儿教师的职业幸福感密切相关,我们应重视并提升幼儿教师的职业幸福感,让他们快乐地从事幼教事业,更好地促进学前教育稳定和谐发展。① 幼儿教师的精神生活质量的高低受职业的影响,因此要关怀幼儿教师的生命,就要让幼儿教师缺失的专业幸福感回归,消除幼儿教师的职业倦怠感和焦虑感,使幼儿教师体验到职业带来的幸福感。

1.幼儿教师职业幸福感的概念

《辞海》对"幸福"的解释是:人们在为理想奋斗过程中以及实现了预定目标和理想时感到满足的状况和体验。② 不同职业的人,其幸福感的来源不同,决定人们幸福体验的因素也不同。作为教师,其幸福感主要来源于教育工作,教师实现自己的职业理想,获得自我价值以及自身专业发展,具体表现在工资及福利待遇水平、工作环境、自我职业认同感、社会对职业的认可度等方面。幼儿教师也有其职业幸福感,指在幼儿教育工作中,在与幼儿的互动中,实现自己的职业理想,促进幼儿发展以及自身的专业能力提升时的满足的状态和愉悦的情绪体验。幼儿教育有不同于其他阶段的特点,幼儿教育对象也有着特殊性,这就决定了幼儿教师的职业幸福感有自身的特点,这是我们认识和提升幼儿教师职业幸福感的关键。

2.幼儿教师职业幸福感的特点

教育始终是"直面人的生命、通过人的生命、为了人的生命质量的提高而进行的社会活动,是以人为本的社会中最体现生命关怀的一种事业"③。幼儿教育作为教育的基础部分和奠基阶段,更关注对幼儿生命的呵护和教育,幼儿教师的生命质量直接影响这种面对面的生命交流活动,因此,幼儿教师的生命质量是教育研究的重要话题。幼儿教师的职业幸福感既是教师自身的一种体验和感受,更是社会对幼儿教师生命质量关注的表现。因此,要提升幼儿教师的生

---

① 唐冬梅、徐东、夏巍:《10年来我国幼儿教师职业幸福感研究述评:基于2009—2018年CNKI的文献分析》,《信阳师范学院学报(哲学社会科学版)》,2020年第1期。
② 夏征农主编:《辞海》,上海辞书出版社2002年版,第1页。
③ 叶澜:《为"生命·实践教育学派"创建而努力》,《教育研究》,2004年第2期。

命质量,首先要关注幼儿教师的职业幸福感,了解幼儿教师职业幸福感的特点。根据幼儿教育的特殊性,幼儿教师的职业幸福感除了具有一般教师的特点外,还有其特殊性,下面重点分析幼儿教师职业幸福感的特殊性。

第一,过程与结果的统一。"十年树木、百年树人"体现了教育结果的滞后性,中小学阶段由于有考试,教师的教育成果比较容易体现,幼儿教育没有考试,教师的劳动成果不能很直观地体现出来,这就造成了幼儿教师的职业成就感不高。然而,幼儿教育是基础教育的基础阶段,是人一生的奠基阶段,人的性格养成、行为习惯的形成、情绪情感的培养、社会性的发展都是从幼儿阶段开始,因此,幼儿教师的责任重大,幼儿教育的过程是关键和不容忽视的。幼儿教师既要关注教育的结果,更要关注教育的过程。幼儿教师的幸福既要关注其结果的价值,也要关注其通向结果的行动的价值,只重视过程或只重视结果,都不是幼儿教师的最完美的幸福。[①] 幼儿教师的过程幸福体现在幼儿教师的创造性活动,如对幼儿闪光点的发现,对幼儿行为问题的解决,对幼儿习惯和能力的培养等,幼儿对教师的一个问候、一个笑脸,家长对教师工作的肯定等,都是幼儿教师幸福感的来源。任何活动都有结果,尽管幼儿教育的结果没有可量化的指标,但是幼儿教师同样可以体验到结果幸福,如"桃李满天下"就是对幼儿教师职业结果幸福的写照;同时幼儿教师在教育教学的过程中,自身专业的发展、教育能力的提升、自我价值的实现等,都是结果幸福的体现。因此,幼儿教师的职业幸福感既有过程幸福,又有结果幸福,二者是统一、不可分割的,而且过程幸福对幼儿教师来说更能体现其自我价值。

第二,教师与幼儿的统一。教育是生命间的活动,是用一个智慧的生命开启许多智慧的生命,用一个心灵唤醒许多心灵,用一种人格影响许多人格,用一种热情去温暖许多生命的活动。[②] 这是教育与其他行业的本质区别。因此,教师的职业幸福感与学生的体验息息相关。幼儿教育由于其教育对象的特殊性,幼儿教师的职业幸福感更多来自幼儿在教育的过程中获得的成长和快乐。幼儿教育中,教师扮演着多重角色:教师、父母、朋友等,教师是幼儿的指导者,指引着幼儿成长的方向;教师是幼儿的父母,给幼儿带来温暖和安全感,使幼儿在幼儿园里尽情地笑、开心地玩耍;教师是幼儿的朋友,是幼儿可以信赖、互相分享秘密的朋友。因此,教师的职业幸福感与幼儿的幸福体验是分不开的,这是

---

① 蔡军:《从缺失到回归:生命关怀下的幼儿教师职业幸福感》,《教育探索》,2009 年第 5 期。
② 方红:《幸福:教师职业的本真体验》,《教育与管理》,2007 年第 8 期。

幼儿教师职业幸福感的核心,也是幼儿教师职业幸福感的重要来源。

第三,创造中体验幸福。正如世界上没有完全一样的树叶,每一个孩子都有其独特性,这既给幼儿教育带来了困难,也给幼儿教师带来了挑战。幼儿教师在教育的过程中,已经习得了幼儿教育的一般原理,但是这个一般原理在具体操作的过程中还要体现出个体差异性,不能用统一的标准去要求每一个孩子,更不能用同样的方法去教育每一个孩子,因此创造性是幼儿教师教育活动的重要特点。在创造的过程中,每一个孩子都实现了个性化发展,而不是一个模子刻出来的。因此,幼儿教师是创造者,在创造性的教育活动中体验着快乐和成就感。当然,这对幼儿教师的要求是比较高的,为了使自身的教育活动更加科学有效,幼儿教师也需要不断提升自身的教育能力,这样才能使自身的创造性教育活动更有意义,幼儿教师的职业幸福感更加强烈。

3.影响幼儿教师职业幸福感的因素

幸福感是主体自身在工作和生活中产生的一种情绪体验,主体自身的健康状况、心理状况、对工作和生活的期待、满意度等会影响主体幸福感的产生;同时,主体又是社会人,社会环境、社会对个体的期待和评价等也会影响主体的幸福感。因此,我们可以从内因和外因两个角度来分析影响幼儿教师产生职业幸福感的因素,这也符合了内因外因密切联系而且相互作用的原理。

(1)个体自身与职业幸福感。

幼儿教师自身的健康状况、对职业的认同、教学能力、自我期望等是影响幼儿教师产生职业幸福感的个体因素。第一,健康是幼儿教师工作的物质基础,良好的身体是幼儿教师工作的本钱,幼儿教育对教师身体的要求比较高,烦琐、强度比较大、活动性比较强是幼儿教育的重要特点,没有良好的身体素质,幼儿教师会支撑不住每天的活动,身体会吃不消,当幼儿教师难以应付每天的活动安排时,幼儿教师的幸福感就会下降。同时心理健康的教师比较容易产生幸福感,反之,情绪暴躁、心情郁闷的教师感受不到幼儿的可爱,对幼儿的微笑等能使教师产生职业幸福感的因素也会视而不见、听而不闻。第二,职业认同是幼儿教师工作的动力和支柱,是幼儿教师职业幸福感的重要源泉。职业认同较高的幼儿教师更容易促发内在的强大发展动力,助推其将个人全方位的资源都调动到幼儿教育教学工作中来,感受工作中所带来的成就感、满意感以及职业幸福感。反之,职业认同较低的幼儿教师则往往在工作中产生各种不良情感体验和心理社会问题,甚至产生行为偏差。① 现实生活中,幼儿教师的社会地位偏低、收入在教师行业偏低、幼儿教师的教育效果又具有滞后性等,这些都会影响幼儿教师的职业认同度,进而影响幼儿教师的职业幸福感。第三,教学能力是幼儿教师获得职业幸福感的重要来源。教学能力强的教师在工作中得心应手,与幼儿的互动科学有效、与家长的互动良性友好,能较好地适应幼儿园的人际环境,因此在日常的教育教学中比较容易有成就感和存在感,职业幸福感也随之产生。相反,教学能力比较弱的教师,对幼儿园方方面面的事情都难以自如应对,挫败感比较强,工作压力大,职业幸福感也难以产生或者比较容易消退。因此,幼儿教师要获得职业幸福感,提升自身的教育教学能力是重要的途径之一。

(2)外部因素与幼儿教师的职业幸福感。

社会地位、家长的认可、幼儿园的环境等是影响幼儿教师发展的重要因素,也是幼儿教师职业幸福感产生的重要来源。第一,社会地位包括幼儿教师的经济地位、社会声誉、社会权利等。社会地位的高低不仅反映社会对幼儿教师的认可度和重视程度,也是幼儿教师产生职业认同感的重要影响因素。经济地位保证了幼儿教师的物质生活,解决了幼儿教师的后顾之忧,使幼儿教师专心教育,并且能在与幼儿的互动中感受到孩子对自己的依赖和信任,从而产生幸福感。社会声誉能够使幼儿教师产生自豪感和成就感,对自己的职业感到满意,人在比较有成就感的情况下容易产生职业幸福感。社会权利是对幼儿教师重视的另一个表现,如给幼儿教师提供高质量的专业发展的时间和空间,满足幼儿教师自我专业成长的需要,不仅能提升幼儿教师的教育能力,更重要的是让幼儿教师能够自如地应对自己的工作,从而减少挫败感,增加成就感,职业幸福感也随之而来。第二,家园共育是幼儿教育的重要特征,家长的支持和配合是幼儿教师顺利开展工作的重要环节。如果幼儿教师的工作能获得家长的满意和认可,会大大增加家长的配合度和支持度,幼儿教师的工作也会事半功倍。工作的顺利进行减少了幼儿教师的职业压力,不但会增加幼儿教师对自己工作的认可,家长的支持和认可也会使幼儿教师产生幸福感,觉得自己的工作是有意义的,对家长和社会是有帮助的,是伟大的。相反,家长的不理解、不认可和不支持会增加教师工作的难度,尤其是幼儿园举行亲子活动时,教师工作的难

---

① 申燕:《幼儿教师职业幸福感的影响因素及提升策略》,《陕西学前师范学院学报》,2016年第7期。

度会加大,还不能取得理想的效果。因此,家长的认可是教师产生职业幸福感的重要来源。第三,幼儿园是教师工作的场所,幼儿园的物质环境、人文环境等都是影响教师职业生涯顺利发展的内容。当幼儿园的文化、办园理念、教育模式与幼儿教师的教育理念相吻合时,幼儿教师的教育教学工作能够顺利开展,并且幼儿教师有强有力的后盾,工作起来会更加和谐;相反,如果幼儿园的教育理念、管理模式与幼儿教师的想法是冲突的,幼儿教师在幼儿园很难找到存在感,工作起来会觉得不顺心、不舒服,对幼儿园的依赖感和信任感也没办法建立起来,职业幸福感也会随之下降。

总之,幼儿教师的职业幸福感是内因和外因共同作用的结果,要提升幼儿教师的职业幸福感,幼儿教师自己要不断提高自身的身体素质、提升自身的专业素养,社会、幼儿园、家长等都要对幼儿教师有正确的认识,并且以不同的方式支持幼儿教师的工作,这样才能提升幼儿教师的职业幸福感,使幼儿教育活动顺利进行。

4.提升幼儿教师职业幸福感的途径

职业幸福感是幼儿教师的主观感受,但是这种主观感受是由很多因素引起的,如政府的外部宏观调控、幼儿园教育环境的营造、幼儿教师的自我调节和专业素养等。因此,提升幼儿教师的职业幸福感,也必须从政府、幼儿园、幼儿教师自身等几个方面入手,共同关爱幼儿教师,关爱幼儿教师的工作状态,关爱幼儿教师的生命质量。

第一,政府要从制度和政策层面关爱幼儿教师的生命质量。学前教育要发展,必须要有政府的支持,从制度和政策层面提出相关的文件,保障学前教育的发展。幼儿教师作为学前教育发展的中坚力量,其自身的生命发展状态也是政府在发展学前教育的过程中要时刻关注的话题。经济地位、社会地位以及幼儿教师参加培训的机会和权利是幼儿教师职业幸福感的来源,因此,政府在大力发展学前教育师资队伍的政策中要对幼儿教师的经济收入、社会地位和专业发展权利做出相应的规定,这样才能保证幼儿教育师资队伍的可持续发展。2010年,国家出台了《国家中长期教育改革和发展规划纲要(2010—2020年)》(下称《纲要》),在文件里明确了政府发展学前教育的职责,提出要"依法落实幼儿教师地位和待遇""切实加强幼儿教师培养培训"。《纲要》的规定是学前教育良性发展的一个重要开始,在具体实践中,政府还要继续明确幼儿教师的经济收入,如城市和农村的区别,公办园和民办园的区别,幼儿教师与其他阶段教师的差距等,把政策再细化,保证《纲要》精神的落实和贯彻。同时,地方各级政府也要根据《纲要》的精神,出台地方性的文件,保证幼儿教师的专业发展权利落到实处,尤其是经济落后和偏远地区,更要创造条件,保证幼儿教师的专业发展权利,提升幼儿教师的专业素养。这不仅有利于教师自我发展愿望的实现,更有利于促进落后地区幼儿教育的发展,缩小教育差距,减少教育不公平现象,从而真正促进学前教育的发展。

第二,幼儿园要为幼儿教师提供丰富的、适合的教育教学环境。作为幼儿教师工作和生活的场所,幼儿园的物质环境和精神环境是幼儿教师职业幸福感的重要影响因素。现实生活中,幼儿教师的流动性比较强,其重要原因就是幼儿园的环境没办法满足幼儿教师正常教学和职业发展的需要。物质环境受到地方经济因素的影响,地区差异、城乡差异比较大,幼儿教师在选择园所时倾向于选择条件优越的幼儿园,这是客观存在的现象。但是,影响幼儿教师职业生涯发展更重要的原因是幼儿园的精神环境,包括幼儿园的办园理念、教育模式、管理方式、对幼儿教师专业发展的支持力度等。因此,幼儿园精神环境的营造是园长在办园时要重点思考的问题。关于幼儿园提升幼儿教师职业幸福感的途径,已有研究从不同角度提出了具体的策略,如张子露、郑泽然认为幼儿园要完善管理体系,为教师的专业化发展提供多样化的途径[1]。田鸽认为幼儿园应使班级师幼比例更加合理化,改善幼儿教师工作环境,使教师愉快地工作,从而提升其职业幸福感[2]。谢蓉、曾向阳认为缓解幼儿教师的职业倦怠能提升其职业幸福感。要缓解教师的职业倦怠,幼儿园就应实行以人为本的民主管理,创建和谐、友善的人际关系与园所文化,让幼儿教师在繁忙的工作中获得精神上的慰藉[3]。王春华就幼儿园方面如何提升教师职业幸福感提出了三大策略:一是目标策略,制定学校和教师个人的发展规划;二是路径策略,紧紧围绕其职业观、专业知识和技能、专业情意等方面发力,促进幼儿教师的专业发展;三是环境策略,加强组织文化建设,为教师营造一个温馨和谐的心理环境[4]。从已有研究可以看出,幼儿园提升幼儿教师职业幸福感,首先要有科学的办园理念,让幼儿教师产生认同感;其次,要营造和谐的心理环境,使幼儿教师有良好的情绪和

---

[1] 张子露、郑泽然:《公办与民办幼儿教师职业幸福感对比研究》,《文山学院学报》,2018年第1期。
[2] 田鸽:《关于幼儿教师幸福感调查研究》,《南昌教育学院学报》,2015年第5期。
[3] 谢蓉、曾向阳:《幼儿教师职业倦怠的缓解与职业幸福感的提升》,《学前教育研究》,2011年第6期。
[4] 王春华:《幼儿园提升教师职业幸福感的基本策略》,《文教资料》,2012年第16期。

状态投入工作,减少幼儿教师的职业焦虑;再次,要规范幼儿园的管理体系,建立民主、和谐、进取的精神文化,使幼儿教师产生信赖感和存在感;最后要规范幼儿园的师生比,减轻教师的工作压力和负担,使幼儿教师产生愉悦感。这几个方面都要抓,不可偏废任何一个方面,这样才能使幼儿教师愿意来、留得住,并且能够做出高质量的幼儿教育,促进幼儿的和谐发展。

第三,家长要理解、支持和认可幼儿教师的工作。家长是幼儿教育的重要资源,对幼儿教师的认识和看法直接影响家长对幼儿教师工作的认可和支持力度。胡燕红认为幼儿教师能从家长的支持与肯定中收获幸福,因此应该加强家园合作,取得家长对幼儿园工作的配合,这样教育的力量才能有效发挥,教师工作也会轻松很多。[①] 因此,幼儿园家长工作的重要内容就是帮助家长了解幼儿教师的工作,对幼儿教师的辛苦付出产生认同感和信任感。具体操作可以通过开家长会、举办亲子活动、专题讲座等形式,让家长在参与幼儿园活动的时候,既能了解孩子在幼儿园的生活和学习情况,也能了解幼儿教师的工作状况。同时,幼儿园还可以发挥媒体的力量,借助媒体的报道,从正面、客观地宣传幼儿教师的形象,特别是个别幼儿园有负面事件发生后,媒体更要注意报道的力度和影响,防止家长由个别现象延伸到所有教师,影响幼儿教师的形象,忽略教师的辛苦工作和付出。媒体可以从正面,挖掘事件引起的原因,从积极的角度寻找解决问题的对策,从而取得家长的理解和支持。曹婧认为,要正面宣传幼儿教师所扮演的社会角色,既不要神化幼儿教师的角色,加重其心理压力,也不要贬低幼儿教师的职业,应让他们感到作为一名幼儿教师是值得骄傲、自豪的;媒体应正面客观地报道教师工作,不要一有"虐童事件"出来就立马不顾事实地全员跟风指责幼儿教师,应正面客观地进行报道,引导全社会树立对幼儿教师的客观评价[②]。总之,幼儿园要做好宣传工作,准确、客观地宣传幼儿教师的形象,取得家长的理解和支持,提升幼儿教师的职业幸福感。

第四,幼儿教师自身要注意调节,激发提升职业幸福感的内在动力。幼儿教师既有教师职业的一般特质,又有其特殊性,这个特殊性是由教育对象决定的。很多幼儿教师从事幼教行业的初衷也是因为可爱的孩子,但是随着时间的推移,幼儿园烦琐的工作以及社会对幼儿教师的误解抵消了孩子的可爱,一些

---

① 胡燕红:《幼儿园教师幸福感调查分析:以河南安阳市幼儿园为例》,《陕西学前师范学院学报》,2016年第1期。
② 曹婧:《幼儿教师职业幸福感研究》,《曲靖师范学院学报》,2014年第9期。

幼儿教师也忘记了自己的初衷,职业幸福感无从谈起。因此,要真正提升幼儿教师的职业幸福感,回归本身,回归初衷,从自身出发是解决问题的根本。马广荣认为幼儿教师应立足于一群可爱天真的孩子,要有发现美的眼睛,学会从孩子身上寻找幸福的本源,以增强幸福感体验①。伍晓凤认为幼儿教师需要树立终身学习的理念,与时俱进,及时更新自己的教育观念与知识结构,不断提高自己的专业素养②。王瑾认为幼儿教师应树立正确的职业观,享受教学的乐趣和自我价值的提升,要学会将工作与生活分开,努力寻求职业的平衡点③。郑益乐从自我实现的视角分析发现,幼儿教师不仅应坚定职业认同,而且要经常作自我总结和反思,并且认为提升职业幸福感和促进自身专业发展是相辅相成的④。已有研究告诉我们,幼儿是教师幸福快乐的源泉之一,幼儿教师在与幼儿互动的同时能感受到幼儿的天真和烂漫,这是其他任何职业没有的特权;同时,幼儿教师要实现与幼儿的有效和完美互动,还要不断提升自身的专业素养,在高质量的教育教学活动中与幼儿互动,减少挫败感,提升成就感。当幼儿教师成就感提升的时候,对自己以及自己职业的认同感就会提升,职业幸福感也随之而来。

(四)关注幼儿教师的职业生命状态,支持幼儿教师的专业发展

联合国教科文组织在日内瓦召开的第45届国际教育大会这样宣示:改善教师的物质环境尤其是工资和其他社会收益,是改善其地位的必要条件,但不是充分条件。在提高教师地位的整体政策中,专业化(professionalization)是最有前途的中长期策略,也是改善其物质待遇的基础。⑤ 教师专业化是教师职业长远发展、提升教师社会地位、提高教育质量的重要内容,教师必须走专业化发展的道路。2011年12月,教育部颁发《幼儿教师专业标准(试行)》,对幼儿教师专业发展的标准和内容进行了规定,这使幼儿教师的专业发展成为师资队伍建设的重要研究内容。

---

① 马广荣:《微山县幼儿教师职业幸福感研究》,曲阜师范大学硕士论文,2014年。
② 伍晓凤:《新入职幼儿教师获得职业幸福感的方法与途径》,《佳木斯职业学院学报》,2018年第2期。
③ 王瑾:《幼儿教师的职业幸福感研究》,《群文天地》,2011年第18期。
④ 郑益乐:《基于自我实现视角谈职业幸福感促幼儿教师专业发展》,《教育教学论坛》,2016年第19期。
⑤ 联合国教科文组织编写、赵建中译:《国际教育大会第45届会议的建议》,《外国教育资料》,1997年第6期。

1.教师专业发展的概念

教师专业发展是国家以及学校对教师的要求,也是教师教学生涯中的重要问题,涉及教师的职称评聘、教师发展的机会,更关涉到教师的教学质量和教学效果。要实现教师的专业发展,首先要厘清教师专业发展的内涵,剖析教师专业发展的维度和指标,这样才能提出有针对性地促进教师专业发展的途径。

教师专业发展是一个外来概念,是西方对教师职业生涯发展的论述,尽管我国学者在引用时也与我国国情进行了融合,但是对教师专业发展概念的理解仍然缺乏操作性定义,也就没办法找出切实有效的提升教师专业发展的途径。"'教师专业发展'的概念话语也没有真正帮助我们认知教师的内在特性和发展规律,教师培养、培训,以及教师的管理和服务并没有因为近乎常识般的'教师专业发展'的理念而有实质性的改变。"①

西北师范大学的李瑾瑜教授站在新的角度对"教师专业发展"的概念进行了深入和详尽的剖析,为我们认识"教师专业发展"的概念提供了新的视角,李教授认为:"我们有必要从中国教师发展的传统、思维、心理等情景中理解'教师专业发展'的概念特质与要义,使这一话语'明白且能具体实施'。"②

首先,教师的专业发展要求教师具有良好的师德、社会责任感和人文情怀,这是教师提升自身专业素养、实现专业发展的前提和基础。一个不具备教师品德的老师,其专业性强反而不是一件好事。同时,社会责任感是教师这一职业的伟大使命,关系着下一代的成长和发展。因此作为教师,要树立崇高的社会责任感,这也是教师专业发展的强大动力和精神支持。根据雅斯贝尔斯的观点,教育是人的教育,对人的关怀是教育的精髓,具备人文情怀的教师才能真正关注儿童,关注儿童生命的发展状态和发展质量。

其次,教师的专业发展不是笼统和抽象的,而是具体和真实的,这个具体性与真实性要与学生的学习与发展相联系,把学生的发展作为教师专业发展的出发点和落脚点。因此,对学生学习与发展的特点和规律的认识与实践就是教师专业发展的核心内容,是教师专业知识和专业能力的集中体现。教师专业发展与学生的发展相联系,还有一个层面的意义是说我们要改变传统的对教师知识的认识,比如"好的老师才能教出还的学生""教师要不断把自己的水缸填满"等,认为只有教师优秀了才能培育好的学生。其实,离开了学生,教师如何变得

---

① 李瑾瑜:《"教师专业发展"的概念特质与实践要义》,《中国教师》,2017 年第 6 期。
② 李瑾瑜:《"教师专业发展"的概念特质与实践要义》,《中国教师》,2017 年第 6 期。

优秀呢？教师的知识和能力不仅仅是职前教育阶段习得的理论知识，还包括在具体的教学实践中，在与学生的互动中产生的思想火花。因此在实践中，学生应该成为教师专业发展的参与者和促进者，教师在与学生互动的过程中实现专业发展。

最后，我国传统文化强调集体对于个体发展的意义，因此教师的专业发展不仅仅是个体的自我提升和成长，还包括集体对于个体成长的推动作用。当然，教师个体是专业发展的内在动力和主动因素，一个具有高尚职业道德、社会责任感、心系孩子的老师具有强大的内在发展动力，相反，一个对自己的职业不够热爱、对孩子不太关注的教师，不管集体的力量有多强大，对教师来说都是有等于无。没有自我内在专业发展动力的老师对孩子的成长来说是有害的，就像李瑾瑜教授说的那样："'教师专业发展'就是让教师'防止变老'的过程，因为教育最大的危险，是正在成长的孩子遇到慢慢变老的老师。当一个人对新的知识不好奇，对新的东西不愿意接受的时候，一定要意识到这是'变老'的象征。"[1]

2.幼儿教师专业化的必要性

幼儿教育作为教育的基础阶段和重要组成部分，其基础性和对后续教育的长远影响呼吁幼儿教师也要走专业化发展的道路。《国家中长期教育改革和发展规划纲要(2010—2020年)》正式将学前教育纳入现行学制系统，这不仅引发我们重新思考学前教育的意义，更要求我们重新审视幼儿教师的专业性是否能够符合时代的要求，是否能够满足学前教育发展的需要。2018年11月，教育部对《中共中央国务院关于学前教育深化改革规范发展的若干意见》(以下简称《若干意见》)进行了解读，《若干意见》明确了到2020年的发展目标和到2035年的中长期目标，提出到2020年，学前三年毛入园率达到85%、普惠性幼儿园入园率达到80%，也就是说公办园和普惠性民办园的占比达到80%，基本建成广覆盖、保基本、有质量的学前教育公共服务体系。到2035年，全面普及学前三年教育，建成覆盖城乡、布局合理的学前教育公共服务体系，为幼儿提供更加充裕、更加普惠、更加优质的学前教育。[2] 为了达到《若干意见》里提出的学前教育发展目标，幼儿教师必须走专业化发展的道路。

全美幼教协会(NAEYC)指出，幼儿教师的专业化应体现在：对儿童发展有

---

① 李瑾瑜：《"教师专业发展"的概念特质与实践要义》，《中国教师》，2017年第6期。
② 教育部：《中共中央国务院关于学前教育深化改革规范发展的若干意见解读》，http://www.gov.cn/zhengce/2018-11/15/content-5340776.htm，访问日期：2018年11月28日。

着深刻的理解和体悟,将心理学、教育学知识运用于实践;善于观察和评价儿童的行为表现,以此作为课程计划的依据和设计个性化课程的依据;善于为儿童营造和保持安全、健康的氛围;计划并履行适宜儿童发展的课程,全面促进儿童的社会性、情感、智力和身体方面的发展;与儿童建立积极的互动关系,成为儿童发展的支持力量;与幼儿家庭建立积极的有效的关系;支持儿童个体的发展和学习,使儿童在家庭、文化、社会背景下得到充分的理解;对教师专业主义予以认同。[1] 从幼儿教师专业化的概念可以看出,幼儿教师这一职业具有不同于其他任何职业的特点,有其独特的任务,没有接受过专业的教育和培训的人员是难以胜任幼儿教师这一工作的。从这个角度讲,幼儿教师这一职业具有专业性,专业性也保证了幼儿教师的社会地位和价值。

3.幼儿教师专业发展的基本构成要素

教师专业发展是教师个体专业不断发展的历程,是教师不断接受新知识、增长专业能力的过程。它包含教师在生涯过程中提升其工作的所有活动。[2] 从教师专业发展的概念可以看出,教师专业发展指向于教师的专业知识和专业能力。幼儿教育的教育对象是心理和生理发展不成熟的幼儿,教师对孩子的爱心和耐心是幼儿教师开展工作的前提和核心,因此幼儿教师的专业发展还包括教师的师德和专业理念。幼儿园教师的专业理念与师德是幼儿园教师所持有的专业理念及其所拥有的师德的统称,是幼儿园教师专业发展的一个关键维度,在《幼儿园教师专业标准(试行)》的结构框架中居于首要位置。[3] 因此,我们把专业理念与师德、专业知识、专业能力三个方面作为幼儿教师专业发展的内容。

第一,专业理念与师德。理念是行动的先导,师德是教师教书育人的准则,二者共同构成了教师专业发展的前提和基础。如果教师的专业理念不科学,职业道德低下,教师的教育教学活动就会给孩子带来不可忽略的负面影响。因此,教师专业发展的重中之重是理清楚专业理论和师德的具体内容。专业理念是专业人员对自身专业的性质、特点、价值观等的理解和判断,指引着专业人员

---

[1] NAEYC. A Conceptual Framework for Early Childhood Professional Development,https://www. naeyc. org/sites/default/files/globally-shared/downloads/PDFs/resources/position-statements/PSCONF98. PDF #:~:text = A% 20conceptual% 20framework% 20of% 20early% 20childhood% 20professional% 20development,working% 20with% 20young% 20children% 20to% 20provide% 20high-quality% 20services,1993。

[2] 卢乃桂、钟亚妮:《国际视野中的教师专业发展》,《比较教育研究》,2006年第2期。

[3] 易凌云:《幼儿园教师专业理念与师德的定义、内容与生成》,《学前教育研究》,2012年第9期。

的发展方向。幼儿教师的专业理念是幼儿教师对幼儿教育的认识和看法,包括幼儿教师的教育观、儿童观、发展观等。师德是教师的职业道德,是教师在长期的教育教学实践中形成的比较稳定的道德观念、行为规范和道德品质的总合,是教师的思想觉悟、道德品质和精神面貌的集中体现,也可以称之为教师的专业伦理规范。① 师德是社会主义核心价值体系在教育活动中的具体体现,是对教师职业声誉的规范和保障性规定。根据《幼儿园教师专业标准(试行)》的要求,幼儿教师的师德有:热爱学前教育事业,具有职业理想,践行社会主义核心价值体系,履行教师职业道德规范。关爱幼儿,尊重幼儿人格,富有爱心、责任心、耐心和细心;为人师表,教书育人,自尊自律,做幼儿健康成长的启蒙者和引路人。师德是幼儿教师开展工作的前提,专业理念的引领使幼儿教师的工作更加科学和专业化,因此二者是幼儿教师专业发展的重要内容,忽略了这两个方面,专业知识和专业能力再强的幼儿教师都不是称职的、合格的幼儿教师,都不能在幼儿生命发展的过程中发挥领路人的作用。

第二,专业知识。专业知识是幼儿教师区别于其他职业的最重要标志,也是幼儿教师开展教育教学活动的基础。随着学前教育地位的提升,幼儿教育质量问题是学前教育研究的重要话题,幼儿教师的专业性也成为幼儿园准入制度的重要考虑依据。专业知识是幼儿教师专业性的重要体现,包括两个方面,关于儿童的知识和关于教育的知识。了解儿童、认识儿童是幼儿教师开展工作的前提和依据,"以儿童为中心"的观点更是说明了教师对儿童认识的重要性。儿童生理和心理发展的一般特点与规律、儿童之间存在的个体差异性、儿童学习的方式和特点等都是幼儿教师需要掌握的内容,只有从儿童中来,才能真正回归儿童,否则教师的教育就是"想当然"的教育,是以教师为中心的教育。现实生活中"神童培养计划"、小学化教育等都是教师对儿童的知识了解和运用不科学的做法。关于教育的知识是教师职业必备的专业知识,是运用科学的教育方法和途径,依据教育发展的规律开展的活动。幼儿教师不用像幼儿教育专家那样研究得那么透彻和深入,但是关于幼儿生理学、幼儿卫生学、五大领域活动设计与指导、保育和教育、家园合作等内容是幼儿园教师应该具备的重要知识。是否具备这些知识,既是衡量幼儿园教师专业化水平的重要尺度之一,也是幼儿园教师准入的重要条件。

---

① 易凌云:《幼儿园教师专业理念与师德的定义、内容与生成》,《学前教育研究》,2012年第9期。

第三,专业能力。在《幼儿园教师专业标准(试行)》中,"能力为重"被定位为幼儿园教师所必须秉持的一个基本理念,对幼儿教师的专业能力提出了新的要求。实践证明,幼儿教师的专业能力是贯彻《幼儿园教育指导纲要(试行)》和《3~6岁儿童学习与发展指南》的重要因素。幼儿教师的专业能力既包括将知识和技能传递给幼儿的能力,也包括自身专业成长与反思的能力。"幼儿教师首先要具备将知识和技能传给儿童的能力,其中包括了解幼儿的能力、与幼儿有效互动的能力等,这些都是外在表现的专业能力;而对内的自我规划与调解、对教学设计与实施的自我反思、课堂治理、评价儿童的学习及行为、接受外来建议并不断完善自己等也是教师应该必备的专业技能。"[1]专业能力是幼儿教师专业化的典型标志,也是幼儿教师专业化可持续发展的重要因素,是提升幼儿教育质量,提升幼儿教师社会地位的根本因素。

4.影响幼儿教师专业发展的因素

教师的专业发展是一个连续的、动态的、终生的过程,在这个过程中受到各种因素的影响而导致发展的速度、进程和最终的发展水平出现各种差异。[2] 根据幼儿教师专业化的概念,其专业发展不仅仅是国家、政府、幼儿园以及家长对幼儿教师的要求,更是幼儿教师的自我成长和提升,因此从这个意义上来看,幼儿教师的专业发展受到个体自身和外部因素的影响,这两类因素共同促进或阻碍着幼儿教师专业成长的速度和发展水平。

(1)幼儿教师自身的专业成长意识和能力。

幼儿教师是专业发展的主体,其自我专业成长意识和能力主导着幼儿教师的专业发展。何善亮、许雪梅的研究认为:教师的自我更新有两个核心因素:专业发展自主意识和专业发展自主能力,只有具备专业发展自主的意识和能力的教师才能不断自觉地促进自我专业成长。[3] 这里强调的专业发展意识是指幼儿教师的专业成长自觉性,对自己的专业知识和能力有比较清楚的认识,对自己存在的问题能够科学分析、客观对待,对自己专业发展的未来有清晰的规划等。教师的专业发展自主意识是教师真正实现自主专业发展的基础和前提,它既能将教师过去的发展过程、目前的发展状态和以后可能达到的发展水平结合起

---

[1] 肖杰:《幼儿教师专业发展研究》,《教育探索》,2011年第6期。
[2] 殷赖宇:《校本培训与教师专业发展问题相关分析》,《中小学教师培训》,2004年第3期。
[3] 何善亮、许雪梅:《把握教师专业发展特征在实践中提高教师的专业化水平》,《教育科学研究》,2003年第1期。

来,使得已有的发展水平影响今后的发展方向和程度,未来发展目标支配今日的行为,又能增强教师对自己专业发展的责任感,从而确保教师专业发展的"自我更新"取向。① 因此,幼儿教师必须对自己的专业发展有一个完整和清晰的认识,这样才能有意识地、有针对性地进行自我学习、自我提高和自我完善。专业发展自主能力是衡量幼儿教师专业发展水平的重要指标,是幼儿教师专业发展自主性和主动性的重要体现,比如幼儿教师主动参与幼儿园的教研活动,积极与同行教师进行交流和切磋,主动与家长进行沟通和交流等,幼儿教师只有愿意并且不断发挥自己的主观能动性,才能使自己的专业知识和专业能力得到最大限度的锻炼和提升,否则,幼儿教师的专业发展将会停滞不前,即使有教育主管部门和幼儿园给予的压力,幼儿教师的专业成长仍然是缓慢和被动的,收效甚微。

对于幼儿教师自身主观能动性在专业发展中的作用,很多专家学者都持肯定态度。2014年雷茹从态度、信念和价值观三个方面对幼儿教师专业发展的影响进行了研究,指出态度、信念、价值观是幼儿教师专业发展的内在动力,是幼儿教师专业精神及文化建设的核心。形成正确的态度,是幼儿教师专业引领的着眼点与起点;树立坚定的专业信念,是幼儿教师专业引领的立足点与根本点;积极健康的价值观,是实现幼儿教师专业引领的重要保障。② 这里的态度、信念和价值观指向幼儿教师的专业发展意识,是幼儿教师专业发展的内在动力系统,是不以外界因素的干扰而转移的,是教师坚定专业发展目标和实现专业发展的重要条件。因此作为幼儿教师,首先要具备坚定的专业发展的态度和信念,有专业发展的信心,并且能够用正确的价值观引领自己的发展,这样幼儿教师的专业发展才能得到真正的、科学的和持续的发展。

(2)外界对幼儿教师专业发展的影响与制约。

幼儿教师的专业发展尽管受到教师自身意识和主观能动性的影响,但是不能片面扩大内因的作用,因为幼儿教师的专业发展不是自身能够独立完成的活动,需要各种因素的配合和支持,因此幼儿教师的专业发展还受到其他因素的影响和制约,而且不容忽视。根据殷赪宇的研究,这些因素主要有两方面,一是

---

① 何善亮、许雪梅:《把握教师专业发展特征在实践中提高教师的专业化水平》,《教育科学研究》,2003年第1期。

② 雷茹:《态度、信念、价值观:引领幼儿教师专业发展的内在因素》,《内蒙古师范大学学报》,2014年第8期。

社会对优秀教师的需求和期望,二是外界是否存在着适合教师发展的环境和条件,其中后者是最重要的一类影响因素,主要包括:是否具有尊师重教的社会文化氛围,教师任职学校是否具有促使教师发展的良好的人际环境和有效的激励机制,各级教育行政部门和学校是否为教师提供各种继续教育的机会、途径和条件,是否给教师的发展提供各种支持和帮助等等。[1] 尽管已经时隔十多年了,殷赖宇的研究对我们今天思考幼儿教师专业发展的影响因素仍然有重大的参考价值。随着学前教育地位的日益凸显,幼儿教师队伍建设成为学前教育发展的重要问题。目前,国家的方针、政策开始关注幼儿教师的专业化问题,例如《国家中长期教育改革和发展规划纲要(2010—2020年)》《幼儿园教师专业标准》等文件的颁布就是有力的证明。除了社会大环境,在具体操作层面,幼儿园对幼儿教师专业发展的推动和支持是最有效、最直接的影响。实践证明,有效的教师激励制度和措施、良好的教研氛围、教育培训的机会等都是促进教师专业发展的重要因素。

除了外界的支持以外,教育教学实践中"关键事件"的支持[2]是推动教师专业发展的另一个重要因素。"教师的的确确要担负许多重复性的工作,教师并非能从专业生活经历的时时事事中都能发现对自身专业发展的意义,只有课堂专业生活的某些特定事件(又称关键事件)以及特定时期和特定人物,对教师的专业发展才会产生重大的影响。在教育教学过程中,相互听课、研讨、说课、学生意见调查等,都更容易成为教学中的关键事件而为教师的专业发展提供契机。"[3]教育教学实践中教师专业成长的理念与幼儿教师专业发展的概念也是吻合的,幼儿教师的专业能力一定是在与幼儿的交流和互动中得到发展的。目前,幼儿园教师需要撰写"教育故事"和"学习故事",这些故事不是教师杜撰的或者随便编写的,需要教师认真观察幼儿,观察幼儿的游戏和活动,并及时捕捉"关键事件",并能够对这些事件进行分析,找出存在的问题,提出解决的策略,在这个过程中,幼儿教师的专业知识和专业能力自然就得到了成长。因此,"关键事件"是培养教师专业发展的土壤,不能脱离幼儿园的一线教学谈幼儿教师的专业发展,否则就会成为无源之水、无本之木,不能得到长久持续发展。

---

[1] 殷赖宇:《校本培训与教师专业发展问题相关分析》,《中小学教师培训》,2004年第3期。
[2] 何善亮、许雪梅:《把握教师专业发展特征在实践中提高教师的专业化水平》,《教育科学研究》,2003年第1期。
[3] 何善亮、许雪梅:《把握教师专业发展特征在实践中提高教师的专业化水平》,《教育科学研究》,2003年第1期。

通过上述分析可以看出,幼儿教师自身的专业发展意识和能力是影响其专业发展的内因,必须调动教师积极的态度,坚定教师的信念,树立正确的价值观;社会大环境给幼儿教师专业发展营造了良好的氛围,幼儿园的政策和制度支持给幼儿教师专业发展提供了具体的保障,一线的教学实践使幼儿教师的专业发展成为可能。这两大因素发挥着不同的作用,缺一不可,同时又相互影响,共同促进幼儿教师的专业发展。

5.提升幼儿教师专业发展的途径

幼儿教师的专业发展既是教师自身专业自主性的表现,受到教师个体的专业自主意识和能力的制约,同时也离不开外部的支持。因此提升幼儿教师的专业能力,就必须从宏观的角度给予政策、制度和经济的支持,又必须在微观上给幼儿教师具体的专业发展的指导,这样才能使幼儿教师的专业发展落到实处。

(1)宏观的支持。

第一,政府的政策和经费支持。

目前,国家对学前教育的重视已经达到了前所未有的高度,为学前教育的发展提供了相应的政策和经费支持。学前教育师资队伍建设同样需要政府的支持,因为"教师专业化是一种观念,更是一种制度。它的发展和完善,必须以建立健全一整套完备的教师专业化制度作为保障"[①]。政策和制度能够保证幼儿教师专业发展真正实施,相应的监督和管理能够促使幼儿教师专业化的效果达到最优。因此,政府的政策和制度支持要非常明确、细致,比如规定幼儿教师的准入制度、职称评聘制度、进修学习制度等,并且城乡还要体现出差异性,只有这样的制度才是具体可操作的,除了国家教育部门,各级地方政府也要组建相应的专家团队,对地方幼儿教师的发展进行调查研究,从而为提出具体可行的制度打下基础。

经费支持是学前教育发展的重要物质基础,目前普惠性幼儿园的建设就是政府对学前教育发展的重要支持。除此以外,国家还需要有专门的经费支持幼儿园教师队伍建设,国家及各级政府要提出具体的经费使用方法,包括幼儿教师的薪酬待遇、教师进修学习的费用、支持幼儿园建设的费用等,都要清晰明了,真正地把钱用到实处,用到真正需要的地方。

总之,政府的宏观调控使学前教育的发展更有方向性,政府在制定政策、制

---

① 彭兵:《我国幼儿教师专业发展政策回顾与展望》,《学前教育研究》,2012年第5期。

度的同时也要注意监管的力度,不断对提出的政策和制度进行总结和反思,这样才能取得最好的效果。

第二,构建幼儿园支持体系。

幼儿园作为教师生活和工作的重要场所,幼儿园的管理模式、幼儿园的文化、幼儿园给教师提供的成长支持等都是教师专业发展的重要条件。当然,这几个方面的实施力度又跟园长的领导密不可分,因此幼儿园的支持体系从园长开始。研究证明:园长的人格魅力引领幼儿教师的专业态度,园长的教育理念激发幼儿教师的专业情感,园长的反思总结促使幼儿教师的专业素养提升,园长的专业能力促进幼儿教师的专业成长,园长的知识经验推动幼儿教师的知识技能发展。① 因此,作为幼儿园的领头人,园长首先应该不断提升自己的专业能力,增强自身的胜任力,用自己的专业知识和能力赢得教师的尊重,用自身的专业魅力吸引教师去学习和模仿,给教师们提供榜样示范作用,营造积极向上的学习和发展的氛围,使教师产生不学习、不发展是可耻的这样的思想,这样才能真正调动幼儿教师专业发展的自主性和自觉性。其次,园长还要提升自己的管理能力,坚持以人为本的原则,尊重幼儿教师,听从教师的建议和心声,充分调动教师教学和参与幼儿园工作的积极性和主动性,使教师产生"主人翁"意识。一个具有胜任力的园长是幼儿园改革与发展的关键,也是教师专业发展的助推器。

幼儿园的支持体系还离不开合理、完善的教师专业发展制度。制度建设是幼儿园管理的重要环节,是幼儿园具体事务落实的重要依据,因此幼儿园应该注重幼儿教师专业发展的制度建设,具体包括幼儿园教研制度、幼儿教师职称评聘制度、幼儿教师进修培训制度等,这些制度的贯彻和实施是保证幼儿教师专业知识和能力提升的重要环节。每个幼儿园都有其独特性,因此制定适合本园教师专业发展的制度是幼儿园支持体系的重要内容。

幼儿园的支持体系还包括"学习共同体"的构建。学习共同体是学习者在共同愿景和共同目标的引领下,相互支持与帮助,共同协商与探究,实现有意义学习的拥有自主性与责任感的社会性集体。② 对于幼儿教师来说,幼儿教育是一项充满挑战的工作,对教师的要求比较高,因此同事之间的交流和分享不仅

---

① 樊立群、周燕:《园长胜任力:幼儿教师专业发展的助推器》,《教育评论》,2018年第1期。
② 朱佳佳、吴航:《幼儿教师专业发展的路径探析:基于瑞吉欧学习共同体的发展模式》,《早期教育》,2018年第7期。

能够使教师少走一些弯路,还能引起教师的思考,提升教师的教学能力和水平。目前,一些幼儿园有"教研组"、年段教学组等形式,这些形式的本质就是"学习共同体",问题是其作用发挥得不是特别好,一些幼儿园的教研组形同虚设。"学习共同体"可以按照年段进行组建,选取教学经验丰富、教学能力比较强的教师担任,同时在合适的固定时间开展教研活动,并且每次的教研活动要选好主题,比如活动计划的制定、公开课的听评课、教师在教学中遇到的困惑、幼儿园的课题申报等等,主题明确的教研活动能够提升教研的效果。同时,幼儿园还要有相应的制度支持,从而保障教研活动的开展,使教师真正愿意参与到活动中来。

(2)微观指导。

第一,激发幼儿教师的专业发展自主性和能动性。

幼儿教师作为专业发展的主体,专业自主性与能动性是其专业知识和能力提升的核心要素。所谓教师专业发展的能动性是指在专业发展实践过程中,教师个体积极主动地为改变自身的专业发展境遇及其所处的专业发展环境做出选择,并朝着选择的方向施加影响的个人品质。[1] 教师专业发展能动性有着重要的意义。根据徐梦雪的研究[2],教师的专业发展能动性具有重要的作用,具体表现在:幼儿教师专业发展能动性是其专业角色觉醒的标志,是其专业持续发展的动力。因此,提升幼儿教师专业发展的前提是激发其专业发展的能动性,是幼儿教师真正认识到专业发展的作用和意义,并且能够积极参与教师专业提升的相关活动。班杜拉的社会认知理论指出,人的能动性的发挥有三种不同的形式:个体动力、替代动力和集体动力。[3] 这里的个体动力指要发挥教师自身的作用;替代动力指依靠外界力量,实现自身的成长;集体动力是积极利用集体的力量促进教师的发展。因此在具体实践中,可以从教师自身、国家和政府的支持以及幼儿园集体这三个方面来激发教师的专业发展能动性。关于国家和政府的支持以及幼儿园"学习共同体"的构建,前面已经有相关论述,这里不再赘述。作为教师自身,要树立正确的态度,坚定信念,积极发展自我,将自己置于良性的发展环境和发展模式中,通过"自我引导—自我激励—自我监控—自我

---

[1] 张娜:《教师专业发展能动性的结果、特点及发展机制》,北京师范大学硕士论文,2006年。
[2] 徐梦雪:《论幼儿教师专业发展能动性:基于班杜拉能动性理论的思考》,《幼儿教育研究》,2017年第2期。
[3] 转引自石雷山:《集体效能研究述评》,《赣南师范学院学报》,2007年第2期。

评价—自我反思"的模式进行自我的专业成长。湖南师范大学刘铁芳教授曾提到这样一句话:要实现中国教育的自觉,必须有自觉的教师。因此,作为基础阶段的幼儿教师,更要有树立教育的自觉和专业发展的自觉,这样才能提升和完善自我,实现自我价值,同时给儿童带来优质的童年期教育,实现孩子的良性生长。

第二,尊重幼儿教师生命的独特性,制定个性化专业发展目标。

每个幼儿教师都是独特的,正如我们要求幼儿教师对幼儿实施个性化教育、因材施教一样,幼儿教师的专业成长也是独特的,因此在符合幼儿园要求的前提下,尊重幼儿教师的独特性和擅长的领域,帮助幼儿教师制定个性化的发展目标是幼儿教师专业成长的重要内容。"学习共同体"的存在使幼儿教师的专业发展可以得到同行的支持和帮助,但是不等于"一刀切"和"一边倒",不能用同样的标准要求所有的老师,否则会出现"吃不饱"和"吃不消"的情况。因此,在帮助幼儿教师制定专业发展规划时,应该坚持"私人订制"的原则,结合教师自身特点、教师的特长、教师的缺憾等内容制订科学合理的计划,从而使教师有针对性地提升自己的专业素养。

第三,幼儿教师专业发展的未完成性和不成熟性离不开专家的引领。

幼儿教育的特点决定了幼儿教师工作的复杂性和创造性,因此,幼儿教师尽管工作多年,在日常的活动计划于组织中仍然存在各种各样的问题,且不能用已有的经验和方法去解决新出现的问题,这就给幼儿教师的工作带来了挑战。幼儿教师专业发展是未完成的,一直在路上,如何在走路的过程中不迷失方向,不仅幼儿教师自身要有自我学习、自我成长的意识和动力,还需要有专家的引领,这样幼儿教师才能少走弯路,才能朝着正确的方向努力。因为"没有专家的引领、没有先进理论的指导,一线教师难以突破多年教学经验累筑起来的藩篱,专业发展的预期往往落空"[1]。需要注意的是:专家不是万能的,我们在借助专家的力量成长时又不能把专家"神化",还必须结合幼儿园以及幼儿教师的特点,找出存在的问题和发展的瓶颈,请专家给予有针对性的指导。因此我们还需要思考的问题是:需要专家引领什么?专家可以采取什么样的形式进行引领?专家引领的形式主要包括专题讲座、理论学习辅导报告、教学现场指导、交流讨论、参与式培训和案例研讨等。[2] 每一种形式都有其独特的作用,如教学现

---

[1] 肖杰:《幼儿教师专业发展研究》,《教育探索》,2001年第6期。
[2] 肖杰:《幼儿教师专业发展研究》,《教育探索》,2001年第6期。

场指导能够对幼儿教师在组织活动的过程中存在的问题进行点评,帮助幼儿教师提升教学能力和水平。幼儿教师教学活动的组织与实施是教师专业发展的重要内容,尤其是新入职教师和工作多年的老师,受教学经验不足和教学经验太丰富的影响,易出现活动目标、活动重难点把握偏离的情况,或者根据已有经验开展活动,完全不考虑孩子的特点等。案例研讨是一种和专家面对面进行案例分析和研讨的形式,通过专家和教师之间的交流和互动,既能让教师感受到专家的亲切和专业之处,又能让专家深入了解老师存在的困惑,从而提出有效的解决策略。总之,专家的引领一定是在深入了解幼儿教师专业发展存在问题的基础上,结合幼儿教师的特点,采取适当的形式对幼儿教师进行指导。

幼儿教师专业发展是一个进行中的问题,是贯彻新时代"四有"好老师的精神,不断提升自我,完善自我,自觉做有质量教育的伟大工程。当然,我们在对幼儿教师提出各种要求的同时,也要关注幼儿教师的生命状态,在给予幼儿教师充分的生命关怀的前提下使幼儿教师得到发展。只有这样,才能调动幼儿教师专业发展的内驱力,使专业发展成为幼儿教师生命的一部分,而不是额外的负担。同时,幼儿教师作为社会的一分子,其发展不能是独立和孤立的,还必须关注与自身息息相关的社会和集体。政府的政策、制度和经费的支持,幼儿园的管理模式、制度、给予教师的人文关怀等都是幼儿教师专业发展不可或缺的支持力量。总之,宏观的支持和微观的指导是幼儿教师专业发展的两大推动力量,缺一不可。

结束语

雅斯贝尔斯在论述教育的本质时,强调了教育主体之间的交流与互动,教育是生命与生命的对话。华东师范大学叶澜教授也强调要给学生有生命的课堂,体现了教育的生命内涵。作为教育的基础部分,幼儿教育的生命内涵更为突出。我们在认识到幼儿教育重要性的同时,也要注意提升幼儿教育的质量,使幼儿教育真正成为教育的基础阶段。幼儿教育质量的唯一衡量指标就是幼儿的发展,幼儿生命的完善、完满、和谐和可持续发展,当达到了这一目标,幼儿教育就是具有生命情怀的教育。

幼儿教育应该关注幼儿的生命,体现生命教育情怀,因为幼儿的生命是独特的,是未完成的,是不可重来和复制的。童年是人生最自然的时期,是天性保存得最完全的时期,是潜在人性内容最完整的时期。童年的生命是整个生命进化历程的浓缩,其中饱含生命进化历史中的种种奇迹、种种珍宝。童年的宝库应当由儿童自己保存和掌管,应当由儿童按其天性与适宜的外部环境进行互动,这样宝库中的种子才能萌芽、生根、成长、开花、结果。为了使幼儿的生命绽放出光彩,幼儿教育就要遵循幼儿生命发展的特点和规律,把儿童看作儿童,承认幼儿世界与成人世界是不同的,与幼儿建立平等的对话关系,不能用成人的眼光去看待幼儿的世界,更不能试图用成人的世界去替代幼儿的世界。否则,幼儿与成人就没什么两样,幼儿成了身体矮小、心理畸形成熟的"小大人";"快乐天使"没有了,世界就会少了很多欢声笑语,成了单调乏味的世界。

幼儿教育关注幼儿的生命,做有生命情怀的教育,不是理论的和形而上的理念,而是看得见、摸得着的具体实践。要把生命关怀落实到幼儿教育中,离不开政府、幼儿园、教师和家长等的支持,每一方力量都在各自的领域发挥着不同的作用。值得注意的是,每一种教育资源在发挥作用时都应该把关怀生命作为教育的出发点和落脚点,保护儿童的生理生命、呵护儿童的精神生命、提升儿童的社会生命,使儿童的每一维生命都得到健康和完善发展,并且注意三维生命之间的内在联系,达到三者的和谐统一,这样才能实现培养完整儿童的目标。

在我们构建生命情怀教育的同时,还需要兼顾教育的直接实施者——幼儿教师的生命质量和状态。一个有生命情怀、对幼儿的生命充满敬畏和爱的老师才会产生生命与生命的对话式教育,否则,我们看到的是没有生机和活力、没有生命色彩的教育,培养出的儿童的生命也是不完善、不完满的。因此,我们要关爱幼儿教师,提升幼儿教师的社会地位,关注幼儿教师专业发展的过程,给幼儿教师成长的时间和空间。当幼儿教师感受到自己生命被尊重、被呵护、被关爱时,才能把这份爱传递下去,才能用充满生命活力的状态和幼儿对话,使幼儿得到最好的教育,使幼儿健康成长,使幼儿的生命绽放出童年该有的光彩。

南京师范大学冯建军教授说:"教育就像一个迷路走失的孩子,在不停地寻找自己的家。"[1]回顾教育寻"家"的过程,从"社会"摸索到了"人",又从"人"摸索到了"生命"。在一个"以人为本"的时代,生命才是教育之本,是教育真正的"家"。教育只有回归到生命,才能展示出它的无尽魅力;教育只有回归到生命,教师们事业的崇高性才能凸显出来。幼儿教育的对象是幼儿,幼儿的生命是人生的开端,是不同于任何生命阶段的部分,幼儿既有他们脆弱的一面,又有他们顽强的一面;每一个幼儿也有他们自身的独特性。幼儿教育要回归生命,就必须从幼儿的实际状况出发,从每一个幼儿的特点出发,保护幼儿的生命,尊重幼儿的生命,解放幼儿的身心,激发幼儿的创造性,使幼儿体验生命关怀所带来的快乐和意义。

---

[1] 冯建军:《教育:为了生命的事业》,《教师之友》,2004年第5期。

参考文献

一、工具书

[1]夏征农.辞海[M].上海:上海辞书出版社,2002.

[2]刘延勃,张弓长,马乾乐.哲学辞典[M].吉林:吉林人民出版社,1983.

[3]葛力.现代西方哲学辞典[M].北京:求实出版社,1990.

二、学术专著

[1]中川李枝子.所有小孩都是"问题儿童"[M].朱自强,译.北京:化学工业出版社,2018.

[2]全国十二所重点师范大学.教育学基础[M].北京:教育科学出版社,2014.

[3]李季湄,冯晓霞.《3～6岁儿童学习与发展指南》解读[M].北京:人民教育出版社,2013.

[4]阿德勒.自卑与超越[M].李青霞,译.沈阳:沈阳出版社,2012.

[5]冯建军.教育基本理论研究20年:1990-2010[M].福州:福建教育出版社,2012.

[6]联合国教科文组织首届世界幼儿保育和教育大会(WCECCE)意见书.构筑国家财富[M].莫斯科,2010.

[7]教育部.国家中长期教育改革和发展规划纲要:2010—2020年[M].北京:人民出版社,2010.

[8]孔子,宋海峰.论语[M].呼和浩特:内蒙古人民出版社,2009.

[9]费孝通.乡土中国·生育制度[M].北京:北京大学出版社,2007.

[10]吴国荣,张丽华.学习理论的进展[M].天津:天津科学技术出版社,2008.

[11]孔丘,孟轲.论语·孟子[M].西安:三秦出版社,2007.

[12]特里萨·M.麦克德维特,珍妮·埃利斯·奥姆罗德.儿童发展与教育[M].李琪,闻莉,等译.北京:教育科学出版社,2007.

[13]王保林,窦广采.幼儿心理学[M].郑州:郑州大学出版社,2007.

[14]申继亮.新世纪教师角色重塑:教师发展之本[M].北京:北京师范大学出版社,2006.

[15]廖其发.中国幼儿教育史[M].太原:山西教育出版社,2006.

[16]张世平.中国儿童的生存与发展:数据和分析[M].北京:中国妇女出版社,2006.

[17]鲁道夫·谢弗.儿童心理学[M].王莉,译.北京:电子工业出版社,2010.

[18]阿尔贝·雅卡尔,皮埃尔·玛南,阿兰·雷诺.没有权威和惩罚的教育?[M].张伦,译.北京:中国人民大学出版社,2005.

[19]张先华.教育思想的革命[M].北京:北京大学出版社,2005.

[20]刘铁芳.走向生活的教育哲学[M].长沙:湖南师范大学出版社,2005.

[21]玛丽亚·蒙台梭利.童年的秘密[M].马荣根,译.北京:人民教育出版社,2005.

[22]让-皮埃尔·内罗杜.古罗马的儿童[M].张鸿,向征,译.桂林:广西师范大学出版社,2005.

[23]夸美纽斯,任钟印.夸美纽斯教育论著选[M].任宝祥,熊礼贵,鲍晓苏,等译.北京:人民教育出版社,2005.

[24]玛利亚·蒙台梭利.蒙台梭利早期教育法全书[M].万信琼,译.北京:中国发展出版社,2004.

[25]冯建军.生命与教育[M].北京:教育科学出版社,2004.

[26]刘铁芳.守望教育[M].上海:华东师范大学出版社,2004.

[27]刘济良.生命教育论[M].北京:中国社会科学出版社,2004.

[28]亨利·柏格森.创造进化论[M].北京:商务印书馆,2004.

[29]刘晓东.儿童精神哲学[M].南京:南京师范大学出版社,2003.

[30]熊生贵,刘从华,姚红.新课程:生命课堂的诞生[M].成都:四川大学出版社,2003.

[31]格奥尔格·西美尔.生命直观[M].刁承俊,译.北京:生活·读书·新知三联书店,2003.

[32]刘德华.让教育焕发生命的价值:审视教育中的"罪"与"罚"[M].桂林:广西师范大学出版社,2003.

[33]袁贵仁.中国教师新百科:幼儿教育卷[M].北京:中国大百科全书出版社,2003.

[34]吴式颖.外国教育史教程[M].北京:人民教育出版社,2003.

[35]教育部基础教育司.《幼儿园教育指导纲要(试行)》解读[M].南京:江苏教育出版社,2002.

[36]刘传广.实在与选择[M].郑州:河南人民出版社,2002.

[37]STEINER R.人智学启迪下的儿童教育[M].柯胜文,译.新北:光佑文化事业股份有限公司,2002.

[38]怀特海.教育的目的[M].徐汝舟,译.北京:生活·读书·新知三联书店,2002.

[39]张曙光.生存哲学:走向本真的存在[M].昆明:云南人民出版社,2001.

[40]昆体良.昆体良教育论著选[M].任钟印,译.北京:人民教育出版社,2001.

[41]蒙台梭利.蒙台梭利幼儿教育科学方法[M].任代文,译.北京:人民教育出版社,2001.

[42]汪刘生.创造教育论[M].北京:人民教育出版社,2000.

[43]费迪南·费尔曼.生命哲学[M].李健鸣,译.北京:华夏出版社,2000.

[44]唐淑,钟昭华.中国学前教育史[M].北京:人民教育出版社,2000.

[45]谢维和.教育活动的社会学分析:一种教育社会学的研究[M].北京:教育科学出版社,2000.

[46]博尔诺夫.教育人类学[M].李其龙,译.上海:华东师范大学出版社,1999.

[47]缪建东.家庭教育社会学[M].南京:南京师范大学出版社,1999.

[48]马克斯·范梅南.教学机智[M].李树英,译.北京:教育科学出版社,2001.

[49]中国学前教育研究会.中华人民共和国幼儿教育重要文献汇编[M].北京:北京师范大学出版社,1999.

[50]刘晓东.儿童教育新论[M].南京:江苏教育出版社,1998.

[51]杨汉麟,周采.外国幼儿教育史[M].南宁:广西教育出版社,1998.

[52]赵中建.教育的使命:面向二十一世纪的教育宣言和行动纲领[M].北京:教育科学出版社,1996.

[53]莎士比亚.莎士比亚全集:第5卷[M].朱生豪,译.北京:人民文学出版社,1994.

[54]小原国芳.小原国芳教育论著选(上卷)[M].刘剑乔,由其民,吴光威,译.北京:人民教育出版社,1993.

[55]王连生.亲职与幼教[M].台北:师大书苑有限公司印行,1993.

[56]伊丽莎白·劳伦斯.现代教育的起源和发展[M].纪晓林,译.北京:北京语言学院出版社,1992.

[57]雅斯贝尔斯.什么是教育[M].邹进,译.北京:生活·读书·新知三联书店,1991.

[58]张人杰.国外教育社会学基本文选[M].上海:华东师范大学出版社,1991.

[59]杜威.民主主义与教育[M].王承绪,译.北京:人民教育出版社,1990.

[60]黄人颂.学前教育学[M].北京:人民教育出版社,1989.

[61]马克思·舍勒.人在宇宙中的地位[M].陈泽环,沈国庆,译.上海:上海文化出版社,1989.

[62]陈帼眉.学前心理学[M].北京:人民教育出版社,1989.

[63]老子,列御寇.老子·列子[M].王弼,张湛,注.上海:上海古籍出版社,1989.

[64]米夏埃尔·兰德曼.哲学人类学[M].张乐天,译.上海:上海译文出版社,1988.

[65]联合国教科文组织教育统计局.国际教育标准分类[M].国家教育委员会教育发展与政策研究中心,译.北京:人民教育出版社,1988.

[66]威廉·托马斯.不适应的少女[M].钱军,白璐,译.济南:山东人民出版社,1988.

[67]北京市教育科学研究所.陈鹤琴全集:第一卷[M].南京:江苏教育出版社,1987.

[68]北京市教育科学研究所.陈鹤琴全集:第五卷[M].南京:江苏教育出版社,1991.

[69]北京市教育科学研究所.陈鹤琴全集:第二卷[M].南京:江苏教育出版

社,1989.

[70]戴自俺,龚思雪.陶行知幼儿教育的理论与实践[M].成都:四川教育出版社,1987.

[71]辞海:教育学·心理学分册[M].上海:上海辞书出版社,1987.

[72]藤守尧.审美心理描述[M].北京:中国社会科学出版社,1985.

[73]董操,陶继新,蔡世连.鲁迅论儿童教育[M].济南:山东教育出版社,1985.

[74]保尔·朗格朗.终身教育引论[M].周南照,陈树清,译.北京:中国对外翻译出版公司,1985.

[75]北京市教育科学研究所.陈鹤琴教育文集:上卷[M].北京:北京出版社,1983.

[76]北京市教育科学研究所.陈鹤琴教育文集:下卷[M].北京:北京出版社,1985.

[77]叔本华.作为意志和表象的世界[M].石冲白,译.北京:商务印书馆,1982.

[78]中央教育科学研究所.陶行知教育文选[M].北京:教育科学出版社,1981.

[79]赵祥麟,王承绪.杜威教育论著选[M].上海:华东师范大学出版社,1981.

[80]B.A.苏霍姆林斯基.把整个心灵献给孩子[M].唐其慈,毕淑芝,赵玮,译.天津:天津人民出版社,1981.

[81]刘放桐.现代西方哲学:修订本上[M].北京:人民出版社,1990.

[82]马克思.1844年经济学哲学手稿[M].北京:人民出版社,2018.

[83]朱智贤.儿童心理学[M].北京:人民教育出版社,1979.

[84]卢梭.爱弥儿[M].李平沤,译.北京:商务印书馆,1978.

[85]马克思恩格斯选集:第1卷[M].北京:人民出版社,2012.

[86]卡尔·罗杰斯.自由学习[M].王烨晖,译.北京:人民邮电出版社,2015.

[87]黄旭.明日教育论坛·回归生命化的教育[M].福州:福建教育出版社,2001.

三、学术论文

(一)硕博论文

[1]胡小雪.传统家训与当代家庭教育:《温公家范》的历史分析[D].苏州大学,2019.

[2]刘霞.孔子生命教育思想及其对高校生命教育的借鉴[D].西南政法大学,2015.

[3]刘树娜.我国儿童话语权问题初探[D].南京师范大学,2015.

[4]褚惠萍.当代大学生生命教育研究[D].南京师范大学,2014.

[5]贾晶晶.幼儿园一日生活各环节时间利用的个案调查[D].沈阳师范大学,2014.

[6]马广荣.微山县幼儿教师职业幸福感研究[D].曲阜师范大学,2014.

[7]程秀兰.基于实证视角的幼儿教育本质特征研究[D].陕西师范大学,2013.

[8]朱婷婷.论幼儿园的师幼关系[D].内蒙古师范大学,2013.

[9]苗曼.天性引领教育:幼儿教育变革路向探寻[D].南京师范大学,2012.

[10]李红玲.农村家庭教育一致性问题研究[D].东北师范大学,2012.

[11]刘瑞梅.生命教育视域下的体育基础教育[D].内蒙古师范大学,2008.

[12]于华颖.论人之生命有限性与教育[D].河南大学,2007.

[13]季爱君.回归生命存在本身:我国成人教育价值取向的哲学审思[D].曲阜师范大学,2007.

[14]张涤非.论生命意识教育[D].河南大学,2007.

[15]陈丽英.关爱教师:生命教育理念的助推器[D].江西师范大学,2007.

[16]魏琳.运用教育评价改进中学美术教育的实践研究[D].东北师范大学,2007.

[17]张梅.生命关怀:学校教育的本真追求[D].安徽师范大学,2006.

[18]侯莉敏.儿童生活与儿童教育[D].南京师范大学,2006.

[19]胡术恒.儿童观及其对教育观的制约与影响[D].东北师范大学,2006.

[20]晏钶.道家思想中的生命关怀及其对现代教育的启示[D].南京师范大学,2006.

[21]李艳.台湾地区中小学生生命教育研究与启示[D].华东师范大学,2006.

[22]刘虹.生命教育与中学语文教学[D].湖南师范大学,2006.

[23]张娜.教师专业发展能动性:结构、特点及发展机制[D].北京师范大学,2009.

[24]唐灿辉.童年之美[D].上海师范大学,2006.

[25]孙丽丽.幼儿教育对儿童生活的背离和与回归[D].南京师范大学,2004.

[26]马韵.父母教育一致性研究[D].华南师范大学,2004.

[27]万玉.关注生命:教育新的价值取向[D].河南师范大学,2003.

[28]束从敏.幼儿教师职业幸福感研究[D].南京师范大学,2003.

[29]程红艳.生命与教育:呼唤教育的生命意识[D].华中师范大学,2001.

[30]王淑兰.台湾中部地区初中启智班实施障碍学生家长亲职教育意见之调查[D].台湾彰化师范大学,1999.

(二)期刊论文

[1]李静,孙亚娟,井小风.回归与升维:幼儿园生成课程的趋向、内涵与路径[J].教育导刊(下半月),2020(1).

[2]向儿童学习:一种"反哺"的可能性[J].福建教育,2020(1).

[3]尹江倩,苏维,朱嘉慧,等.幼儿园与社区优质互动:价值、存在问题及解决策略[J].教育导刊(下半月),2019(9).

[4]凌琳.幼儿家庭教育中"父母一致性"问题的探析[J].才智,2019(14).

[5]刘静,王雯颖.城乡幼儿教师职业倦怠现状比较研究[J].课程教育研究:学法教法研究,2019(20).

[6]刘国祥.谈二孩政策背景下的幼儿心理健康教育[J].甘肃教育,2019(13).

[7]李旭.儿童视角:成人认识理解儿童的有效路径[J].今日教育(幼教金刊),2019(12).

[8]陈群峰.指向"完整儿童"养成的"乐"课程体系建设[J].山西教育(幼教),2019(11).

[9]朱骏.幼儿园办园理念设计:以江苏省金湖县机关幼儿园为例[J].早期

教育(教育教学),2019(9).

[10]王海燕.提升幼儿教师专业素养存在的问题及改进策略研究:以郑州市为例[J].河南教育(幼教),2019(9).

[11]刘文瑶,汪保国.广州市城中村0～6岁儿童意外伤害流行病学分布特征[J].中国实用医药,2019(12).

[12]孔露,蒲远波,李长青.乡村幼儿教师专业素养现状调查与分析:以四川省广元市为例[J].成都师范学院学报,2019(4).

[13]刘天真.浅论幼儿教育安全问题现状及对策[J].内蒙古教育,2019(9).

[14]吴振东.如何确立幼儿园的办园理念[J].福建教育,2019(3).

[15]刘婷.终身教育视阈下社区亲职教育支持服务体系构建策略[J].内蒙古电大学刊,2019(3).

[16]丁巧瑞.浅析城中村家庭教育的父位缺失问题与对策[J].新课程(上旬),2018(4).

[17]冯婉桢,蒋杭柯,洪潇楠.师幼关系类型及其影响因素分析[J].学前教育研究,2018(9).

[18]夏梦,陶嘉欣,张晋.生命特性在儿童教育中的疏离与回归:基于柏格森生命哲学的视域[J].教育与教学研究,2018(9).

[19]罗红霞,王明飞,杜娇.亲职教育:国际经验与中国实践[J].广州大学学报(社会科学版),2018(9).

[20]童春林.把提高教师地位待遇作为真招实招[J].人民教育,2018(6).

[21]王巧英.2006—2016年我国学前教育研究进展综述[J].河南教育,2018(5).

[22]周玉妹.从"单独"到"二孩"的家庭教育初探[J].好家长,2018(46).

[23]王莉娟,王建平.民族地区幼儿教师职业倦怠的水平、特点及综合治理:基于川、滇、黔、渝四省(市)民族地区的实证分析[J].现代中小学教育,2018(4).

[24]缪佩君,李玲玉,连榕.幼儿教师心理健康状况及其社会支持系统构建[J].苏州大学学报(教育科学版),2018(4).

[25]霍玉文,刘可欣.美国亲职教育实践及我国的借鉴[J].中国成人教育,2018(2).

[26]王芝荣.浅谈3～6岁农村留守儿童行为偏差产生的原因[J].课程教育研究:学法教法研究,2018(26).

[27]樊立群,周燕.园长胜任力:幼儿教师专业发展的助推器[J].教育评论,2018(4).

[28]袁慧.美国 LPI:"完整儿童"教育法对遭受创伤的学生尤为有效[J].世界教育信息,2018(20).

[29]虞永平.家园共育的理念与实践(上)[J].动漫界:幼教 365,2018(16).

[30]胡新宁,裘指挥.关怀理论视域下的师幼关系重构[J].教育导刊(下半月),2017(9).

[31]马丽,周佳明.影响农村新入职幼儿教师职业适应的环境因素分析[J].蚌埠学院学报,2017(4).

[32]唐惠一,庞燕萍.如何在体验学习活动中培养幼儿的主体性[J].学前教育研究,2017(7).

[33]郭云红.我国学前教育机构发展的历史逻辑[J].教师教育论坛,2017(6).

[34]李瑾瑜."教师专业发展"的概念特质与实践要义[J].中国教师,2017(11).

[35]王辉.从小红花看幼儿教育评价[J].教育导刊(下半月),2007(4).

[36]朱静晶.完整儿童:30 年幼儿园综合课程的续进研究[J].江苏教育研究,2017(S1).

[37]刘婧文.关系本体论视角下的师幼关系审思[J].江苏教育研究,2017(Z1).

[38]索丽珍.论蒙台梭利儿童观及其渊源[J].长春师范大学学报,2017(2).

[39]王春燕.理解儿童,回归学前教育的原点[J].今日教育(幼教金刊),2017(1).

[40]刘宇.我国教师身份的历史演变[J].佳木斯职业学院学报,2017(1).

[41]夏小书.幼儿教师社会地位相对偏低的表征、归因及解决路径[J].教师教育论坛,2016(12).

[42]丁彩云,时松.某县农村幼儿教师社会地位现状调查研究[J].包头职业技术学院学报,2016(3).

[43]高毅.论幼儿教师人际关系的协调[J].新课程(上旬),2016(10).

[44]杨琳琳.对大班幼儿生命认知现状的调查及建议[J].黑河教育,2016(8).

[45]苏永荣.权威民主型教养方式:学理分析、价值探赜及实践策略[J].平顶山学院学报,2016(4).

[46]米玛卓玛.浅析教育异化对教育的影响[J].新教育时代电子杂志(教师版),2016(28).

[47]李姗泽,朱萌萌.幼儿园区角活动中师幼双主体性关系探究[J].现代中小学教育,2016(7).

[48]裘指挥.留守儿童"亲情空洞"问题发生的特殊性及防范[J].中国教育学刊,2016(5).

[49]刘占兰.新《幼儿园工作规程》解读[J].今日教育(幼教金刊),2016(4).

[50]许璐颖,周念丽.学前儿童家长亲职教育现状与需求[J].学前教育研究,2016(3).

[51]印小青,李娟.幼儿园课程生活化的意蕴、误区与实施策略[J].学前教育研究,2016(2).

[52]卢玲.试论家庭教育的和合:从家教不一致谈起[J].泸州职业技术学院学报,2016(2).

[53]胡燕红.幼儿园教师幸福感调查分析:以河南安阳市幼儿园为例[J].陕西学前师范学院学报,2016(1).

[54]肖圆.幼儿园游戏活动开展现状的调查研究:以H省S市为例[J].教师,2016(2).

[55]杨洁,余婧.父亲角色对3~6岁幼儿社会性发展的影响研究[J].早期教育(教科研版),2016(1).

[56]孔仪.浅析游戏在幼儿教育中的实践作用与价值[J].吉林教育,2015(28).

[57]张琳琳.浅析我国城市化对教育的影响[J].大连教育学院学报,2015(4).

[58]赵南.学前教育特殊性辨析及其对学前教师的必然要求[J].湖南师范大学教育科学学报,2015(6).

[59]程天宇.疏离与回归:家园共育理念实现的应然路径选择[J].教育探索,2015(9).

[60]郭阳丽.基于家庭教育功能的儿童社会化研究[J].亚太教育,2015(25).

[61]冯帮,王曼.社会阶层化背景下幼儿教师职业地位分析[J].教育与教学

研究,2015(7).

[62]程军.老子"自然无为"教育思想刍议[J].宿州学院学报,2015(4).

[63]程兆敏.家庭教育方法思考:与子女一同成长[J].渭南师范学院学报,2015(8).

[64]虞永平.课程游戏化的意义和实施路径[J].早期教育(教师版),2015(3).

[65]林格.重新认识儿童的权利[J].师资建设(双月刊),2015(3).

[66]周菁菁.十年来我国学前教育理论研究文献综述[J].当代教育理论与实践,2015(2).

[67]于洁,袁爱玲,李颖.对保护幼儿天性的理论探讨[J].教育导刊(下半月),2015(3).

[68]吴钢.基于家长需求的幼儿园亲职教育探索[J].教育导刊(下半月),2014(12).

[69]程秀兰.幼儿教育本质的规定性及其意义[J].学前教育研究,2014(9).

[70]杨淑芸.农村幼儿园教师职业倦怠表现及其干预策略[J].学前教育研究,2014(8).

[71]朱青娥.幼儿教育呼唤个别化教育[J].小学科学(教师),2014(6).

[72]王秋霞.家、园、社区协同教育的现状、影响因素与发展路径[J].学前教育研究,2014(5).

[73]闫凤玉.浅析教育本质与教育功能[J].西北成人教育学院学报,2014(6).

[74]黄俐.当前幼儿园区域活动开展中存在的问题及解决策略[J].学前教育研究,2014(4).

[75]赵晋霞.浅谈现代幼儿教育观[J].魅力中国,2014(4).

[76]孙惠利.农村民办幼儿教师专业发展现状调查与分析:以河南省农村民办幼儿教师为例[J].社科纵横,2013(12).

[77]沈娟."玩中学、做中乐":幼儿园区域活动的特点和价值[J].湖北科技学院学报,2013(11).

[78]焦皎,吕承文."家园共育"内涵剖析与幼儿教育发展探究[J].太原大学教育学院学报,2013(3).

[79]袁英."与福柯共舞":福柯的话语理论与女性主义批评[J].求是学刊,

2013(5).

[80]高雪莲.失落的童年:乡村幼儿教育之殇:柳溪村幼儿教育现状考察[J].北京社会科学,2013(6).

[81]刘会娟,李玉侠.河北省幼儿教师职业倦怠现状调查研究[J].衡水学院学报,2013(3).

[82]黄鸿,李雪平.父亲参与对儿童性别角色形成的影响及教育启示[J].基础教育研究,2013(5).

[83]周燕.论学前教育功能之特性[J].教育导刊(下半月),2013(2).

[84]张敏.论心性和谐与人的全面发展:兼论传统文化中的人文关怀[J].当代教育论坛,2012(1).

[85]易凌云.幼儿园教师专业理念与师德的定义、内容与生成[J].学前教育研究,2012(9).

[86]宋坤.从中国家庭三角结构中权力变迁的视角解读父母的儿童观[J].教育导刊(下半月),2012(11).

[87]赵南.学前教育"保教并重"基本原则的反思与重构[J].教育研究,2012(7).

[88]虞永平.《幼儿园教师专业标准》的专业化理论基础[J].学前教育研究,2012(7).

[89]李晓伟.论我国社会转型期农村家庭教育的困境与突破[J].教育学报,2012(6).

[90]彭兵.我国幼儿教师专业发展政策回顾与展望[J].学前教育研究,2012(5).

[91]邢春香.试论幼儿教育生活化的意义与实施[J].黑河学刊,2012(4).

[92]冯永刚.道德启蒙教育中父亲责任缺席的原因、危害及教育对策[J].教育导刊(下半月),2012(4).

[93]曹永国,母小勇.什么是教师?——一个始源上的疏证[J].教师教育研究,2012(2).

[94]余萍.理解:新型师幼关系的现实旨趣——基于胡塞尔主体间性思想[J].合肥学院学报(社会科学版),2012(3).

[95]周国平.童年的价值[J].中华家教,2012(2).

[96]万作芳.孩子是不是不能输在起跑线上[J].中国德育,2012(23).

[97]何颖.幼儿教育评价值中的原则[J].教育教学论坛,2012(37).

[98]李佳丽.主体间性:建构和谐师幼关系的伦理基础[J].学理论,2012(35).

[99]那顺乌力吉.发挥家庭教育的特有功能,让孩子在多重教育下成长[J].内蒙古民族大学学报,2012(1).

[100]王开琳.从龙应台的《孩子你慢慢来》看幼儿教育的本质[J].小说评论,2012(S2).

[101]李玉杰,康耀华.教育生态学视野下学前教育观念的变革[J].教育探索,2011(11).

[102]陈立秋.幼儿教师专业性:问题与思考[J].教育导刊(下半月),2011(10).

[103]谢蓉,曾向阳.幼儿教师职业倦怠的缓解与职业幸福感的提升[J].学前教育研究,2011(6).

[104]肖杰.幼儿教师专业发展研究[J].教育探索,2011(6).

[105]刘徐湘,陈健.教育生活体验研究及其理论价值[J].湖南师范大学教育科学学报,2011(3).

[106]梁玉华,苏静.幼儿教师职业认同的实证研究[J].教育学术月刊,2011(3).

[107]吴永胜,卿小莲.家长学习:提升家庭教育理性的应然路径[J].成人教育,2011(2).

[108]亢林贵.从父权到平权:中国家庭中权力变迁问题探讨[J].山西青年管理干部学院学报,2011(1).

[109]王声平,杨晓萍.幼儿教师专业身份认同的困惑及其重塑[J].教育与教学研究,2011(1).

[110]马军腾.国外幼儿生命教育思想与方式解析及其启示[J].教育导刊:下半月,2011(9).

[111]马桂霞,赵海燕.教师心理健康的维护策略及调适研究[J].中国成人教育,2010(8).

[112]韩小雨,庞丽娟,李琳.从国家发展的战略视角论幼儿教育的价值[J].学前教育研究,2010(7).

[113]姚满团.教育的个体发展功能对可持续发展的应答[J].江西金融职工

大学学报,2010(5).

[114]单敏,黄贝,张丽珍.中国四代领导集体"以师为本"尊师重教思想初探[J].中共银川市委党校学报,2010(3).

[115]张晓辉.幼儿教师的社会地位[J].学前教育研究,2010(3).

[116]程从柱,王全林.生态教育学:当代教育学建构的一个重要视域[J].皖西学院学报,2010(1).

[117]孙倩.教育功能的研究综述[J].天津师范大学学报(基础教育版),2010(1).

[118]姚冬梅.论生命的复杂性与激扬生命[J].求索,2010(2).

[119]李强,刘海洋.变迁中的职业声望:2009年北京职业声望调查浅析[J].学究,2009(12).

[120]李文道,孙云晓,赵霞.父教缺失的研究现状及应对策略[J].中国特殊教育,2009(10).

[121]石鸥.课程改革:教育本体功能的回归[J].教育测量与评价(理论版),2009(7).

[122]夏可树.家庭教育和学校教育的优势互补研究[J].济宁学院学报,2009(3).

[123]刘秀丽,刘航.幼儿家长家庭教育观念:现状及问题[J].东北师大学报(哲学社会科学版),2009(5).

[124]蔡军.从缺失到回归:生命关怀下的幼儿教师职业幸福感[J].教育探索,2009(5).

[125]许静.论生态学视野中的教育观[J].现代农业科学,2009(1).

[126]陈世联,王纬虹,申毅.幼儿园办园理念的内涵与生成[J].教育导刊(幼儿教育),2009(1).

[127]燕良轼.在生命视野中认识和激发儿童的创造力[J].学前教育研究,2008(11).

[128]罗颖琳.以幼儿发展为本,有效促进幼儿园课程整合[J].教育导刊(幼儿教育),2008(11).

[129]杨娟,杨晓萍.对话策略:构建"我与你"型师幼关系[J].文教资料,2008(20).

[130]徐慧,张建新,张梅玲.家庭教养方式对儿童社会化发展影响的研究综

述[J].心理科学,2008(4).

[131]岳玉阁,卢清.关注幼儿的生命:幼儿教育的本真追求[J].上海师范大学学报(基础教育版),2008(4).

[132]方红.幸福:教师职业的本真体验[J].教育与管理,2007(23).

[133]陈小昇,孙雪梅,史滋福,等.粤川渝三省市幼儿教师心理健康状况与对策研究[J].学前教育研究,2007(6).

[134]黄克剑.生命化教育须从随顺人的生命自然说起[J].福建论坛(社科教育版),2007(4).

[135]袁爱玲.幼儿园教育活动生态现状剖析[J].学前教育研究,2007(2).

[136]郭思乐.为什么在教育中要说起生命[J].现代教育论丛,2007(1).

[137]郑晓江.论生命的本真与意义[J].南昌大学学报(人文社会科学版),2007(1).

[138]张文质.跨越边界:生命化教育的一些关键词[J].中国校外教育(理论),2007(1).

[139]成尚荣."活教育"的核心理念及现代意义[J].江苏教育研究,2007(8).

[140]黄娟娟.哈贝马斯的交往行为理论对幼儿园体育教育改革的启示[J].家庭与家教(现代幼教),2007(9).

[141]丁海东.游戏的教育价值及其在幼儿园课程中的实现路径[J].学前教育研究,2006(12).

[142]金生鈜.生命教育:使教育成为善业[J].思想理论教育,2006(11).

[143]王海英.幼儿教育:以生命呼唤生命[J].教育导刊(幼儿教育),2006(10).

[144]朱小红.关注生命教育,促进儿童健康成长[J].教育科研论坛,2006(9).

[145]季银泉.论教育对儿童身心发展的负面影响[J].南通大学学报(教育科学版),2006(3).

[146]李伟平.教育是一种生命关怀[J].江苏教育,2006(13).

[147]侯志军.论教育的生命关怀[J].当代教育论坛,2006(13).

[148]包丽星."生命化教育"阶段反思[J].福建论坛(社科教育版),2006(7).

[149]张文质.生命中的重力[J].福建论坛(社科教育版),2006(5).

[150]刘瑛.学龄前儿童行为问题与幼儿教师心理健康水平的相关研究[J].

西华师范大学学报(哲学社会科学版),2006(4).

[151]路奇.幼儿教师心理健康状况的调查研究[J].徐特立研究:长沙师范专科学校学报,2006(4).

[152]冯建军.论教育学的生命立场[J].教育研究,2006(3).

[153]谭月娥,李景.关注人的生命的教育是真正的教育[J].成都教育学院学报,2006(2).

[154]郭健美.加强对中小学生的生命关怀[J].现代中小学教育,2006(2).

[155]卢乃桂,钟亚妮.国际视野中的教师专业发展[J].比较教育研究,2006(2).

[156]马香莲,姚满团.当代教育与社会的可持续发展[J].当代教育论坛:学科教育研究,2006(3).

[157]杨莉君.论生命化教学理念与学前教育教学实践[J].中国教育学刊,2005(12).

[158]焦彩丽.我国当代学前教育功能探微[J].天中学刊,2005(6).

[159]齐学红.儿童:一个悖论式的存在[J].教育科学研究,2005(11).

[160]王富仁.把儿童世界还给儿童[J].读书,2001(6).

[161]杨卫国.为儿童生命添彩[J].教育科研论坛,2005(9).

[162]刘晓东.中国学前教育需要革命性变革[J].教育导刊(幼儿教育),2005(7).

[163]张野.我国幼儿的个性结构及其文化差异研究[J].学前教育研究,2005(6).

[164]范方,桑标.亲子教育缺失与"留守儿童"人格、学绩及行为问题[J].心理科学,2005(4).

[165]钱秋月.试述"以人为本"的三个层次[J].上海党史与党建,2005(12).

[166]刘晓东.论儿童是自然之子:兼论自然界对儿童的教育功能[J].教育导刊(幼儿教育),2005(9).

[167]张文质.生命[J].教书育人,2005(31).

[168]林碧英.幼儿的智力潜能开发:蒙台梭利儿童观的启示[J].江西教育科研,2005(3).

[169]姚伟.儿童是自然的存在[J].学前教育研究,2005(7).

[170]张文质.生命化教育的课堂实践[J].福建论坛(社科教育版),2004

(Z1).

[171]教育部紧急通知:加强幼儿园安全工作,确保幼儿健康成长和生命安全[J].早期教育,2004(11).

[172]杨艳蕾.从生命关怀到权力意志:教育理想VS教育目的[J].辽宁教育行政学院学报,2004(11).

[173]夏盛油.生命化教育永恒的追求[J].福建论坛(社科教育版),2004(5).

[174]姜勇,庞丽娟.幼儿园师生交往类型的研究[J].心理科学,2004(5).

[175]冯建军.教育:为了生命的事业[J].教师之友,2004(5).

[176]李季湄,方钧君,刘晓燕.关于幼儿学习的个体差异的初步研究:从多元智能的视角[J].学前教育研究,2004(5).

[177]陈旭远,孟丽波.生命化教学的含义和特征[J].教育研究,2004(7).

[178]史慧中.开拓新百年[J].幼儿教育,2004(1).

[179]郑军燕.生命·人性·教育[J].山东教育(小学刊),2004(Z4).

[180]叶澜.为"生命·实践教育学派"的创建而努力[J].教育研究,2004(2).

[181]陈冠灵.把生命发展的主动权还给幼儿[J].幼儿教育,2004(1).

[182]冯建军.教育即生命[J].教育研究与实验,2004(1).

[183]杨青.父母教养方式与儿童人格发展关系之探讨[J].内蒙古师范大学学报(哲学社会科学版),2004(5).

[184]冯晓霞.幼教工作者任重而道远:在"中国幼教百年纪念大会"上的发言[J].早期教育,2003(12).

[185]张博.走向对话的幼儿教育:后现代幼儿教育观[J].学前教育研究,2003(12).

[186]方元山.让教育充满人道精神[J].集美大学学报,2003(4).

[187]韩淑萍.体验:从生命维度上对教育的诠释[J].中国矿业大学学报(社会科学版),2003(4).

[188]任傲.信息化教育与创新人才的培养[J].电化教育研究,2003(12).

[189]秦奕.从生命视角谈幼儿教育问题[J].教育导刊(幼儿教育),2003(11).

[190]冯建军.论生命对教育的内在规定[J].上海教育科研,2003(10).

[191]曾莉.生命的关怀[J].出版参考,2003(29).

[192]宋嘉行.从魔鬼到天使:西方儿童观的演变[J].台湾立报,2003(9).

[193]姚伟,郝苗苗.终身教育思想对学前教育的影响[J].外国教育研究,2003(7).

[194]周华平.教育从关爱生命开始[J].时代消防,2003(6).

[195]冯建军.生命化教育与生活[J].教育评论,2003(6).

[196]汪敏华.对儿童生命呵护的感悟[J].学前教育研究,2003(4).

[197]刘晓东.论教育与天性[J].南京师范大学学报(社会科学版),2003(4).

[198]张丽莉.对教师"幼儿园课程生活化"观念的调查研究[J].教育导刊,2003(6).

[199]冯建军,姜雪琴.反思教育 回归生命[J].当代教育论坛,2003(4).

[200]冯建军.关注生命 促进生命的和谐发展:《幼儿园教育指导纲要(试行)》的核心理念[J].学前教育研究,2003(3).

[201]马凤歧.经济全球化对教育的消极影响[J].复旦教育论坛,2003(3).

[202]任晓明.生命本质辨析[J].南开学报(哲学社会科学版),2003(2).

[203]周红.家园沟通存在的问题与对策[J].学前教育研究,2003(2).

[204]赵树进.生命的复杂性与人类认识的有限性[J].医学与哲学,2003(2).

[205]庞丽娟,胡娟,洪秀敏.论学前教育的价值[J].学前教育研究,2003(1).

[206]何善亮,许雪梅.把握教师专业发展特征在实践中提高教师的专业化水平[J].教育科学研究,2003(1).

[207]程红艳.教育的起点是人的生命[J].教育理论与实践,2002(8).

[208]孙来满.教育要尊重生命[J].广东教育,2002(Z1).

[209]黄河清.家庭教育与学校教育的比较研究[J].华东师范大学学报(教育科学版),2002(2).

[210]李家成.论个体生命立场下的学校教育[J].教育理论与实践,2002(5).

[211]文雪.论生命与教育[J].教育导刊,2002(9).

[212]王化敏,周亚君.珍爱儿童生命 提高保育水平[J].幼儿教育,2002(5).

[213]阎光才.教育的生命意识:由荒野文化与园艺文化的悖论谈起[J].清华大学教育研究,2002(2).

[214]刘晓东.为杜威"儿童中心论"辩护[J].学前教育研究,2002(2).

[215]杜晓利.儿童:需要尊重的生命[J].学前教育研究,2002(1).

[216]肖杰.幼儿教师专业发展研究[J].教育探索,2011(6).

[217]张博.幼儿教育:从"奴化"走向"对话"[J].山东师范大学学报(人文社会科学版),2001(5).

[218]刘华山.心理健康概念与标准的再认识[J].心理科学,2001(4).

[219]袁振国.知识经济呼唤教育创新体系[J].江苏教育,2001(3).

[220]冯建军.让教育与生命同行[J].人民教育,2006(9).

[221]岳龙.关注生命:教育的本真[J].现代教育论丛,2000(4).

[222]袁爱玲.知识经济时代幼儿教育目标的新取向[J].华南师范大学学报(社会科学版),2000(1).

[223]高清海."人"的双重生命观:种生命与类生命[J].江海学刊,2001(1).

[224]顿占民.解读生命:启动生命教育工程奠定文明社会基石[J].保定师范专科学校学报,1999(3).

[225]钱巨波.生命教育论纲[J].江苏教育研究,1999(3).

[226]张之沧.生命实在论[J].江苏社会科学,1999(2).

[227]刘晓东.论儿童教育的本质[J].学前教育研究,1998(4).

[228]郝登峰.关于我国教育目标与教育实践的反思[J].中山大学学报论丛,1998(2).

[229]叶澜.让课堂焕发出生命活力:论中小学教学改革的深化[J].教育研究,1997(9).

[230]刘焱.我国幼儿教育领域中的游戏理论与实践[J].北京师范大学学报(社会科学版),1997(2).

[231]王志明.关于儿童观的研究[J].学前教育研究,1994(1).

[232]王格.家庭教育功能及其发展趋势[J].西南师范大学学报(人文社会科学版),1988(2).

[233]韩进之,杨丽珠.我国学前期儿童自我意识发展初探[J].心理发展与教育,1986(3).

四、报纸

[1]刘焱.改革开放四十年 中国学前教育的发展变迁[N].人民政协报,2018-06-27(009).

[2]小孩被证实死于校车内,蓝天幼儿园将被取缔[N].新安晚报,2007-05-

30(A08).

五、其他

[1]教育部.2016版幼儿园工作规程[M].北京:首都师范大学出版社,2016.

[2]教育部.3~6岁儿童学习与发展指南[M].北京:首都师范大学出版社,2012.

[3]中华人民共和国教育部.中共中央 国务院关于学前教育深化改革规范发展的若干意见解读[R/OL].(2018-11-7)[2018-11-28].http://www.moe.gov.cn/jyb_xwfb/moe_1946/fj_2018/xw_fj2018_01/201811/t20181116_355005.html.

[4]徐竹鸣.重视家庭教育 关注儿童成长[C].国家教师科研专项基金科研成果(二),2016:150-151.